象雄至吐蕃经济史研究

石越 著

中国财经出版传媒集团
中国财政经济出版社

图书在版编目（CIP）数据

象雄至吐蕃经济史研究 / 石越著. --北京：中国财政经济出版社，2020.10

ISBN 978-7-5223-0036-8

Ⅰ.①象… Ⅱ.①石… Ⅲ.①区域经济－经济史－研究－西藏 Ⅳ.①F129.2

中国版本图书馆CIP数据核字（2020）第172976号

责任编辑：胡 博 张晓丽　　责任印制：刘春年
封面设计：陈宇琰　　责任校对：李 丽

中国财政经济出版社 出版

URL：http：//www. cfeph. cn

E-mail：cfeph@ cfeph. cn

社址：北京市海淀区阜成路甲28号 邮政编码：100142

营销中心电话：010-88191522

天猫网店：中国财政经济出版社旗舰店

网址：https：//zgczjjcbs. tmall. com

北京财经印刷厂印刷 各地新华书店经销

成品尺寸：175mm×250mm 16开 18.25印张 273 000字

2020年12月第1版 2020年12月北京第1次印刷

定价：68.00元

ISBN 978-7-5223-0036-8

（图书出现印装问题，本社负责调换，电话：010-88190548）

本社图书质量投诉电话：010-88190744

打击盗版举报热线：010-88191661 QQ：2242791300

序一

部族和部族联盟是人类社会存在演进中的两个重要阶段，对位于西藏高原的象雄部族和吐蕃部族联盟的研究，是认知人类社会存在形式及其演化趋势的必要环节。石越此书从经济与政治、文化统一的角度，探讨象雄部族和吐蕃部族联盟的经济史，这对尚不成熟的人类学发展是很有意义的。

人类学的研究以人类社会存在形式的阶段及其演化为对象，既包含对部族和部族联盟两个阶段的研究，还包括对部族以前的氏族、氏族联合体，以及由部族联盟发展而来的国家民族的研究。对国家民族这一社会存在形式的研究，构成民族学的内容。由于国家民族是迄今人类社会存在形式的最高阶段，因此，民族学研究也要涉及国家民族之前的各社会存在形式的演进过程。

西方人类学研究的开创者是摩尔根，其《古代社会》根据他对印第安人的深入调查，通过家族、氏族、氏族联合体（他称之为“胞族”）婚姻关系的研究，论证了人类最初三种社会存在形式及其演进。但对部族和部族联盟（他称之为“民族”）的论说，却只是依靠据说译自阿拉伯语著作的“古希腊史”和部分“古罗马史”的资料，以及一部分罗马语编写的材料，因而与前三个阶段的论述相比，显得不够扎实充分。尤其他没有界定部族联盟这一阶段，直接将三四个部族的松散联合称为“民族”，更使他对人类社会存在形式演进史的研究“前紧后松”“前实后虚”。恩格斯根据摩尔根的研究成果写出了《家庭、私有制和国家的起源》，注重经济和政治关系的探讨，特别是国家的形成，但他同样依靠据说译自阿拉伯语的“古希腊史”著作，论证了“雅典国家的产生”，以及“罗马的氏族和国家”，也就是将国家与部族统一起来，而非将国家与民族统一起来。部族的“国家”实为依血统而建立的阶级统治的政权，即征服氏族对被征服氏族的统治，这种统治实行奴隶制度，征服氏族的贵族为奴隶主，非贵族为平民或“自由民”，被征服氏族则世代为奴隶。

这样的政权与马克思所说的“以其无处不在的复杂的军事、官僚、宗教和司法机构像蟒蛇似地把活生生的市民社会从四面八方缠绕起来（网罗起来）的中央集权国家机器”[①]是有本质区别的。而对于民族，马克思也是将之与国家统一起来规定的：“以建立民族统一（创立民族国家）为任务的第一次法国革命，必须消除一切地方的、区域的、城镇的、外省的独立性。因此，这次革命不得不继续进行专制君主制度已经开始的工作，也就是使国家政权更集中更有组织，并扩大国家政权的范围和职能，增加它的机构、提高它对现实社会的独立性，加强它对现实社会的超自然控制，这种控制实际上取代了中世纪的超自然苍天及天上圣徒的作用。”[②]欧洲的“中世纪”是从公元五世纪日耳曼人摆脱西罗马的控制，建立以天主教为统治意识形态的部族联盟封建领主制开始，历经近一千年，到十二三世纪，这种部族联盟已经没落。几个大部族首领推行重商主义，利用商业资本家壮大实力，吞并弱小部族，建立了君主专制国家。与此同时，“文艺复兴”和“宗教改革”运动严重冲击了天主教会所集合的封建领主意识形态，形成了从部族联盟向国家民族的转化。由于欧洲的君主专制历时不过三四百年就被资产阶级革命所推翻，因而欧洲的英吉利、法兰西、意大利、德意志等民族是在资产阶级夺取政权之后才确立。马克思上述论证集中概括了这一历史过程。

欧洲从部族联盟向国家民族的转化远落后于中国。早在两千多年前的春秋、战国时期，中国就开始了这种转化，到秦、汉两朝基本确立了集权官僚制度，并将诸多部族及其联盟纳入大一统的君主专制统治。正是国家民族的先进和集权官僚制的优越性，维持了中华民族的延续，并为周边部族及其联盟逐步融入中华民族创造了经济、政治、文化条件。地处西藏高原的藏族祖先的社会存在形式演变，深受中原地区的影响，到元朝时，已经从政治上与中原结为一体。虽然一直到中华人民共和国成立后的“民主改革”前，中央政府都依“一国两制”政策容许西藏实行封建领主制，但藏族作为中华民族的重要组成部分却是不争的事实。

象雄和吐蕃分别是历史上藏族祖先的部族和部族联盟阶段，对这两个阶

---

①② 马克思：《法兰西内战》，载《马克思恩格斯选集》（第2卷），北京：人民出版社，1995年版，第91页。

段的研究，不仅是藏族史的必要内容，而且对于充实人类学关于部族和部族联盟两个阶段的认知也有重要意义，但要取得一些突破性进展，必须克服西方学者的缺陷，确立新的理念和方法论。

石越对这个问题的研究，源于我主持中央民族大学“985工程”中国民族地区经济社会与公共管理研究基地时提出并拟定的“中国少数民族经济史”课题，此课题交由黄健英、杨思远二人分别承担。健英负责新中国成立后部分，思远负责新中国成立前部分。由于涉及范围广，思远就将各民族经济史布置给他带的博士、硕士研究生分别撰写。石越硕士研究生随我学政治经济学，对劳动者为主体的理念和方法论及其经济学有深入理解，硕士毕业论文是对弗里德曼的评析，读博士由思远担任指导老师，于是分给她写“唐朝及其前的藏族经济史”。从选题和开题，石越一直跟我商量，我意象雄和吐蕃为藏族祖先的两种社会存在形式，因此不如直接以本书题目写作，并且依照突出部族和部族联盟两种社会存在形式的特点和联系为主线来拟提纲。她以新的理念、方法论和经济学知识为基础，在一年多的时间内查阅了大量资料，并不时找我讨论，写出博士学位论文。本书稿就是她博士学位论文修改后成就的。

本书的理论价值既在人类学，也在经济学。从人类学论，是从经济、政治、文化内在统一的角度对象雄和吐蕃所体现的部族与部族联盟两种社会存在形式的研究，突破了西方及苏联人只从语言、血缘、婚姻、家庭、生活习惯研究人类学的局限；也避免了国内一些学者不分阶段地笼统谈“民族史”的缺陷，澄清了一些模糊观念，尤其对象雄经济的研究，充实了有关部族阶段社会存在形式研究的空缺。从经济学论，是以劳动者为主体的政治经济学为依据，对人类历史上两种社会存在形式的专题研究，既对部族和部族联盟的经济制度和经济关系进行了梳理，也验证了劳动者为主体的历史观和政治经济学。

人类的进化发展，体现于社会存在形式上，就是不断克服动物一般性的血统对人与人关系的制约。弱化乃至消除家族势力对社会生活的控制和影响，是现代人类进步的必要内容。现代人类，除少数地区仍保留着部族和部族联盟外，绝大部分处于国家民族社会存在形式，但部族和部族联盟阶段的旧观念依旧存在，依血统而区分贵贱仍是少数自以基因为“贵”的家族的主导意识，掌控政治权力和财富的这些“贵”家族势力仍阻碍着人类的进步。研究历史上存在过的部族和部族联盟的经济及其与政治、文化的关系，对于认识和消除这些旧观念和意识是必要的条件，而这正是人类学研究的意义所在。

劉永佶

2019年12月12日

序二

中国少数民族经济史研究的几个理论问题

一

自新中国成立至20世纪80年代，民族识别工作已经结束。55个少数民族在国家政治、经济和文化中的法律地位已经获得确立。改革开放后，尤其是在世纪之交，国家实行西部大开发战略以来，如何借鉴各民族在历史上经济发展的经验和教训，推动各民族经济共同繁荣，共享中华民族经济发展成果，成为民族经济学的一项重要理论任务。

开展中国少数民族经济史研究的客观条件基本成熟。民族识别工作的结束，为少数民族经济主体的确立提供了研究的政治和法律前提。我国少数民族经济发展总体水平较为落后，成为全面建设小康社会的一个重点；西部大开发战略的落实，其成就和不足从正反两个方面都显示出了该项研究的重要性和急迫性。近年来，各民族经济社会发展较快，但也出现了一些不和谐声音，又迫使我们把目光投向历史，包括经济史。社会主义市场经济的发展，工业化和城市化的进步，对外开放和全球化的日益深入，对民族经济发展又提出了新的课题，要求我们为知新而温故。

培根说："读史使人明智。"丰富的中国少数民族经济史给予我们极其深刻的教益。一些少数民族经济在历史上出现过鼎盛时期，之后衰落了。当我们忙着从西方探寻大国崛起的经验时，少数民族经济繁荣的经验和衰落的教训被遗忘了。当前我们在推动生产方式转型，可历史上有很多少数民族曾经在不同的条件下完成了多次的转型，这个经验没有得到系统的总结。民族特色产业的形成可以说是一个民族经济史的产物，这在今天也有借鉴意义。[①]

我国少数民族对中华民族乃至人类的经济贡献是巨大的，在猎产品、农产品、畜产品、手工业品方面都出现了一大批珍贵而独特的品种。在民族贸易中，少数民族所开创的贸易形式极其丰富，少数民族经济市场化的顺利推进不可能忽视这些作为进一步创造的既定历史条件。国家与少数民族的关系上，民族区域自治制度如何完善，历史上的和亲政策、羁縻政策、贸易制度、军屯制度、土官制度、土司制度、土流并举、改土归流等制度和政策的经验，能给我们以深刻的启示。

民族经济学是一门新学科，自20世纪70年代末初创以来，在理论研究和学科理论体系建设方面取得了不可小视的成就。在论证西部开发国家战略中，民族经济学功不可没；进入新世纪，民族经济学成为国家培育学科。完善民族经济学学科理论体系，开展中国少数民族经济史的研究是其中不可或缺的一环。作为经济学的一个独立的分支学科，中国少数民族经济学有两块基石：少数民族经济史和少数民族经济思想史。没有这两史的扎实研究成果，学科理论体系走向成熟是不可能的，也没有其他道路可寻。以往民族经济学研究中出现的演绎性倾向也说明了这个问题，少数民族经济史的研究将为民族经济学走上实证道路奠定一块关键性的基石。

对于民族学研究来说，历来的重点是政治、语言、历史、宗教、文化和国际关系，经济方面没有得到应有的重视。像世界性的蒙古学和藏学，其中的蒙古经济学和藏族经济学的研究成果就相当薄弱，更不用说经济史的研究。应当看到，中国少数民族经济史研究，在少数民族学科理论体系中占有基础学科的地位。

中国少数民族经济史是另半部中国经济史。中国经济史的研究自古就得到了重视，在二十四史中，均有历代关于经济史的资料。平准书、食货志是大部

① 蒙古族的草原畜牧业、保安族的“保安腰刀”业、满族的文化产业、藏族的藏医药产业、维吾尔族的瓜果园艺业、回族的清真食品产业等，都是本民族经济史长期演化的产物，具有广泛的民族性、生产生活的特需性和深厚的历史性。但在市场经济条件下，许多民族地方在选择民族特色产业时脱离了经济史。如2011年临夏回族自治州和政县政府打造出城关镇三谷和大南岔河流域两个“万亩油菜示范基地”，油菜种植规模很大，但效率并不高。参见钱力、马生香、刘燕平：“民族地区特色优势产业发展问题的调查与思考——以甘肃省和政县为例”，《甘肃民族研究》2011年第4期。杨生、聂琴在“对民族地区发展特色产业的几点思考”（《吉首大学学报》2002年第4期）一文中认为：“特色产业之特，一特在原料，二特在工艺，三特在地域。”显然，这里对特色产业选择的三个标准均在少数民族经济史视域之外。

分正史都有的内容。先秦诸子的思想中，不仅有经济思想，也有大量的经济史材料。历代思想家的著作中，也有大量经济史的篇什。新中国成立后，中国经济史研究成果很多，大学里经济专业也开设相应的课程，大学和研究机构出现了一批有成就的中国经济史学者和研究成果。与此不相适应的是，中国经济史中少数民族经济史的篇幅很少，多数尚付阙如。除鲜卑、蒙古族、满族、藏族等民族经济史外，少数民族经济史缺乏连贯性和整体性。但是，中国经济史研究如果缺乏少数民族经济史，许多问题不仅讲不清、讲不深，也讲不透。

各民族都有自己独特的经济史。限于各族文化发展的差异，有的有文字记载，有的有专门著作，有的民族经济史为其他民族文献所记载，还有不少民族停留在口头传承中。由于中国少数民族经济史千头万绪，一些民族经济消亡了、融合了，一些新的民族经济体出现了，一些民族迁徙了，同一民族的分散居住、多民族的杂居和不停顿的民族经济交往，造成中国少数民族经济史的基本线索难以分辨。关于这个丰富的研究对象的完整著作，至今没有出现，但这不等于说中国少数民族经济史研究是空白，相反，个别民族经济史研究成果、断代经济史研究成果、经济史专题研究成果十分丰富。系统总结这些成果是中国少数民族经济史研究的重要任务。

坦率地说，当前中国少数民族经济史研究的客观条件比主观条件要成熟得多。从主观上看，这项研究是任何一个学者毕生根本完不成的课题，在一个最多三两年就要验收科研成果的时代，谁也不会中意这个选题。即便有尝试愿望的，语言障碍也足以使任何人止步。此外，任何人的知识结构也不可能独立承担如此民族众多、纷繁复杂、绵延悠久的少数民族经济史研究。这一定是一个集体项目，也一定是接力项目。中央民族大学“985工程”将这个项目纳入中长期建设规划，目标也只能是“奠定基础”。不过，有了“985工程”的支撑，项目研究就具备了初步条件。

二

在从氏族、氏族联合体、部族、部族联盟发展到民族的历史长河中，我国少数民族众多，经济形态各异，有的氏族和部族经济共同体融合了、分裂了、迁移了、消亡了，如何全面再现我国多民族经济发展的历史轨迹，在方法论上需要认真思考。大致说来，有两个思路：一是按照中央王朝的兴替，对历代的少数民族经济作总体性研究，这种研究的好处是可以看到不同时代少数民族经济的总体面貌，较易于处理那些已经消亡的民族经济体同新兴的民族经济体的衔接问题。不足之处是不追求单个少数民族经济发展的连贯性，在民族之间经济关系的处理方面，易于将主体民族和少数民族的经济关系作为重点，而少数民族之间，以及少数民族同世界上其他民族之间的经济交往易被忽视。另一种思路是以各个少数民族为主体，完整再现该少数民族经济发展轨迹，再将所有少数民族经济史综合起来。这种思路的长处是便于掌握某个少数民族经济的来龙去脉，无论是对历史上存在而如今已经不存在的氏族、部族和民族经济体，还是对现在仍然存在的民族经济体，都一视同仁，分别进行研究。不足之处是，这样一来，难度大大增加，那么多曾经出现过的中国少数民族经济体，有些尚未达到民族发展水平，都要进行研究，那些在历史上存在时间较短的氏族经济、部族经济，其资料收集尤为困难。各民族之间的整体联系，特别是整个中华民族经济体的形成，难以从少数民族经济史研究中获得整体性认识，易于忽略少数民族经济对中华民族经济的贡献。

我们的办法是以第二种思路为主，吸收第一种思路的长处。即使以第二种思路来说，我们也进行了若干改造。我们不以历史上出现的所有氏族、部族、民族为经济史研究的主体，而是以现存的且在法律上已经确立的55个少数民族为主体，分别对各民族作经济史的考察。这样一来，经济史的研究服务于少数民族经济发展的现实意义就更为突出，不足之处是难以照顾到历史上存在而后来又融合、独立出去的民族经济体。为了克服这个弊端，办法有两个：一是在现有少数民族经济史上，作为现有少数民族经济体形成来源的古代氏族、部族、民族经济，给予相应的篇幅，如吐谷浑经济之于土族经济史，乌孙经济之于哈萨克族经济史，匈奴经济之于蒙古族经济史等。二是在不同历史阶段每个民族与其他民族的经济关系中，对那些在经济史上对现有民族经济有较大影响的民族进行重点研究。此外，如有可能，也对那些已经消失的民族作经济史专门研究，如契丹经济史研究。至于吸收第一种思路的长处，主要体现在重点关注少数民族与主体民族以及少数民族之间的经济交往上，力图展现我国少数民族对中华民族经济体形成所做出的特殊贡献。

在理论上确立以现有中国各少数民族作为经济史研究的主体，可能有人会提出这样的疑问，这是不是强调少数民族在经济上的独立性呢？我们认为，主体性不等于独立性，而是有特殊性。正是这种特殊性才构成民族经济史研究的独立的学术价值，中华民族经济发展的一般性在少数民族经济中的具体表现是这种特殊性存在的基础。这种特殊性是今天我国实行民族区域自治政策的经济史根源，探讨这种特殊规律对于少数民族经济现代化具有重要的现实意义。

少数民族经济史主体一经确立，在历史分期上就不能以主体民族的朝代更替作为标准。这是因为，主体民族的朝代更替尽管也会引起但不必然引起各少数民族经济史的重大变迁，以致在各少数民族经济史上成为划时代的标志。所谓天高皇帝远，主体民族政治经济变革的力度、广度和深度不足，就很难波及少数民族的经济生活。因此，在历史分期上，我们坚持以少数民族为主体，以少数民族经济自身里程碑式的变化为分期标准。但是，少数民族经济史作为中国经济史之一部，我们在以各少数民族为经济史主体的前提下，分期也尽量同中央王朝的变化统一起来。例如，在土族经济史中，唐宋辽夏金时期吐谷浑人畜牧经济因东迁内附变为农牧并举，中央王朝虽几经变迁，但在土族经济史研究中则放到一个阶段来处理。相反，中央王朝没有发生更替，但少数民族经济已经发生了重大变化，如晚清藏族经济的殖民地化，则要独立成章进行研究。这样做不单纯是坚持少数民族为经济史主体的原则，而且是坚持将少数民族经济史作为中国经济史整体一部分的原则。

以少数民族自身为经济史的主体，是指现今中国存在的55个少数民族，历史上已经融合、独立出去、消失的少数民族除个别有重要经济史影响之外，不在考虑之列；但又从民族融合视角将其纳入现有的中国少数民族经济史研究当中。我们把现有中国少数民族经济，在整体上视作是中国历史上一切少数民族经济发展及其内外经济长期交往的产物。一切经济史上存在的民族、部族和民族，都对今天各族经济体和中华民族经济总体的形成及其存在面貌做出过自己的贡献，留下了自己的烙印。土族经济史就把吐谷浑经济，藏族经济史就把吐蕃经济包含其中。

以少数民族为经济史的主体，对于那些在历史上分散到祖国各地的少数民族来说，就要给予关注。由于散居民族经济资料具有异常匮乏、零碎、不连续特点，在实际研究中殊难兼顾。我想这是可以求得经济史学界原谅的。但是，对那些虽然分散各地但又以小聚居的形式出现的民族，在经济史研究中则要考虑有所体现。例如，藏族经济史研究中就要注意到康巴藏区和安多藏区的藏族经济，而不能局限于卫藏地区。蒙古族经济史研究要考虑到青海、新疆、甘肃等地的蒙古族经济，而不能局限于内蒙古。这种处理方法使中国少数民族经济史研究既区别于中国区域经济史研究，又能实现二者的统一，毕竟民族和区域是联系在一些的，这在今天民族区域自治制度中仍然可见。

以中国少数民族为经济史的主体，对于那些在历史上分裂出去的民族以及那些在历史上融入中国的少数民族，就获得了一个较好的处理原则。在哈萨克斯坦、外蒙古分裂出去之前，作为历史上中国少数民族的一部分，其经济史在相应的历史阶段是应当考察的，而在分裂出去之后的历史时期不再作为中国的少数民族，则不予关注。同样，那些在历史上从外部迁入中国的少数民族，如朝鲜族，则迁入之前的经济史不属于中国少数民族经济史范畴，迁入之后则应当属于这个范畴。

蒙古族和满族在历史上均建立过全国性政权，遵循以中国少数民族为经济史的主体的原则，其建政后的历史阶段，我们重点研究的是在全国政权下作为统治多民族国家的这些少数民族经济自身的演化史，因此，不能把元代经济史同元代蒙古族经济史相混淆，也不能把清代经济史同清代满族经济史相混淆。

三

经济史包含无限的经济关系和经济矛盾，经济史的资料浩如烟海，如果没有明确的目的和科学方法，经济史的研究不是成为史料的堆砌，就是为了某种逻辑体系的需要去剪裁丰富的历史。根据不同的方法论，研究者可以写出不同的经济史。

由弗里德里希·李斯特开创，威廉·罗雪尔、布鲁诺·希尔德布兰德和卡尔·克尼斯等为代表的德国历史学派，就属于前一类。历史学派把经济学的研究对象规定为一国经济的发展，把他们的方法称为历史的方法。罗雪尔认为，政治经济学是“论述一个国家的经济发展诸规律的科学，或论述它的国民经济生活的科学。”[①]希尔德布兰德批评英法古典经济学关于一切资本主义国家都具有共同规律的观点，认为经济关系是依地点和时间的差异而相互区别的，反对古典经济学从复杂的经济现象中探求不变的相同的规律，将经济科学的任务规定为仅仅是研究某一国经济的“国民科学”。克尼斯也认为，人们的经济生活中并不存在什么规律，规律只存在于自然界。经济的发展和变化，不存在普遍规律的可能性。社会生活只有相似，没有等同。历史不会重复，各民族的发展道路是不同的，人们只能找出类似的法则，在经济生活中只存在因果关系。

历史学派把经济学对象规定为国民经济发展，只承认国家具体发展的特点，因此，他们摒弃古典经济学的抽象法，提出历史的方法。他们把这种历史方法比喻为社会经济或国民经济的解剖学和生理学。罗雪尔首次把法学历史学派的主要代表人物弗里德里希·卡尔·冯·萨维尼的历史方法引入经济学，并把经济学历史方法归纳为四条基本原理：（1）经济学的“目的在于论述各个国民在经济方面想了些什么，要求了些什么，发现了些什么；他们做了些什么努力，有了些什么成就；以及他们为什么要努力，又为什么获得成功。这样的论述只有同有关国民生活的其他科学，特别是同法制史、政治史以及文化史紧密地结合起来，才能做到。（2）研究国民经济不能仅仅满足于对现代经济关系的观察，对过去各文化阶段的研究同样重要。（3）为发现事物的本质和规范性，可采取类比方法从过去的国民经济与新国民经济的比较中得到启示。（4）历史的方法对任何一种经济制度绝对不轻易地一律予以颂扬或一律予以否定。“经济学的主要任务在于指出：为何以及如何逐渐发生‘从合理的变为不合理的’‘从幸福的变为有害的’。”[②]

历史学派强调各个民族经济发展的特殊性，把经济发展视为历史过程，对于中国少数民族经济史研究有可资借鉴的合理因素，也是对古典经济学将资本主义各种经济关系永恒化的有力批判。但是，否定抽象法，把历史方法

① 季陶达：《资产阶级庸俗政治经济学选辑》，北京：商务印书馆，1963年版，第322页。
② 威廉·罗雪尔：《历史方法的国民经济学讲义大纲》，北京：商务印书馆，1981年版，第7—8页。

和抽象法对立起来是对古典经济学方法的退步。由于丢弃合理的科学抽象，历史学派的著作就只能成为杂乱的史料堆砌，在必要时又只能借用古典经济学的理论概念。马克思评价历史学派的方法："这种形式是'从历史的角度'进行工作的，并且以明智的中庸态度到处搜集'最好的东西'，如果得到的结果是矛盾，这对它说来并不重要，只有完备才是重要的。这就是阉割一切体系，抹去它们的一切棱角，使它们在一本摘录集里和平相处。在这里，辩护论的热忱被渊博的学问所抑制，这种渊博的学问宽厚地俯视着经济思想家的夸张的议论，而只是让这些议论作为稀罕的奇物漂浮在它的内容贫乏的稀粥里。因为这类著作只有在政治经济学作为科学已走完了它的道路的时候才会出现，所以它们同时也就是这门科学的坟墓。"①

以道格拉斯·诺思为首的经济史学家们在1959年宣布要改变人们研究美国经济史的方式，并且宣称他们的工作将创造一门"新"经济史，1963年，即这场变革初露端倪时，诺思就宣布："在美国经济史中正进行着一场革命。"②19年后，即1982年，特里·安德森、本奈特·贝克、格雷·沃尔顿、理查德·萨持、雷蒙·迈耶斯等诺思的17个学生为纪念诺思，出版了一本论文集，在他们看来，诺思们宣布的任务"已经很好地完成。今天，新经济史已经成熟，也不再是少数人的事业。在今天的英语世界，经济史被那些信奉新经济史哲学与方法论的经济史学家统治着"，"新经济史不仅将经济理论和统计方法引入对历史的分析，而且带来了新的成果。在过去的23年中，在经济史领域，所有的论题都已经不同程度地被运用新经济史视角重新观察过、重新理解过和被革命。这一过程仍然在继续"。③

1993年诺贝尔经济学奖授予罗伯特·福格尔和诺斯，诺斯在授奖讲话中指出，他们获奖的理由是"他们为了解释经济和制度变化，应用经济理论和定量方法，更新了经济史的研究"，他们"尝试把经济学和历史结合起来，……而且指出了研究和了解经济增长和变化的新途径。他们使用了经济科学的最佳分析技术并把它们与历史资料结合起来。换言之，他们把经济理

---

① 马克思：《剩余价值理论史》（第三册），北京：人民出版社，1975年版，第558页。

② Douglass C. North. Quantitative Research in American Economic History. American Economic Review, 1963, 53 (3).

③ Roger L. Ransom. Explorations in the New Economic History. New York: Academic Press Inc., 1982: Preface.

论、定量方法、假设检验、假设不同条件及传统的经济史方法结合起来，为了分析和了解深刻的问题以及解释深刻的变化”，“换言之，是他们研究经济历史问题的方式方法，比其他任何东西更能把今天的获奖者提升到称为‘新经济史’的学者们的前列。罗伯特·福格尔和道格拉斯·诺思是这项研究的先驱，这项研究对经济史作为一门学问的继续发展有永久性的影响。福格尔和诺思以他们的不同方式使经济史的研究新生，使它更加严格和更多联系理论。同时他们证明经济分析需要一个历史量纲”。[①]

“新经济史”的“革命性”表现在：

（1）在经济史研究的方法论层面，“新经济史”强调经济理论的分析框架意义。A.K.凯恩克罗斯在一篇“称颂经济史”的演讲中划分了两种经济史，即历史学家的经济史和经济学家的经济史。前者像历史学家那样，煞费苦心地收集事实，对事件和过程做连贯的描述，这种经济史与历史的唯一区别是它研究的对象是经济制度和经济现象。经济学家的经济史则运用一般的理论来说明历史事件，使这些事件从本质上成为原理的例证，而不单是就事论事。两类经济史学家往往互相排斥。例如克拉彭拒绝使用经济理论，他认为经济理论与经济史毫无关系。[②]与此相反，新经济史学家们指出的，传统的经济史研究与经济理论是脱节的，因此，在方法论、分析工具、资料运用、研究结论的可信性以及学术价值等方面都存在缺陷。正如福格尔所指出的，经济理论是历史计量分析的理论指导，要把不能直接比较的数字变成可比数字，必须首先有经济理论作指导，一方面，经济理论被用来决定究竟在哪些方面需要计量；另一方面，经济理论被用来指导间接计量中数字的换算问题。[③]实际上，新经济史学家在进行历史计量分析时，主要是以宏观经济理论、经济增长理论等理论作为分析框架的。新经济史学家们还认为，经济理论也是制度分析的理论指导，新经济史学家主要用制度经济学特别是产权理论的最新成果，解释整个人类经济史，特别是欧洲的兴起。

（2）在经济史研究的逻辑学与方法论层面，“新经济史”强调“间接计

---

① 王宏昌：《诺贝尔经济学奖金获得者演讲集》（下），北京：中国社会科学出版社，1993年版，第216—218页。
② A. K. Cairncross. In Praise of Economic History. Economic History Review，1989，42（2）：174.
③ 谭崇台：《发展经济学的新发展》，武汉：武汉大学出版社，1999年版，第268页。

量”和“反事实度量法”。传统经济史的研究主要限于把可比的数字拿来直接比较和分析，这约束了经济史学研究的范围和领域。“间接计量”即通过运用经济理论的指导，把不能直接相比的数字通过核算，使之成为可比的数字。这不仅充分利用了现有数据资料，而且扩大了经济史研究的范围，可以对以往因为缺乏数据资料或因资料无法量化而无从着手的课题进行研究。“反事实度量法”是指在经济史研究中，可以根据推理的需要，不以历史事实为依据，提出一种与事实相反的假设，并以此为依据估计经济史上可能出现而没有出现的情况，拿来同历史事实做比较。例如，19世纪后期，美国西部已经建成铁路，但为了推理的需要，可以假设当时没有铁路；又如，18世纪70年代以前，北美殖民地的存在是历史事实，但是，可以假设当时美国是独立的。

（3）在经济史研究的分析工具层面，“新经济史”强调历史计量分析。无论是“间接计量”还是“反事实计量法”，都是运用历史计量分析。应该看到，历史计量分析方法可以使经济史研究尽可能精确化和定量化，可以弥补传统定性分析为主的方法之不足。在历史统计资料相对贫乏的情况下尤其如此，正如福格尔和恩格尔曼指出的：“如果资料十分完备，简单的统计方法就够用了。资料越是贫乏，就越需要使用高深的统计方法。但无论如何，可以利用的资料的确总是低于标准统计方法需要的最低限度。在这种情况下，如果要获得成就，关键就在于研究者要能够设计出在利用资料方面特别有效的方法，也就是说，尤其要发现一种可以靠有限的资料来解决问题的方法。”① 这是对历史计量分析方法的一个比较公正的评价。但是，经济史不是简单的数学问题，量化分析必须与质态分析相结合。应该说，诺斯、福格尔等人坚持了定性分析与定量分析结合的方法。他们先从庞杂的历史资料中抽取最有用的部分加以定量分析，然后，再从“质”的角度去解释“量”的结果之所以产生的原因，把政治、法律、经济、文化等制度因素加以内生化处理，从而对经济史进行有说服力的解释。但是，也有一部分经济史学家出于将经济史“科学化”的意愿，盲目使用过多的数量分析方法，以至于出现了历史计量分析的庸俗化。正如索罗所批评的：“当我考察目前在经济史方面的一些著作

---

① Robert W. Fogel，Stanley L. Engerman. Time on the Cross. New York：Little Brown，1974：68.

时，我有一种消沉的感觉，因为很多著作看起来正是我讽刺过的那种经济分析：千篇一律地用积分、回归、t系数来替代思想”，“经济史已经被经济学腐蚀了。”①

历史总是今天人的历史。从这个意义上讲，如果作为历史学家的经济史与作为经济学家的经济史的划分成立的话，经济史应该是经济学家的经济史。问题不在于经济史的研究是否需要经济学的指导，而在于用什么样的经济学来指导经济史研究。现代西方宏观经济理论、经济增长理论、新制度经济学特别是产权理论等，本质上是一种平面的均衡理论，一种排斥经济矛盾的非历史的经济学，以这种经济学指导经济史研究，经济史本身就成为经济理论的案例库，充满矛盾的、非连续的、动态的和具有整体性的经济演化的内在结构被平面化和均衡化。从新经济史来看，经济史不过是经济学帝国主义侵略下的一块新殖民地而已。所以，经济理论的经济史是新经济史学的合理内核，在拯救这个内核的同时，包裹这个内核的现代西方经济学则必须扬弃。至于“间接计量”“反事实度量法”等历史计量分析方法，可以借鉴，但也需要在马克思主义经济理论基础上加以改造。

抽象法是科学的经济学方法，也是作为经济学的经济史学方法，这是毫无疑问的。抽象法的对象是经济关系，这种经济关系本身是一种历史存在。经济史研究需要经济学的指导，但经济史不是经济学的历史，相反，经济学自身是一门历史科学。马克思只承认一门科学，那就是历史学。这种历史科学不是历史材料的堆砌，从本体论来看，经济史是建立在劳动基础上的生产方式及其经济关系的演化过程在思维中的重建。

这种重建要从现实的经济矛盾出发，经济史是经济矛盾在时间维度的展开，现实经济矛盾是经济史的产物。马克思在阐明这种方法时指出：“人体解剖对于猴体解剖是一把钥匙。反过来说，低等动物身上表露的高等动物的征兆，只有在高等动物本身已被认识之后才能理解。因此，资产阶级经济为古代经济等提供了钥匙。”②这对于中国少数民族经济史的研究尤为重要，许多氏族、氏族联合体、部族、部族联合体和民族在历史上已经消失了，融合了，

① Solow, R.. Economics: is Something Missing. Economic History and the Modern Economist, 1986: 21—29.

② 马克思：《政治经济学批判》，载《马克思恩格斯选集》（第二卷），北京：人民出版社，1995年版，第23页。

迁徙了，独立出中国了，但是这些共同体为后来少数民族经济和整个中华民族经济发展所做出的贡献，必须从“人体”出发才能得到准确的把握。在《资本论》中，马克思是在阐明了资本的直接生产过程之后再来研究作为资本前史的原始积累，就是在理解人体的基础上处理猴体的一个经典例证。

抽象法坚持历史与逻辑的统一，这里的逻辑是历史本身的逻辑，不是黑格尔绝对精神的逻辑。在黑格尔那里，思想范畴是主体和实体，“历史与逻辑的统一”表现为“思想的历史与逻辑相统一的运动过程”，即概念范畴由“抽象的同一性”逐次地升华到“具体同一性”的运动。黑格尔的历史与逻辑相统一建立在虚假的本体论基础上，但其深刻之处在于，以概念辩证法的方式洞见资本主义生产关系的内在矛盾性必然促使其走向自我的反面；商品交换原则的“同一性”构成了全部社会生活的根本模式，现实的人正在受一只无形之手的操纵或役使。马克思认为，黑格尔的“从抽象到具体”的辩证法，以“最抽象的”形式表达了人类“最真实的”生存状态，即人们正在处于受“抽象的统治”的状态。由此，马克思以“现实的人及其历史发展”的视野，通过对现代资产阶级社会内部结构的解剖，以及对现代资本主义生产关系这种“特殊的以太”的批判，揭示了历史是“感性的人的活动”的历史，人的历史性生成——从“原始的丰富性”到“自由个性”——构成了历史的内在逻辑。马克思在《政治经济学批判（1857—1858年手稿）》的“资本”章中所提出的人与社会发展的“三形态”理论，绝不是依照历史编纂学的尺度所进行的“历史分期”，而是依照人与人的现实历史关系，从带有美感假象的“原始的丰富性”如何生成“独立性”，以及最终实现“自由个性”的历史发展进程。

四

中国少数民族经济史研究的主要内容是随着少数民族生产方式的进步所造成的经济关系的变革。

生产方式是个长期存在争讼的概念。斯大林说：“生产、生产方式既包括社会生产力，也包括生产关系，而体现着两者在物质资料生产过程中的统一。”[①]另一种观点是将生产方式理解为最基本的、基础性的生产关系。如卫兴华教授认为资本主义生产方式“也是广义的资本主义生产关系的构成部分，不过它是最基本的、基础性的生产关系。而与资本主义相适应的生产关系，则是直接生产过程的生产关系，即狭义的生产关系。”[②]吴易风教授对生产方式的不同理解进行了认真地梳理和批判，指出应从“生产力—生产方式—生产关系”的原理来看待生产方式的含义。马克思从1846年致安年科夫的信、1847年的《哲学的贫困》，直到《资本论》第三卷，都坚持了这个原理，生产力决定生产方式，生产方式决定生产关系，生产方式和生产关系具有历史暂时性。对于马克思所说的“资本主义生产方式”，吴易风认为：“是指生产的资本主义的社会形式，即资本主义条件下劳动者和生产资料相结合以生产人们所需要的物质资料的非凡方式，也就是雇用劳动和资本相结合以生产人们所需要的物质资料的非凡方式。在马克思的著作中，‘资本主义生产方式’和‘资本主义生产’具有相同的含义。”[③]这样一来，生产方式和生产关系基本上同义，生产方式的特定内涵仍然是不明确的。

马克思生产方式概念有两种含义，一种是指社会生产类型，如资本主义生产方式、社会主义生产方式等；另一种是指生产的劳动方式。关于后者，马克思说：“在一定的生产方式本身中具有其活生生的现实性；这种生产方式既表现为个人之间的相互关系，又表现为他们对无机自然界的一定的实际的关系，表现为一定的劳动方式。”[④]在《资本论》第一卷论述相对剩余价值时，马克思对协作、工场手工业和机器大工业的论述，就是在“劳动方式”的意义上来阐明生产方式的。中国少数民族经济史研究的生产方式同样包含双重意义，既是社会生产类型，又是劳动方式；既包括人与自然的关系，又包括人与人的关系。

从人与自然的关系来看，中国少数民族历史上主要的生产方式有采集狩猎、游牧、农耕，到近代才逐步出现工业生产方式。从人的角度来看，生产

---

①《斯大林选集》（下卷），北京：人民出版社，1979年版，第443页。
② 卫兴华：《政治经济学研究》（二），西安：陕西人民出版社，1987年版，第68页。
③ 吴易风：“论政治经济学或经济学的研究对象”，《中国社会科学》，1997年第2期。
④ 马克思：《经济学手稿（1857—1858）》，载《马克思恩格斯全集》第46卷上册，北京：人民出版社，1979年版，第495页。

方式的转变就是人的能力在不断提高，采集狩猎只能收获自然界已经提供的动植物，游牧的牲畜则不是自然界提供的动物，而是人工蓄养的家畜，农耕的作物也不是自然界提供的植物，而是人工培育的品种。从自然方面来看，生产方式的转变就是自然对人的限制在退缩，是人的自由在增长。在采集狩猎生产中，自然界不提供动植物，人类无法获得产品；但在农牧业生产中，在自然界不提供动植物产品时，人类可以种植和养殖；而靠天吃饭的农牧业，只有到工业生产方式中才能将自然限制降到最低限度。所以，马克思说“工业的历史和工业的已经产生的对象性的存在，是一本打开了的关于人的本质力量的书”。[①]从产品来说，劳动作为一种有意识的目的论设定，创造出自然界所没有的对象性存在。卢卡奇指出：“在这个问题上只想到那些高度发展了的劳动形式，那就错了。譬如在自然界任何地方都不存在的车轮，就是在比较初期的劳动阶段发明和制造出来的。”[②]生产方式的进步则创造了越来越社会化的存在形式，创造了第二自然。中国少数民族生产方式至今主要停留在农牧业阶段，工业化仍是艰巨的经济任务，对于北方个别狩猎民族来说，甚至农牧化的任务尚未完成或尚未很好完成。

中国少数民族经济关系是生产方式的一个重要方面，包括民族内部经济关系和民族间经济关系。经济关系也就是经济矛盾。说到经济矛盾，政治经济学总是把它“归根结蒂为阶级矛盾”。如果我们这样理解民族经济矛盾，那么用不着单独从民族经济学视角研究经济史，因为一般的经济史归根结底是阶级经济矛盾史，民族经济史如果等同于这种阶级经济矛盾史，那就无须民族经济学作为理论指导，只需要政治经济学来指导便可。那种把民族问题看作是阶级总问题的一部分的观点，虽然看到了民族和阶级之间的内在联系，但是片面强调两者之间的一致性，必然忽视民族问题的特殊性。因此，这里需要对民族经济关系做出符合概念的规定。

民族是一种共同体，是作为社会关系总和的人的一种社会关系。正如一个人有阶级属性（阶级社会）一样，一个人也有他自己的民族属性。人与人之间的经济矛盾可以表现为阶级关系，也可以表现为民族关系。对于一个民

① 马克思：《1844年版经济学哲学手稿》，载《马克思恩格斯全集》第42卷，人民出版社，1979年版，第127页。
② 卢卡奇：《关于社会存在的本体论》（上卷），重庆：重庆出版社，1993年版，第11页。

族内部的不同个人来说，他们作为同一共同体成员，民族关系不是对立的，而是同一的；不是阶级的，而是民族的。民族经济关系不同于阶级经济关系在于，后者强调对立，而前者强调同一。民族经济关系是人们在经济生活中形成的共同性，表现为在共同经济生活中产生了共同体一致的经济利益，即民族经济利益。这种利益是不分阶级、种族、性别、职业和文化教养的。民族经济关系的形成过程实际是人的合类性增长的过程，在民族经济史上，大致说来，氏族、氏族联合体、部族、部族联盟和民族是这种合类性发展的几个里程碑式的阶段。

人的合类性增长是充满矛盾的辩证的历史过程，是通过劳动异化和阶级对立来开辟道路的，劳动异化和劳动同化是这同一过程的两个方面。在《1844年经济学哲学手稿》中，马克思详细地考察了劳动异化和私有财产的关系并论证了作为异化劳动的扬弃——共产主义。马克思从四个方面对异化劳动作出规定：工人同自己的劳动产品的异化，劳动过程的异化，人本质的异化，人同人相异化。这种异化关系就是阶级对立的关系。[①]过去，人们只看到劳动异化和阶级矛盾方面，没有看到，正是这个劳动异化中包含着劳动同化的现实因素，劳动同化通过劳动异化表现出来。所谓劳动同化，就是人通过自己的劳动建立起同他人的共同的合类性。劳动同化同样可以从产品、过程、人本质和人与人关系四个方面来规定，劳动产品尽管不属于劳动者自己，但他创造了自然中没有的对象性存在，即为（他）人的存在，因而，他的劳动是一定共同体所需要的，他劳动得越多，越是异化，就越是能满足一个更大的共同体，或一个共同体更多的人的需要。他的劳动过程越是没有欢乐，越是不作为自己生命活动的表现，他的活动就越是为他所在的共同体不可缺少。他的人本质越异化，越不作为人存在，他就越能够在更大范围和更深程度上成为共同体的成员。他越异化出对立的人，对立的人就越离不开他，他的社会关系就越是能充分地发展起来。无论是人受人的统治，还是受物的统治，人的社会关系总是随着异化劳动而扩展，从而人的劳动之共性、无差异性、一般性才能获得现实基础。在原始战俘转变为奴隶的过程中，异化劳动

① 马克思:《1844年版经济学哲学手稿》，载《马克思恩格斯全集》第42卷，北京：人民出版社，1979年版，第91—98页。

的最初形式就已经确立了共同体成员的一般性，因为原始战俘会被杀掉，而奴隶虽然处于生产工具的地位，但生存下来是发展人的合类性发展的历史前提。直到现代资本主义社会，价值范畴作为等同的、无差异的、一般人类劳动的地位才全面确立，并以规律的形式支配着整个社会，尽管这个阶段异化劳动达到了顶峰。马克思说："正是在改造对象世界中，人才真正地证明自己是类存在物。"①异化劳动夺去了人生产的对象，夺去了类生活和人的本质，建立了人对人的统治，但不仅没有消灭人对世界的改造，相反是迫使人加大、加快、加深和加强着这种改造。

异化劳动作为内在动力推动着劳动同化，推动着社会从小共同体不断走向大共同体，最终结束人类"史前时期"，从氏族、部族、部族联盟和民族过渡到"真正人类"。人的类特性的增长是通过合类性过程取得的。卢卡奇深刻指出："阶级（阶级对立）的产生，则把公开的利益对抗这个新要素引入了促使人们在生活中采取行动的存在基础之中。可是这样，代表着一定的整个社会的不再是无声的合类性就成了许多必然是截然相反的社会评价的客体，而个人的再生产过程又以互相对立的方式规定着这样的评价。这里，我们当然不能追述历史上的详细情况。不过谁都必定明白，在这样的情况下，对于现行制度的肯定或否定，会在对立的双方都表现出许多重大的差别：从老老实实地适应现行制度到公开地反抗现行制度，从对于过去尚无这类对立的时代的怀恋到对于将消除这类对立的未来的向往，等等。这类肯定或否定在社会存在中互相斗争，并构成了这类对立的规定性。我们在这种情况下从客观社会方面当作现有的合类性而加以考察的那种东西，虽然在直接的实践中显得就是这些斗争力量的结果，然而这种社会存在的本质却恰恰在这些斗争中表现出来，而且同这些斗争的单纯的现实结局相比，它们的全面的公开化和现实的对抗，能以更加深刻和更加完整的存在性体现出一定的合类性的客观本质。斯巴达克体现着他那个时代的合类性，同样，战胜他的那些人即当时罗马的官方统帅们，也体现着这种合类性，而且这种合类性在双方体现得至少是同样明确的。"②民族和氏族、部族一样，都是人的合类性发展的一个阶段，

---

① 马克思：《1844年版经济学哲学手稿》，载《马克思恩格斯全集》第42卷，北京：人民出版社，1979年版，第91—98页。
② 卢卡奇：《关于社会存在的本体论》（上卷），重庆：重庆出版社，1993年版，第81—82页。

而结束“史前时期”的人类是整个合类性的最高阶段。从这个意义上说，民族经济史的最终目的是探索人类经济学产生的历史条件，当然，我们这里说到人类经济学和西方专门以原始民族和部族经济为对象的人类经济学有着完全相反的含义。至新中国成立，少数民族有停留在原始民族和民族联合体阶段的，有进入部族阶段的，还有处于部族联盟阶段的，当然也有发展到民族阶段的，少数民族经济史可以说是合类性发展过程的一块活化石。

民族间经济关系是中国少数民族经济史关注的重要内容。历史上各类共同体的发展有一个基本规律，就是小共同体被大共同体所取代。民族间经济交往是造成大共同体形成的经济条件，作为民族形成基础的“共同经济生活”是在民族间经济交往的基础上产生的。民族间经济交往，无论是通过战争或是和亲、贡赐或是贸易，都是合类性过程的具体历史形式。在所形成的较大共同体中，各小共同体都做出了自己的经济贡献。若不是这样理解少数民族经济史，像“回”字有六种写法，像成语“半斤八两”等现象，就都是不可思议的。民族融合是通过大共同体的形成达到的，这个过程在今天不仅在全球范围内存在着，而且通过民族间劳动异化在加速进行。我国民族政策及其执行中所造成的民族固化的倾向，也越来越引起人们的关注。[①]吸取少数民族经济史上各民族经济交往的经验，促进各民族的经济联合进而为民族融合奠定经济基础，是当前一项重要的理论任务。

杨思远

2019年9月

① 时任统战部副部长朱维群在《学习时报》（2012年2月14日）发表“对当前民族领域问题的几点思考”，提出：“斯大林认为，到共产主义社会，各民族的民族语言消失和全人类共同语言的形成，是民族差别消失和民族融合实现的主要标志。而我们一些学者认为，历史上两个以上的民族，由于互相接近、互相影响，最终成为一个民族的现象，也可称为民族融合。我以为这两种看法都成立，前者是讲人类社会民族的最终融合，后者是讲现实生活中具体民族的融合。如果要求今天就实现斯大林讲的融合，是错误的；如果认为后一种融合也是不能允许的，则也是不当的。”

前言

民族是人类历史形成的社会存在形式，是由氏族、氏族联合体、部族和部族联盟演化、扩张而形成的。[①]人类社会存在形式在不同阶段的演化不仅意味着族群范围不断扩大，而且必然伴随经济社会制度的改变。藏族是中华民族大家庭中的重要一员，藏族经济史的演进与中国经济史的演进相互杂糅、不可分离。藏族经济史的演变，对于藏族的塑造、中原王朝的经济史走向、中国西北少数民族和中华民族对立统一格局的形成、中国西南疆域的确立等，均具有至关重要的影响。

本书研究藏族经济史的开端，即象雄至吐蕃时期藏族先民的经济变迁，时间跨度长、空间范围广、古籍文献少，把握起来有一定难度，研究方法的选择和考古、神话传说等材料的运用，成为解决这些困难的关键。本书以系统抽象法为研究方法，注重矛盾分析。

由于藏族汇入中华民族的过程直到元明清时期才算完成，因此，吐蕃王朝及其前，藏族经济史的主体只能是生产生活于青藏高原的藏地先民，阶段划分只能以藏地先民的社会经济制度与社会存在形式的演进为标准，为此，本书将唐代吐蕃王朝解体之前的经济史划分为原始时期（约3万年前至约前10世纪）、象雄时期（约前10世纪至7世纪）、吐蕃王朝时期（7世纪初至842年）三大阶段，依次经历了以采集狩猎为主要生产方式的原始公社经济、以游牧经济为主要生产方式的奴隶制经济、以定居农业生产方式所聚合的封建农奴制经济；与之对应，藏族先民实现了从小共同体向大共同体，即从氏族、氏族联合体到部族、部族联盟的社会存在形式的演进过程，本书的论述过程就围绕这一主线展开。

---

① 刘永佶：《民族经济学（三次修订版）》，北京：中国经济出版社，2013年版，第44页。

第一部分以原始社会藏族先民的氏族公社经济为主要内容，在此之前，对藏族族称、族源、族流进行了梳理，指出“藏族”这一族称凝结着地域、生产方式、历史与民族关系，而现代英语仍使用的Tibet和Tibetan则是缺乏历史感的表现；然后，在指出民族溯源法局限的基础上，将藏族经济史的开端追溯到青藏高原有人类活动的远古时期，依托旧石器时代、新石器时代的考古资料以及藏族神话传说，梳理了藏地原始氏族从采集经济、采集狩猎经济向农耕游牧经济转变的经济规律。氏族社会后期出现的剩余产品为阶级社会的来临准备了经济条件，各氏族之间的联合与斗争又孕育了部族的雏形。

第二部分的主要内容为藏族先民的部族奴隶制经济，其中又以象雄王国最为典型。散布高原的各部族以象雄部族为形式首领，形成了与中原商王朝类似的“共主”秩序，藏族传统史籍将此特定阶段称作“小邦时代”，始于氏族社会解体，终于吐蕃王朝建立，时间大体相当于中原的商代至唐初。古象雄王国因率先从原始的采集狩猎经济中发展出游牧生产方式，并依托地理位置，发展出高度繁荣的商业经济，一度成为“包罗万邦”的藏区政权。早期金属时代的考古学材料成为象雄部族奴隶制时代重要的生产力标志。虽有象雄王国作为形式上的首领，但各部族保有很强的独立性，并在不断的斗争与兼并过程中，转向了具有封建性质的部族联盟。

第三部分以吐蕃部族联盟的封建领主制经济及其来源和解体为主要内容。首先梳理了吐蕃王朝的建立者——悉补野雅砻部族的经济演变过程，指出起源于雅砻河谷的悉补野氏族因率先实现了农业革命，使定居农业较游牧经济的优势得以凸显，并最终在兼并扩张中，代象雄立吐蕃。然后是对唐代吐蕃经济史的系统梳理，本书认为，吐蕃王朝在建构过程中，通过设官与分封，实现了从部族奴隶制向“形官实封制”的过渡：吐蕃王朝虽在部族奴隶制基础上发展而来，在建构过程中虽借鉴了中原官僚制度的中央—地方职官体系，但无论原来的部族首领，还是后来的官僚贵族，实际上都过渡为封建领主贵族。另外，着重对唐蕃经济交往及丝路吐蕃道进行了分析，论证了吐蕃强盛以中原安定开放及丝路繁荣为前提，为今天藏族经济的发展提供了历史的启示。

最后，本书对吐蕃社会的内在矛盾进行了探讨，以封建领主制度下采邑奴户有限性与封建贵族世袭制之间的矛盾贯穿始终，这一矛盾的存在，不仅使阴谋与内讧成为吐蕃政治生活的一个主题，而且推动着吐蕃领土的扩张，使吐蕃王朝的内政外交到达高峰，吐蕃的向外扩张则不仅在客观上奠定了中国西南边疆的基础，而且对中国古代历史的演进方向产生了无法忽视的影响。吐蕃的对外扩张又带来了王室与领主贵族的矛盾，佛本之争不仅成为这一矛盾在意识形态上的反应，而且在这一斗争过程中崛起了不同于传统领主贵族的僧侣贵族阶层，使吐蕃王朝的矛盾集中于王室、僧侣阶层、世俗领主三大主体，且崇佛抑本所带来的世俗领主贵族权力的削弱、僧侣贵族阶层的崛起、王室权力的加强，非但不是吐蕃解体的原因，而且有效地遏制了吐蕃因对外扩张带来的领主贵族权力的急剧膨胀，避免了吐蕃政权的过早分裂，延长了吐蕃王朝的寿命。然而，吐蕃封建部族联盟性质未变，王室与领主的矛盾并未得到解决，部族联盟最终走向解体。

目录

导论

一、研究象雄至吐蕃经济史的理论和现实意义

对象雄至吐蕃经济史研究的目的在于系统揭示藏族先民从氏族公社经济，经部族奴隶制经济，向部盟农奴制经济演化的轨迹，包括生产方式进步基础上的经济制度演化和社会存在形式演进两个方面。作为藏族经济史的开端，在内容和视角上是对中国经济史、中国少数民族经济史以及藏族史的重要补充，也是藏学研究和民族经济学研究的重要内容。

隋唐时期不仅是中国古代史的变革时代，也是藏族先民的转折期，更是藏族先民汇入中华民族大家庭的开端。在唐代吐蕃之前，青藏高原上部族林立，未曾建立稳固的统一政权，也就未尝与中原王朝进行官方交流。吐蕃王朝统一高原，定都拉萨，创立文字，引进佛教，为藏民族的最终形成奠定了地域基础、语言文字基础和宗教基础，共同的经济生活自唐代吐蕃时期逐渐成形；藏族先民与中原王朝通使往来也始于唐代吐蕃王朝。原始氏族公社与象雄部族的经济演变史，构成了吐蕃王朝的经济来龙。因此，象雄至吐蕃经济史对于藏族经济史、对于中国西北少数民族和中华民族形成史，都具有重要地位。

第一，经济变迁对于社会发展的演变无疑具有基础和决定作用，因此，象雄至吐蕃经济史是理解现代藏族形成发展的关键一环。正是在唐代吐蕃时期，吐蕃王朝将分散各地的众多部落族群统一为整体，吐蕃部族具有了共同的地域、共同的文化认同、共同的文字，为日后藏民族的形成勾勒了雏形，奠定了基础。正是在唐代吐蕃时期，吐蕃人自身有了族群认同感，无论身处高原何处，无论从事游牧还是农耕，都认同自己为吐蕃人。正是在唐代吐蕃时期，周边各族政权，包括唐朝朝野都将青藏高原上的群体认同为一个

族群——吐蕃人。但吐蕃王朝灭亡后直至元代，地方政权林立，各部贵族轮番掌权，再未出现过统一局面。元代首次将西藏纳入中原王朝版图，彼时无人认可西藏为独立政权。因此，如果缺乏对吐蕃经济史的了解，就很难深入理解吐蕃解体后的去脉。为何吐蕃王朝能够实现这种统一？为何之前的象雄王朝虽然也建立了奴隶制王朝，却未能实现这种统一？这不仅要到唐代吐蕃经济史以及统一吐蕃之雅砻悉补野部落的经济基础中去寻找，而且要从曾以“盟誓”为纽带实现了各部族的松散联盟的象雄王朝为何解体中去寻找。为何吐蕃王朝建立后又归于解体，并进入长期的割据时代？为何直至元代，藏民族才正式形成？这又需要通过对吐蕃社会经济制度的分析寻找其解体的经济根源。可以说，象雄与吐蕃经济史是理解唐代吐蕃史、藏族史以及藏族先民从氏族向部族、部族联盟乃至民族演化的关键环节。

第二，象雄至吐蕃经济史研究对中国经济史是极为重要的补充，脱离藏族经济史的研究，中国经济史必然失之完整性与丰富性。长期以来，以中原王朝变革为线索的经济史叙事，对少数民族经济不是完全忽略，就是着墨不多。如此，造成对许多经济史现象的理解，因缺失少数民族经济史这一必要环节和视角，而难于全面和准确把握。唐代吐蕃经济史不仅是藏族经济史的重头戏，对唐代经济史也是一个不可或缺的补充。唐朝是中国古代史上社会经济最为繁荣，对周边政权影响最为深远的朝代，当时的唐朝不仅是包括朝鲜半岛、日本、越南等地在内的“中华文化圈”的中心，也是包括了北亚、中亚等游牧民族在内的“天可汗组织”的中心。唯一与唐朝进行长期剧烈战争的政权就是吐蕃，吐蕃与李唐争夺青海、河西等地，争夺对古丝绸之路的控制，吐蕃军队甚至两度攻占唐朝都城长安。如果不专门研究唐代吐蕃经济史，不理解吐蕃经济的独特性，仅从唐朝内部找原因，是相当片面的。唐朝后期藩镇割据在一定程度上源于唐朝政权为防御吐蕃进攻而造成边防军队常驻的状况。只有系统研究唐代吐蕃经济史，从其经济基础中概括其军事实力强大及对外扩张的经济原因，才能对唐朝经济史以及唐朝藩镇割据的形成、“安史之乱”以及北宋加强中央集权这一逻辑有更为深入和全面的了解。吐蕃经济史研究对于中国经济史乃至中国史研究的意义正在于此。

第三，象雄至吐蕃经济史是中国少数民族经济史的重要组成部分。中华民族大家庭中包括55个少数民族，其中因发展的延续性而具有相对完整的地域和大量人口并建立了民族自治区的，仅有壮族、蒙古族、维吾尔族、藏族、回族。清朝对壮族实行的“改土归流”使壮族不论在生产方式，还是生活方式上，都已经基本实现了与汉民族的融合。回族作为散居民族，除了在宗教信仰以及由宗教信仰所影响的饮食等生活习惯之外，与汉族在生产生活方面也有诸多共性；又因为回族的散居性，使回汉接触范围广、接触程度深，因此，无论是否做过系统研究，人们或多或少都会对回族经济生活有所了解。蒙古族则因长期以来与中原王朝战和交替，并且曾经建立过全国性政权，因此受到更多重视和研究，对元代经济史的研究虽然是以蒙古族统治下的中华民族整体为研究对象，但也无可避免地涉及对蒙古族经济史的探讨。维吾尔族与藏族因其所处位置与中原王朝有地理阻隔，也未曾建立过全国性政权，因此，中国经济史对此二者研究甚少。维吾尔族和藏族人民长期以来的宗教信仰更是使两个民族带上了某种神秘色彩。与藏族不同，自西汉设立西域都护府开始，维吾尔族所在的古西域地区已经进入中原王朝辖域，中国史书对古西域的记载逐渐增多。但是藏族人民与中原王朝的交往则是从唐代吐蕃时期开始的，由于直到元代，原吐蕃地区才正式被纳入中国版图，因此，元代之前中国史书对藏族先民的记载只涉及浅显的见闻和与其战和大事，这不仅增加了研究吐蕃经济史的难度，也凸显了象雄至吐蕃经济史研究的价值。唐代吐蕃经济史对于理解中国边疆少数民族的组成和范围也有重要帮助。自汉代丝路开通，设立西域都护府，中原王朝与西域各民族便有了逐渐密切的交往。唐朝更是由于自身经济实力雄厚而增强了对周边各族的影响力和凝聚力，畅通了丝绸之路，古西域各族与汉民族的交往和融合日益密切。唐廷大力经营西域，甚至开始“在西域部分地区实施了州县乡里制度”[1]，若按照这一趋势发展下去，中华民族西北各少数民族或早已与内地各民族融为一体也未可知。但由于吐蕃异军突起，并由于吐蕃生存状况的恶劣以及奴隶制经济的侵略性，使吐蕃不断向外扩张，占领今天的新疆等地，阻断中原王朝与西域的交通，从而改变了中华民族的融合路径，使古西域各族的民族性得到了更多的保留。

---

① 林冠群：《唐代吐蕃历史与文化论集》，北京：中国藏学出版社，2007年版，第4页。

如果不作象雄至吐蕃经济史的系统梳理，很难全面理解西北各少数民族比东部各少数民族保留更多民族性和相对独立性的原因。因此，吐蕃经济史是中国经济史的重要补充，这种补充，不是简单的增加新内容，而是从一个新的视角，提出对关乎中国经济史的一些重大经济、政治和社会事件的准确和全面理解问题，在学术上具有创新意义。

第四，象雄至吐蕃经济史研究对民族经济学，同样具有重要的学术价值。民族经济学是以民族经济关系和民族经济利益为研究对象的经济学科。民族经济关系包括一个民族内部的经济关系，也包括民族间的经济关系。[①]民族内部的经济关系，如阶级关系、阶层关系、等级关系等固然构成了民族经济学研究的重头戏；但是作为民族经济学研究对象的民族经济利益，是不分阶级、阶层、集团等的一个民族的共同经济利益。吐蕃部族是从分散的氏族联合体发展而来，各统治氏族与沦为奴隶的被统治氏族之间的经济利益虽然是对立的，但它们同属吐蕃部族。进而，吐蕃部族通过战争或联合等形式在西藏高原上建立起包括象雄部族在内的吐蕃部族联盟；在面对吐蕃之外的李唐、南诏等政权时，吐蕃各部族经济利益的共同性更为显著，无论是王室还是领主，无论领主还是农奴，都在对外掠夺与战争中受益，因此，都积极投身于战争和掠夺。吐蕃与外族的经济交往中，无论是吐蕃人还是外族人，都将吐蕃人视为统一族群共同体。与此同时，在吐蕃与国内其他族群间的经济对立中，也就包含了他们的统一与相互依赖性，它们同属中华民族经济利益，这种对立统一的民族经济关系构成了中华民族多元一体的基本格局。吐蕃与中国其他各族之间的经济交往逐渐形成了中华民族的共同经济生活，这种共同经济生活既包含经济利益的相互依赖性，也包括通过经济交往使吐蕃与中原王朝之间劳动方式、生产技术、劳动产品一致性逐渐增加。因此，对象雄至吐蕃经济史的研究，不仅能够揭示藏族经济利益怎样从氏族、氏族联合体向部族、部族联盟经济的演变而来，还可以洞悉，作为中华民族的一个支民族，吐蕃如何从中国其他族群经济中获得养分，又怎样对整个中华民族经济做出贡献，吐蕃与中原王朝唐朝之间又是怎样通过经济的互补性推动自身的发展。

---

① 杨思远："中国少数民族经济史研究的几个理论问题"，《学习论坛》2013年第8期，第33—38页。

深入研究象雄至吐蕃经济史，不仅具有学术意义，而且具有深刻的现实意义。

首先，经济史证明，藏族经济是中华民族经济体不可分割的一部分。自1959年十四世达赖喇嘛出亡印度以来，西方反华势力鼓动和支持“西藏独立”的声音便不绝于耳。由于帝国主义时期西方列强对西藏的觊觎和侵略，西方学界很早就开始了对藏族历史的系统研究，在十四世达赖逃亡印度后，他们更是抱着同情和美化的心态研究藏族史，论证藏族自古以来的独立性，藏学成为一门世界性的学科。正如沈卫荣先生所言，“曾经是侵略殖民者的西方人，脱胎换骨成了西藏文化的大救星。而千余年来和藏族百姓紧邻相伴，文脉相通的汉人，却无厘头地成了摧残藏族文化的灾星”。[①]但由于重中原王朝史、轻少数民族史的中国史研究传统，使国人对藏族史，尤其藏族经济史知之尚少。藏族与中华民族的经济关系到底为何？西藏与中原王朝的经济关系到底为何？藏族经济是如何一步步融入中华民族经济体之中的？这都需要从藏族经济史自身去寻找答案，唐代吐蕃经济正是这种融合的开始，是藏族与中原王朝经济交往和经济融合的开端，而唐代吐蕃经济融入中华民族经济体的进程又是象雄等藏族先民社会存在形式演进的必然结果。

其次，整个少数民族经济史研究的现实意义更加凸显。中华民族原本就处于不断地从分散的小共同体发展为统一大共同体的合类性发展过程之中，包括藏族在内的中华民族各个支民族都有一个汇入到中华民族大家庭的过程。无论是中华民族，还是其中的汉民族以及少数民族，都处于不断变化的过程之中。藏族与其他少数民族一样，也会经历这个过程。在对象雄至吐蕃经济史的研究中，通过系统比较唐蕃经济交往与其他少数民族和中原王朝经济交往的相似性，可以勾画出各个支民族融合为中华民族路径轨迹的共同规律。通过这种共同规律，说明藏族与其他少数民族，甚至与汉族形成演变过程中的各氏族、部族一样，都是中华民族不可分割的一部分，是中华民族形成过程中的重要环节。中华民族与藏族原本就是相互杂糅、相互融合、共同发展、不可分割的，任何企图利用片面证据论证“西藏独立”的言论，在这种系统性、共同性、规律性的汇合轨迹面前都是立不住的。唐代吐蕃王朝不仅是藏

---

① 沈卫荣：《寻找香格里拉》，北京：中国人民大学出版社，2010年版，第203页。

族先民从原始氏族、象雄部族向部族联盟过渡的合类性结果，也是藏族先民汇入更大共同体——中华民族的开端，藏族历史的发展演变汇入中华民族历史发展的巨流，藏族与中原王朝成为利益与命运共同体。

二、象雄至吐蕃经济史研究回顾

对象雄至吐蕃经济史的研究，离不开丰富的文献资料，我们可以从大量的藏文原典文献和他族（尤其是中原王朝政权）对吐蕃的记载寻找象雄至吐蕃经济的概貌。藏学为世界性学科，藏族史为藏学的重要组成部分，由于关涉西藏的历史变迁及藏族与中华民族的关系，藏族史是国际藏学界关注的重要主题，唐代吐蕃史又是藏族史的重要环节，因此，国内外藏学界对吐蕃史均有大量研究成果可供参考但象雄史研究还处于初步阶段。作为中国边疆研究与民族研究的重要内容，国内边疆史地研究者与民族学研究者对唐代吐蕃史也做出了很多重要的探讨，为唐代吐蕃经济史研究提供了重要的思想资料。

吐蕃的汉文史料始于唐代，之后每朝每代均有关于吐蕃的记载。《通典》卷190《边防·西戎2·吐蕃》，《旧唐书》卷196《吐蕃传》，《新唐书》卷216《吐蕃传》，《册府元龟》卷916《外臣部·土风三》、卷981《外臣部·盟誓》，《唐会要》卷97《吐蕃》，《资治通鉴》多卷，均有对吐蕃族源、生产方式、社会结构、与唐朝交往等方面的记载。但由于唐人对吐蕃知之甚少，未作深入思考和研究，因此，史料中多有自相矛盾之处，应做仔细分辨后方能取用。

唐代吐蕃王朝时期，松赞干布创立藏文，并因有文字而有了以藏文记载吐蕃自身历史的文献，主要包括：（1）古藏文手卷写本，多出自敦煌石室。J.Bacot（法）、C.Toussant（法）与F.W.Thomas（英），首次将其中的部分历史内容翻译注释并出版《敦煌文书之吐蕃史料》①；中国学者王尧、陈践在此基础上分别于1980年和1992年译注出版《敦煌本吐蕃历史文书》②与

① Documents de Touen-houang Relatifs a l histoire du Tibet，Paris，1940.转引自林冠群：《唐代吐蕃史研究》，台北：联经出版事业股份有限公司，2015年版，第61页。

② 王尧、陈践：《敦煌吐蕃历史文书》，北京：民族出版社，1980年版。

《敦煌本吐蕃历史文书（增订本）》①；黄布凡、马德又在进一步考究的基础上于2000年出版《敦煌藏文吐蕃史文献译注》②，这些古藏文文献对于吐蕃王朝的会盟、征战、狩猎、联姻、封赏等大事都有记载，对了解吐蕃经济生活具有非常重要的参考价值。（2）吐蕃简牍，在新疆南部、甘肃境内出土的吐蕃下级军官、基层官吏等手写于木片之上的文献。F.W.Thomas（英）首先译注了吐蕃简牍中的部分内容，并先后出版《关于新疆的藏文文献与写本》③第二卷（1951）、第三卷（1955），中国学者王尧、陈践也译注了大量木简并于1986年出版《吐蕃简牍综录》④，这些吐蕃简牍中记录了大量关于吐蕃所占领地区的驿站、驻军、组织、属民、农耕和放牧等方面的情况。（3）吐蕃金石铭刻，为表重视和长久保存，吐蕃往往将盟誓内容刻石立碑，其中留下了很多关于封赏、馈赠、祭祀等典礼事件的史料。王尧先生已对某些内容进行译注，并出版《吐蕃金石录》⑤。李方桂、柯蔚南著《古代西藏碑文研究》⑥，对碑文进行了翻译与考证，其中不乏可用于研究经济史的材料。（4）埋藏本古籍，是一些从地下挖掘或秘密地方发现的书籍，多为佛教和本教史料，如《莲花遗教》《五部遗教》《松赞干布遗诏》等，多为当时各教派出于维护自身合法性的虚构，争议也较大，在吐蕃经济史研究中价值不大。（5）佛教教法史料，多为后弘期出现的藏文文献，如《布敦佛教史》《红史》《西藏王统记》《青史》《新红史》《贤者喜宴》《拉达克王朝世系》《西藏王臣记》等，以佛教的发展史为中心，以佛教教义论证历史，因此，历史中充满各种奇迹、灵异、神话传说等，对于经济、政治、军事、社会生活等方面着墨不多，且不同教派的教法著作相互之间互相排斥现象比较普遍，矛盾冲突之处亦颇多⑦，但毕竟为藏人所著历史，从中仍能寻找一些关于吐蕃经济的点滴细节。（6）古藏人所著历史著作，主要就是《拔协》⑧和《汉藏史集》⑨。《拔协》中出现的清查户口、各氏

① 王尧、陈践：《敦煌吐蕃历史文书》（增订本），北京：民族出版社，1992年版。
② 黄布凡、马德：《敦煌藏文吐蕃史文献译注》，兰州：甘肃教育出版社，2000年版。
③ F.W.Thomas. Tibetan Literary Texts and Documents Concerning Chinese Turkestan，Part II.London，1951；F.W.Thomas. Tibetan Literary Texts and Documents Concerning Chinese Turkestan，Part III.London，1955.
④ 王尧、陈践：《吐蕃简牍综录》，北京：文物出版社，1986年版。
⑤ 王尧：《吐蕃金石录·藏文碑刻考释》，北京：中国藏学出版社，2011年版。
⑥ 李方桂、柯蔚南：《古代西藏碑文研究》，王启龙译，北京：清华大学出版社，2007年版。
⑦ 林冠群：《唐代吐蕃史研究》，台北：联经出版事业股份有限公司，2015年版，第61页。
⑧ 拔塞囊：《拔协》，佟锦华、黄布凡译注，成都：四川民族出版社，1990年版。
⑨ 达仓宗巴·班觉桑布：《汉藏史集》，陈庆英译，拉萨：西藏人民出版社，1986年版。

族的姓氏和官职等都对研究吐蕃经济史有较大帮助，《汉藏史集》中则有很大篇幅记载了唐代吐蕃时期的社会生活，对于唐代吐蕃经济史研究具有很强的参考价值。

藏学作为世界性学科，国外学者很早就开始研究，并且涉及层面广，也很细致，匈牙利学者Alexander、Geza Uray、印度学者Sarat Chandra Das、美国学者W.W.Rockhill、Chritopher I.Beckwith、德国学者A.H.Franke、英国学者F.W.Thomas、H.E.Richardson、意大利学者G.Tucci、L.Prtech、法国学者P.Demieville、石泰安（R.A.Stein）、日本学者佐藤长、山口瑞凤、岩尾一史等，均为国际著名的藏学研究者。国外学者对藏族史的研究多从后弘期藏族自身的宗教史和传说史入手，不仅对于唐代吐蕃研究不多，对于吐蕃与唐朝的关系涉及少，对于唐代之前的象雄经济更是鲜有涉及，但使用素材广，研究细致程度深。如石泰安考察了《唐蕃会盟碑》中动物祭祀的具体内容，对于从剩余产品角度考察吐蕃的宗教和经济史提供了一些材料。匈牙利学者Geza Uray在《聂尼达布—古藏族历史地理的一个注解》[①]中，认为Nyag Nyi Dags Po为一地名，而非山口瑞凤所认为的修饰词，从而为分辨吐蕃的部族制经济形态与氏族制经济形态提供了一定的材料支撑。美国学者Chritopher I.Beckwith通过对阿拉伯语、突厥语、日语、汉语等各方材料的收集，著作《吐蕃帝国在中亚》[②]，系统梳理了吐蕃与唐朝、与西域、与阿拉伯人的关系，对于吐蕃经济史中民族经济关系的研究具有重要参考价值。日本学者岩尾一史发表出版了一系列有关唐代吐蕃史的论文[③]，如《吐蕃的军区与千户》《吐蕃支配下的敦煌的汉人部落》《古代吐蕃帝国的社会制度》等，探讨了吐蕃的土地性质、地方体制等问题，是研究吐蕃经济史及吐蕃社会制度的重要参考资料。

由于帝国主义势力对西藏的侵略和鼓动西藏独立的行为，刺激了近代中国藏学研究的兴起，早先是为证实西藏是中国不可分割的一部分以及为中央政府治藏政策提供参考。最早系统整理藏族史料和研究藏族史的是吴燕绍，

---

① Geza Uray. A note on the Historical Geography of Ancient Tibet，G.Gnoli rt L.Lanciotti，Orientalia losephi Tucci Memoriae Dicata，Roma，1988：1503—1510.

② Chritopher I.Beckwith. The Tibetan Empire in Central Asia，Princeton，New Jersey，1987.

③ 林冠群：《唐代吐蕃史研究》，台北：联经出版事业股份有限公司，2015年版，第145页。

早先于清朝理藩部任职时，便抄录关于西藏事宜的各朝档案，民国时期，编写《清史稿·西藏篇》，后于北京大学开设西藏史课程，并将讲义整理出版《西藏史大纲》[①]，其中对唐代吐蕃历史进行了系统梳理；抗战时期，洪涤尘编著《西藏史地大纲》[②]，论证了“西藏独立”这一命题的来龙去脉及帝国主义从中发挥的作用，在理论上粉碎了“西藏独立”的历史性；法尊法师著《西藏民族政教史》[③]，任乃强著《康藏史地大纲》[④]，都从边疆史的角度梳理了西藏的历史进展，其中对唐代吐蕃史的记述对于唐代吐蕃经济史研究具有一定的参考价值。另外，中国史学者陈寅恪在《唐代政治史述论稿》[⑤]、吕思勉在《白话本国史》[⑥]、王桐岭在《中国民族史》[⑦]中均有对唐代吐蕃经济、社会、制度的论述。

1959年以后，中国对藏学研究进一步推进，藏汉学者对吐蕃史的研究也逐渐增加，其中在对藏族通史、西藏通史的研究中，涉及很多关于唐代吐蕃及之前藏族经济社会的研究。如，王辅仁、索文清的《藏族史要》[⑧]，黄奋生的《藏族史略》[⑨]，国家民委中国少数民族简史丛书《藏族简史》[⑩]，藏族学者恰白·次旦平措、诺章·吴坚、平措次仁的《西藏通史——松石宝串》[⑪]，陈庆英、高淑芬的《西藏通史》[⑫]，欧潮泉的《藏族历史大纲》[⑬]等著作，都对吐蕃经济做出了一定的论述和自己的判断，尤其对藏族族源、吐蕃社会性质等论断，出现了不一致，这是需要在象雄至吐蕃经济史研究中进一步明确的问题。另有专论唐代吐蕃及之前的历史著作，如中国社会科学院边疆考古研究中心编著的《前吐蕃与吐蕃时代》[⑭]，便从考古学材料和人类体质

① 吴燕绍：《西藏史大纲》，载西藏社会科学院西藏学汉文文献编辑室：《西藏学汉文文献汇刻》（第三辑），北京：全国图书馆文献缩微复印中心，1993年版。
② 洪涤尘：《西藏史地大纲》，南京：正中书局，1936年版（民国二十五年）。
③ 法尊：《西藏民族政教史》，载西藏社会科学院西藏学汉文文献编辑室：《西藏文献丛书别辑》（第15函），北京：中国藏学出版社，1995年版。
④ 任乃强：《康藏史地大纲》，四川雅安：雅安建康日报社，1942年（民国三十一年）。
⑤ 陈寅恪：《唐代政治史述论稿》，上海：上海古籍出版社，1997年版。
⑥ 吕思勉：《白话本国史》，北京：中国友谊出版社，2009年版。
⑦ 王桐岭：《中国民族史》，长春：吉林出版集团有限责任公司，2010年版。
⑧ 王辅仁、索文清：《藏族史要》，成都：四川民族出版社，1981年版。
⑨ 黄奋生：《藏族史略》，北京：民族出版社，1985年版。
⑩《藏族简史》修订本编写组：《藏族简史》，北京：民族出版社，2009年版。
⑪ 恰白·次旦平措：《西藏通史——松石宝串》，拉萨：西藏古籍出版社，1996年版。
⑫ 陈庆英、高淑芬：《西藏通史》，郑州：中州古籍出版社，2003年版。
⑬ 欧潮泉：《藏族历史大纲》，北京：民族出版社，2011年版。
⑭ 中国社会科学院边疆考古研究中心：《前吐蕃与吐蕃时代》，北京：文物出版社，2013年版。

学等方面论证藏族的族源以及古经济生活。安应民的《吐蕃史》[①]、格勒的《藏族早期历史与文化》[②]、才让的《吐蕃史稿》[③]，都对吐蕃统一前各氏族部落的经济生活、雅砻悉补野部落的定居农业生产方式及吐蕃统一后的经济社会制度做了详细的论述。如何结合史料，依据逻辑，从这些互相冲突的论述中，寻找有用的材料和合理的观点，是象雄至吐蕃经济史研究的一大难点。另有杨铭的《唐代吐蕃与西域诸族关系研究》[④]《吐蕃统治敦煌西域研究》[⑤]、李中和的“吐蕃王朝与周边民族关系研究”[⑥]，对唐代吐蕃与周边民族的经济交往做出了细致的探讨。除此之外，石硕的《吐蕃政教关系史》[⑦]以及法国学者谢和耐的《中国5—10世纪的寺院经济》[⑧]，对唐代吐蕃的宗教信仰与经济基础做出了研究。值得重视的还有台湾学者林冠群先生对唐代吐蕃史的系列研究。林冠群从事唐代吐蕃史研究30多年，发表和出版多篇学术论文与专著，对唐代吐蕃史的史料及研究成果都做出过系统的讨论和评价，其中《吐蕃赞普墀松德赞研究》[⑨]《唐代吐蕃史论集》[⑩]《唐代吐蕃历史与文化集》[⑪]《唐代吐蕃宰相制度之研究》[⑫]《李唐、回纥、吐蕃三边关系之探讨：以肃、代、德宗时期为中心》[⑬]《唐代吐蕃史研究》[⑭]等著作以及《唐代吐蕃的氏族》《唐代吐蕃政权属性与政治文化研究》《吐蕃王朝的分裂与灭亡》[⑮]等学术论文都对吐蕃的起源、吐蕃的社会性质、吐蕃与唐朝关系等重要内容做出了系列探讨，论证细致扎实，对于象雄至吐蕃经济史研究很有借鉴和参考价值。

另有众多专论吐蕃经济的论文，如西藏大学和中央民族大学硕士论文：

---

① 安应民：《吐蕃史》，银川：宁夏人民出版社，1989年版。
② 格勒：《藏族早期历史与文化》，北京：商务印书馆，2006年版。
③ 才让：《吐蕃史稿》，北京：人民出版社，2010年版。
④ 杨铭：《唐代吐蕃与西域诸族关系研究》，哈尔滨：黑龙江教育出版社，2005年版。
⑤ 杨铭：《吐蕃统治敦煌西域研究》，北京：商务印书馆，2014年版。
⑥ 李中和：“吐蕃王朝与周边民族关系研究”，兰州：兰州大学博士学位论文，2009年。
⑦ 石硕：《吐蕃政教关系史》，成都：四川人民出版社，2000年版。
⑧ [法] 谢和耐：《中国5—10世纪的寺院经济》，耿昇译，上海：上海古籍出版社，2004年版。
⑨ 林冠群：《吐蕃赞普墀松德赞研究》，台北：台湾商务印书馆，1989年版。
⑩ 林冠群：《唐代吐蕃史论集》，北京：中国藏学出版社，2006年版。
⑪ 林冠群：《唐代吐蕃历史与文化集》，北京：中国藏学出版社，2007年版。
⑫⑭ 林冠群：《唐代吐蕃宰相制度之研究》，台北：联经出版事业股份有限公司，2015年版。
⑬ 林冠群：《李唐、回纥、吐蕃三边关系之探讨：以肃、代、德宗时期为中心》，新北：花木兰文化出版社，2012年版。
⑮ 林冠群：“吐蕃王朝的分裂与灭亡”，《西北民族大学学报（哲社版）》2010年第4期，第35—45页。

罗布次仁的“浅析吐蕃王朝时期的经济基础”[①]、高玉蓓的《吐蕃经济研究》[②]、格藏才让的“吐蕃经济研究——吐蕃的财政制度、财政来源与属民收入”[③]等，对吐蕃经济史做出了专门讨论，总的来说，水平参差不齐。还有如陈庆英的《从敦煌出土账簿文书看吐蕃王朝的经济制度》[④]、格桑达吉的《试析吐蕃封建王朝时期的商品货币经济》[⑤]、石硕的《吐蕃王朝以前雅砻吐蕃部落的经济变迁及其与政权发展的关系》[⑥]，对吐蕃经济做出了比较深入和细致的研究。

总的来说，资料已经具备，对象雄至吐蕃经济史做专门系统研究已经具有了较为充足的条件，而纵观吐蕃史研究，藏族通史研究者众，专题性研究者众，宗教史众，唐代吐蕃断代史众，系统的吐蕃经济史研究很少。运用系统抽象法，分析藏族先民经济矛盾运动以及由此带来的经济制度演变与社会存在形式演进，从而揭示藏族先民从氏族经济、部族奴隶制经济，向部盟农奴制经济演化的轨迹是本书的主要任务。梳理藏族先民经济的演变离不开对藏族先民所处社会性质的判断，为此就要集中解决如下问题：藏族历史上是否存在过奴隶制？如果存在，藏族先民的奴隶制存在于什么时期？吐蕃王朝时期是奴隶制社会，还是已经进入封建领主制社会？对此，已有研究主要集中在以下三种观点：

第一，吐蕃王朝的经济制度为奴隶制，藏族先民的奴隶制，要么可以追溯到吐蕃王朝建立之前，如黄颢（1988）[⑦]、乔政（1994）[⑧]；要么，藏族先民是从吐蕃王朝开始建立起奴隶制政权，安应民（1989）[⑨]、《藏族简史》编写组（2006）[⑩]、陆离（2009）[⑪]、杨铭（2014）[⑫]等人均持此观点。第二，吐蕃王朝的

---

① 罗布次仁：“浅析吐蕃王朝时期的经济基础”，拉萨：西藏大学硕士学位论文，2011年。
② 高玉蓓：“吐蕃经济研究”，北京：中央民族大学硕士学位论文，2012年。
③ 格藏才让：“吐蕃经济研究——吐蕃的财政制度、财政来源与属民收入”，拉萨：西藏大学硕士学位论文，2015年。
④ 陈庆英：“从敦煌出土账簿文书看吐蕃王朝的经济制度”，《藏学研究论丛（三）》，拉萨：西藏人民出版社，1991年版，第64—88页。
⑤ 格桑达吉：“试析吐蕃封建王朝时期的商品货币经济”，《中央民族大学学报》1995年版第2期，第31—35页。
⑥ 石硕：“吐蕃王朝以前雅砻吐蕃部落的经济变迁及其与政权发展的关系”，《西藏民族学院学报》2001年版第3期，第1—7页。
⑦ 黄颢：“论吐番奴隶及其演变”，《西北民族研究》1988年第1期，第41—57页。
⑧ 乔政：“吐蕃奴隶制社会经济初探”，《中国藏学》1994年第1期，第69—80页。
⑨ 安应民：《吐蕃史》，银川：宁夏人民出版社，1989年版，第41页。
⑩《藏族简史》编写组：《藏族简史》，拉萨：西藏人民出版社，2006年版，第22页。
⑪ 陆离、陆庆夫：-“再论吐蕃制度与突厥的关系”，载《藏学学刊（第5辑）》，北京：中国藏学出版社，2009年版，第69—78页。
⑫ 杨铭：《吐蕃统治敦煌西域研究》，北京：商务印书馆，2014年版，第37页。

经济制度为封建农奴制，因此藏族先民没有经历奴隶制，张广志（1983）[①]、多旦才杰（2016）[②]等人均持此观点。第三，吐蕃王朝的经济制度为封建农奴制经济，但藏族先民在吐蕃王朝建立之前已经出现了奴隶制因素，陈庆英（1992）[③]等人持此观点。

实际上，不仅藏族历史上是否存在奴隶制存疑，中国古代史上是否经历过奴隶制阶段也曾引起史学界的争论。依据马克思《〈政治经济学批判〉序言》中的论断："大体说来，亚细亚的、古代的、封建的、现代资产阶级的生产方式可以看作是社会经济形态研究的几个时代。"[④]苏联学者普遍将人类历史划分为五个阶段：原始社会、奴隶社会、封建社会、资本主义社会、社会主义社会，中国史学界基本接受了这一结论。按照"五阶段论"，作为远古时期已经有人类存在的青藏高原地区，其地先民在原始社会之后经历了奴隶制社会就成为必然结论。20世纪30年代、80年代掀起的"中国古史分期"讨论，将"奴隶制是否为人类普遍必经社会发展阶段"[⑤]的问题推向高潮。这些讨论的意义在于破除了以先验结论演绎中国历史的迷信，人类历史演变的一般规律毕竟是从特殊现象中归纳而来。依据逻辑和历史统一的原则，根据中国社会矛盾演化的实际材料，对中国特殊社会历史演化的规律进行规定，成为划分中国历史阶段的重要途径，研究中国藏族的历史也要遵循这一原则。因此，既不能以"五阶段"演绎藏族先民经历过奴隶制，也不能因吐蕃王朝非奴隶制就否认藏族先民经历过奴隶制阶段，更不能将藏族先民的历史局限于悉补野雅砻部族。当我们将藏族起源放在分布青藏高原各角落的先民，那么，藏族经济史的阶段划分就不是从吐蕃王朝开始，而是经历了原始社会、小邦时代，继而进入吐蕃王朝，小邦时代又以象雄为形式首领，于是，象雄时期便成为连接原始社会与吐蕃王朝的中介。运用矛盾分析法可以判断，从远古经象雄至吐蕃时期，藏族先民的社会性质经历了从氏族经济、部族奴隶制经济向部盟农奴制经济的演化。

---

① 张广志："吐蕃与奴隶制——从少数民族史看初始阶级社会的非奴隶制性质专题研究之五"，《青海师范学院学报（哲学社会科学版）》1983年第4期，第74—83页。
② 多杰才旦："吐蕃研究二三题"，《中国藏学》2016年增刊，第122—132页。
③ 陈庆英："从帐簿文书看吐蕃王朝的经济制度"，《中国藏学》1992年增刊，第100—114页。
④ 马克思：《〈政治经济学批判〉序言》，载《马克思恩格斯选集》（第2卷），北京：人民出版社，1972年版，第83页。
⑤ 沈长云："关于奴隶制几个基本理论问题的商讨"，《历史研究》1989年第1期，第37页。

三、系统抽象法

经济史是因经济学理论和方法的发展而从历史学中分立出来的，以经济学方法研究历史中的经济生活是经济史的主要内容。因经济学理论和方法的差异，经济史有不同的研究路径。现代西方主流经济学排斥历史、排斥矛盾，以供给和需求均衡解释一切经济现象。如果以此为指导，将商品经济甚至资本主义经济的特殊范畴视为一般，直接解释特定民族或特定历史阶段，既看不到历史长河中的质变，又难以对当代经济矛盾的来龙去脉形成确切认识。以计量经济学方法寻求经济史上特定要素之间的关联，又容易忽略特定社会的总体性，往往张冠李戴，将历史上的偶然作为必然。马克思在黑格尔思辨辩证法基础上形成了总体性的实践辩证法，并将实践辩证法具体化于经济学研究过程中，形成了系统抽象法，《资本论》即是利用系统抽象法研究经济学的典范。曾被史学家翦伯赞概括为“以人民群众为主体，以经济为骨干，以阶级斗争为动力”①的“唯物历史观”可以作为此方法的形象写照。无论经济学的研究，还是经济史的研究，都应当遵循系统抽象法。

首先，明确主体，即藏族先民。藏族先民在其劳动中创造了历史，也创造了他们自己的存在，由于阶级和族群的存在，藏族先民又可以分为不同的阶级、阶层以及不同的氏族、部族、部族联盟，他们在藏族经济史的演变中发挥着各自的作用。

然后，通过对历史材料的比较、分类、归纳，分析吐蕃人及其先民在不同时代所面临的经济矛盾，这种矛盾既有人与自然之间的矛盾，又有人与人之间的矛盾，作为中华民族重要的支民族，中原王朝对其矛盾演变具有举足轻重的作用，藏族经济史同样对中原经济史起到了难以忽视的影响。面对不同的矛盾，作为主体的藏族先民都有不同的适应或反应方式。

---

① 翦伯赞：《翦伯赞历史论文选集》，北京：人民出版社，1980年版，第29页。

继而，将特定矛盾或对特定矛盾的反应规定为范畴，范畴是存在形式、存在规定。具体而言，以特定生产方式规定人与自然之间的矛盾，以阶级关系和民族关系规定人与人之间的矛盾，以意识形态规定人们对其矛盾的认识和调解方式，并对商品交换等经济矛盾进行规定，进而规定其经济制度。这些范畴共同构成了本书的范畴体系。

在面对矛盾、解决矛盾的过程中，藏族先民在社会存在形式上经历了从氏族、部族到部族联盟的转变，在经济制度上经历了从原始公社、奴隶制向封建农奴制的转变，最后成为中华民族这个大共同体中的支民族，并伴随着“农奴翻身得解放”而从封建领主制进入社会主义制度。运用这种系统抽象法研究藏族经济史，既具有整体性，又具有历史性，其内容也就不再仅仅局限于经济生活，而是以经济为基础的社会生活。由特定经济矛盾引发的特定历史事件也会得到合理的解释，比如吐蕃历史上的佛本之争，其经济原因与经济后果，都是以系统抽象法研究吐蕃经济史必不可少的内容，也只有“用统一的历史辩证方法认识存在的本质，根据实践的真实存在性质对它的前提、本质、结果进行本体论考察，这些存在的现实的重要标志才能得到理解。”①

逻辑与历史在系统抽象法中实现了统一，这不仅表现为可以用矛盾分析法分析吐蕃经济制度从部族奴隶制向封建农奴制的演变过程，也表现为可以用矛盾分析法分析藏族从小共同体向大共同体演进的规律，但这种规律绝不是外在的、既定的，而是由藏族人民自己参与实现的，其中就体现出不同阶级、阶层主体在历史演变中的作用。

---

① 卢卡奇：《关于社会存在的本体论》（上），重庆：重庆出版社，1993年版，第40页。

第一章

原始社会藏族先民的氏族公社经济

历史的演变不是杂乱无序的，而是有其内在的规律和趋势，如何找到这一规律并将其表述出来，进而寻求历史演变的方向，并在对历史规律的分析进程中，寻找推动和阻碍历史演进的因素，是以系统抽象法研究经济史的目的所在。《资本论》是马克思利用系统抽象法研究经济学的典范，其中所体现的逻辑与历史统一的原则，表明经济学研究与经济史研究具有一致性。经济史是经济社会运行的长期体现，因此，经济史研究是经济学研究的重要组成部分。马克思以系统抽象法研究资本主义经济，并得到了其发生、发展和最终灭亡的经济规律。同样，将系统抽象法用于研究特定民族、特定历史阶段的经济生活，也可以得到其特定历史阶段的发生、发展和演化的规律。以系统抽象法研究经济史，与研究当下经济生活一样，要对历史中的矛盾进行分析和综合，寻找矛盾演变的方向。矛盾必是人在实践中所面临的矛盾，其中既有人与自然的矛盾，又有人和人之间的矛盾，前者表现为生产方式的演变，后者表现为阶级关系和民族关系的演变，矛盾的斗争和演变构成了经济史的主线。按照系统抽象法，首先是对藏族经济史主体的确立：中国藏族。

第一节 藏族族称、分支及人口分布

藏族是藏族人的社会存在形式。藏族形成于元明时期，但“藏族”这一族名与“中华民族”名称一样，出现不过百余年。虽如此，我们仍可以将藏族历史追溯到唐代吐蕃部族联盟甚至更早的部族、氏族时期。之所以如此，就在于现实是历史演化的结果，之前的历史都是“藏族”的历史来源，因此，藏族本身就是一个历史的存在。作为一个历史的存在，藏族是藏族先民在其生存、繁衍、矛盾、斗争中创造的，是其政治、经济、文化演变的结果。随着劳动技能和组织方式的演进，藏族经历了从原始公社到奴隶制、农奴制，从氏族、部族到部族联盟这一小共同体向大共同体的演变过程，也经历了众多融合和分化，形成了现代藏族及今天的分布格局，其族称在漫长的历史上有所变化。

一、藏族族称的历史演变：西羌—吐蕃—藏族

各民族的族称大体可以分为两类，一为自称，二为他称。自称或“以地名族”，即以居住地、山、水来命名；或“以教名族”，即以信仰，包括图腾意识、宗教命名；或借用“他称”为本族名称。他称的命名方式与自称类似，或“以地名族”，或“以教名族”，或以其自称命名，或以其他族对其的称呼命名。“他称”和“自称”随着族群历史的演进在相互影响中发生变化。

每个族群都处于从小共同体向大共同体演变的过程之中，这是人类合类性发展的体现。相互交往的族群通过交换、战争、联合等方式逐步融合，从氏族向作为氏族共同体的部族转变，再从部族向作为部族共同体的民族转变，在这一社会存在形式演变的过程中，民族的名称往往源于取得优势地位的部族，部族名称往往承袭于获得统治地位的氏族，氏族的名称则多与凝聚本氏族力量的图腾有关，也可能与其生产方式、居住地环境有关。当然，在社会存在形式演变的每一阶段，各个族群的族称都有可能受到宗教、生产方式、居住地和其他因素的影响。而且，在共同体的族称形成演变中，还有可能出现其他变化。如，对于融入一个更大共同体的小共同体而言，原有名称因在更大共同体中地位的变化而发生局部变化，“西藏”之于清王朝就是如此。但总的来说，最终的族称往往有从一个小共同体的专称向大共同体共称演变的趋势。族称的这种演变正是各个族群所面临矛盾及对矛盾解决方式的集中表现。与社会制度的演变和社会存在形式的演进相关，藏族族称大体经历了三个阶段：前吐蕃时期、吐蕃时期、后吐蕃时期。

首先看前吐蕃时期。唐代之前，吐蕃王朝尚未建立，藏族先民尚未实现过广泛的联合，不存在一个统一的“族称”。各个分散的氏族、部族都有自称，但由于尚未出现文字或缺乏史料记载，难以判断其自称。汉文对这些不同族群则以泛称如“羌”“氐羌”“西羌”“诸羌”呼之，“羌”就是吐蕃先民

的他称。

早期中原地区的华夏族尚未对自身之外的各族群有清晰的界定，而以“东夷、西戎、南蛮、北狄”[①]或“南方蛮闽、北方狄、东方貉、西方羌”[②]来称谓自身之外的族群，以别于“中国”，藏族先民自然也被归入“羌”“戎”范畴。当然，“羌”不单指藏族先民，却必然包括土著或移居青藏高原的藏族先民。《后汉书》有云：

羌爰剑者，秦厉公时为秦所拘执以为奴隶，不知爰剑何戎之别。后得亡归，而秦人追之急。……爰剑初藏穴中，秦人焚之，得以不死。……诸羌见爰剑被焚不死，推以为豪。河湟间少五谷多禽兽，以射猎为事，爰剑教之田畜，依之者日益众。……其后世世为豪。至爰剑曾孙忍时，秦献公欲复穆公之迹……忍季父卬畏秦之威，将其种人附落而南出，赐支河曲西数千里，与众羌绝远不复交通。其后子孙分别各自为种，任随所之，或为牦牛种越巂羌是也，或为白马种广汉羌是也，或为参狼种武都羌是也。[③]

其中的河湟羌、白马羌都是藏族的重要来源。据《新唐书》记载：

吐蕃，本西羌属，盖百有五十种，散处河、湟、江、岷间，有发羌、唐旄等，未始与中国通。居析支水西。祖曰鹘提勃悉野，稍并诸羌，据其地。[④]

可知，到了唐代吐蕃王朝建立之前，汉文记载的吐蕃先民已有如“发羌”“唐旄”等“百有五十种”，统称“诸羌”，汉文中记载的发羌是于“公元前四世纪从今甘肃东部西迁”至“雅鲁藏布江南岸的雅砻地区”的族群，后形成雅砻悉补野部落。唐旄是爰剑的后裔，分布于“阿里和藏北（羌塘），其地域族群，称‘羊同’或‘象雄’”。[⑤]当然，随着各族群的相互接触和融合，无论自诩为“中国”的华夏族、汉族，还是被载为东夷西戎南蛮北狄的外族，其范围、内容都在发生变化，《旧唐书》中的吐蕃“历周及隋，犹隔诸羌，未通于中国”[⑥]便将“诸羌”作为阻隔“吐蕃”与“中国”的部族。但总的来说，

① [汉]戴圣：《礼记·王制》，载北京大学《儒藏》编纂与研究中心：《儒藏（精华编四九）》，北京：北京大学出版社，2016年版，第399页。
② [汉]许慎撰、[清]段玉裁注：《说文解字注·第四篇·上·羊部》，南京：凤凰出版社（原江苏古籍出版社），2007年版，第261页。
③ [南朝宋]范晔编纂、[唐]李贤等注：《后汉书》卷87《列传·西羌》。
④ [北宋]欧阳修：《新唐书》卷216《列传·吐蕃上》。
⑤ 欧潮泉：《藏族历史大纲》，北京：民族出版社，2011年版，第38页。
⑥ [后晋]刘昫等：《旧唐书》卷196《列传·吐蕃上》。

在“吐蕃”一词进入汉史籍之前，位于西南青藏高原地区、西北甘青地区的吐蕃先民均被冠以“西羌”“诸羌”这一统称。

唐代吐蕃时期，“吐蕃”既是其国号，也是族称，直到今天，英文中的Tibet仍然是“吐蕃”这一族称的遗留。“吐蕃”一词，源自唐代文献，玄奘《大唐西域记》、杜佑《通典》、赵璘《因话录》、李肇《唐国史补》等均用到“吐蕃”一语。[①]对于“吐蕃”称谓的来源，新旧唐书均有说明。《旧唐书·吐蕃传》载：

吐蕃，在长安之西八千里，本汉西羌之地也。其种落莫知所出也，或云南凉秃发利鹿孤之后也。利鹿孤有子曰樊尼……改姓为窣勃野，以秃发为国号，语讹谓之吐蕃。[②]

《新唐书·吐蕃传》载：“蕃、发声近，故其子孙曰吐蕃。”[③]据《旧唐书》，吐蕃是南凉秃发利鹿孤的后人，建国时，以“秃发”为国号，“吐蕃”则是中原王朝按照其自称，以汉字谐音而来。中原王朝在对其他族群命名时，常采取“名从主人”的办法，以汉字表其音，突厥（Turk）、回纥（Uighur）都是如此。[④]因此，“吐蕃”是自称，唐朝选择汉字“吐蕃”二字标其音，当无异议。林冠群教授还以与吐蕃有直接关系的突厥、大食等对吐蕃的称呼作为例证，证实了“吐蕃”为自称这一说法：大食称吐蕃为Tbbt（罗马拼音），读音为Tubbat；突厥称吐蕃为Toput，Tuput或Topot，二者对吐蕃的称呼与唐朝所称呼的“吐蕃”发音相似，可知“吐蕃”、Tubbat、Toput为当时各族对吐蕃的通称。[⑤]当时三个政权都与吐蕃王朝有直接往来，并无须其中哪一个作为中介，各个政权又不可能无中生有，同创了一个类似的国号加在吐蕃政权头上，因此，必定是按照吐蕃的自称音译而来。

“吐蕃”既然是自称且被外族通用，那么“吐蕃”这一族称或国号的含义是什么？如上文所说，“吐蕃”、Tubbat、Toput发音为“tu bo”而非“tu fan”，因此，《旧唐书》说其是“秃发”的音译，当不可靠。唐人不直接用

---

① 林冠群：《唐代吐蕃史研究》，台北：联经出版事业股份有限公司，2011年版，第19页。
② ［后晋］刘昫等：《旧唐书》卷196《列传·吐蕃上》。
③ ［北宋］欧阳修：《新唐书》卷216《列传·吐蕃上》。
④ 刘义棠：《突回研究》，台北：经世书局，1990年版，第474—480页。
⑤ 林冠群：《唐代吐蕃史研究》，台北：联经出版事业股份有限公司，2011年版，第25页。

“秃发”而是用“吐蕃”也表明，唐人并不认为吐蕃与秃发一致。“吐蕃”这一族称当有其他含义。

首先看“蕃”。“蕃（Bod）”作为吐蕃人的自称，是吐蕃正式的国号。《唐蕃会盟碑》的汉藏对照可做例证。汉文记载：

大唐文武孝德皇帝与大蕃神圣神赞普……蕃汉二国所守见管本界以东悉为大唐国境以西尽是大蕃境土……[1]

对应的藏文记载：

Bod gyi rGyal po chen po vphrul gyi Lha btsan Dang……Bod rGya gnyis da ltar du 米ngav bavi yul Dang ……

“蕃（Bod）”的来源主要有三种解释：（1）Bod由原始的本教Bon演变而来；（2）Bod在古藏语中有农业的意思，bod与vbrog对应，分别指农业和牧业，其中《贤者喜宴》中提到了“农牧区百姓（bod vbrog gi mi ser rnams）”可做例证，王尧在拉萨东部调研时发现当地群众以Bod-pa、vBrog-pa分别代表农民和牧民又是一例证；（3）Bod有呼喊、喊叫的意思，古藏族在呼喊、喊叫远处的人时也会发出bo的声音，后被当作族名。[2]根据吐蕃王朝的形成过程来看，悉补野部族在扩张中保留了该部原有的称号“蕃（Bod）”，“蕃（Bod）”源于大共同体中取得优势地位的小共同体。本教源于象雄或羊同部族，象雄并未取本教（Bon）作为其族名，而是以象雄为国号，象雄后被吐蕃部族兼并。因此，没有理由认为“蕃（Bod）”是由“本（Bon）”演变而来。悉补野部族起源于雅鲁藏布江的雅砻河谷地区，是藏地重要的农业区，相对发达、富饶的农业是雅砻部族兼并其他诸部的主要经济基础，因此，以农业“蕃（Bod）”作为本部族的称号当为可信，“蕃（Bod）”这一称号再通过悉补野雅砻部族的族称扩展为由其占主导地位的吐蕃王朝，既合逻辑，又合历史。

既然“蕃（Bod）”是其自称和国号，那么还有一些将“吐蕃”一词作整体考察的意见可以不再考虑。“吐蕃”中的“吐”字，代表性解释有四种：（1）“吐”为上方、高处的意思，此称最初当是同为藏族先民的周边部族对

---

① 王尧：“唐蕃会盟碑疏释”，《历史研究》1980年版第4期，第93—108页。

② 苏发祥：《中国藏族》，银川：宁夏人民出版社，2011年版，第3—4页；林冠群：《唐代吐蕃史研究》，台北：联经出版事业股份有限公司，2011年版，第21、27—28页；王尧：《吐蕃金石录》，北京：文物出版社，1982年版，第3页。

雅鲁藏布江流域的雅砻部族的称呼。周边部族，包括大食、突厥以及唐朝，起先都是与雅砻部族周边的藏族先民接触，并接受了这一称谓。（2）“吐”为南方的意思，日本学者山口瑞凤持此观点，理由是吐蕃王室起源地在南部的雅鲁藏布江流域，相对于北部的其他部落被冠以“吐”字，这一解释与“吐”等于“高”有同样的逻辑，无法具体分辨，上方、高处当比南方更适用。（3）“吐”为大的意思，“吐蕃”与“大蕃”等同，然而，从《唐蕃会盟碑》可见，唐朝在正式文件中要么直接取吐蕃的国号“蕃”，要么与“大唐”对应以“大蕃”呼之，因此，不存在什么“吐蕃”等于“大蕃”的意思，而且“吐蕃”一词远在“大蕃”之前就出现在唐代文献中，故此种说法不可信。①

综上，“蕃（Bod）”是其自称，与其生产方式息息相关，指“农业”；“吐蕃”是他称，与部族间交往相关，指高处或南部的“蕃”族。“吐蕃”这一族称是藏族先民生产方式和族群间关系的集中体现。

吐蕃王朝解体后，从唐末经五代到北宋，原吐蕃地区经历了长期的割据动荡，吐蕃这一名称也失去了原来政权、国号的含义，成为地域和族群的泛称。一部分王室贵族去往阿里地区、河湟地区，逐步建立起古格王朝、唃厮啰等地方政权，而原吐蕃本部的卫藏四茹②在经历了长期的动乱后，分裂为众多零散的地方势力，有寺院势力，也有世俗势力，伍茹、腰茹、叶茹、茹拉仅以地名出现于史籍中。③

元朝蒙古族按藏文字母拼写读音，以纳里速古鲁孙、乌斯、藏分别称呼今阿里地区、卫区、藏区，并先后设纳里速古鲁孙都元帅、乌斯藏宣慰使掌管军民事务，后合并为乌斯藏纳里速古鲁孙等三路宣慰使司都元帅府，简称乌思藏宣慰司，主要负责传宣政令、管理驿站和在藏区的蒙古驻军，其主要辖区大体与今西藏地区相当。④另设吐蕃等路宣慰使司都元帅府，“以乞剌失

---

① 田晓岫：“藏族族称考”，《民族研究》1993年第3期，第93—94页；林冠群：《唐代吐蕃史研究》，台北：联经出版事业股份有限公司，2011年版，第20、22页。

② 伍茹，以逻些小昭寺为中心，约相当于今拉萨市辖区；腰茹，以雅砻昌珠寺为中心，约相当于今山南地区；叶茹，以襄之雄巴园为中心，约相当于今日喀则地区江北地段；茹拉，以哲之都尔巴那为中心，约相当于今日喀则地区江南地段。其中，伍茹、腰茹合称“卫”，指中央、中心，叶茹、茹拉合称“藏”，指后方、深处。见王尧：《王尧藏学文集（2）·吐蕃金石录》，北京：中国藏学出版社，2011年版，第182页。

③《藏族简史》编写组：《藏族简史（修订本）》，北京：民族出版社，2009年版，第49页。

④ 陈庆英：《元朝在藏族地区设置的军政机构》，载《陈庆英藏学论文集》（上），北京：中国藏学出版社，2008年版，第259—261页。

思八班藏卜为土蕃等路宣慰使都元帅，兼管长河西、奔不儿亦思刚、察沙加儿、朵甘思、朵思麻等管军达鲁花赤，与其属往镇抚参卜郎”①，简称朵甘思宣慰司，其辖区与今天的川滇地区大体相当。另外还有最早设立的吐蕃宣慰司，在另两个宣慰司设立后，改为吐蕃等处宣慰使司都元帅府，又称朵思麻宣慰司，主要管辖今甘青地区。②由于吐蕃本部四茹和阿里地区统归乌斯藏宣慰司管辖，乌斯藏逐渐成为地区简称。明朝沿袭了这一称呼，“乌斯藏，在云南西徼外，去云南丽江府千余里，四川马湖府千五百余里，陕西西宁卫五千余里。其地多僧，无城郭”③。“乌斯藏僧”“乌斯藏使臣”等常出现于《明史》之中。乌斯藏多指地名，有时也直接用作族称，有“乌斯藏远在西方，性极顽犷”④之说。明末的五世达赖喇嘛在《西藏王臣记》中也有了“我雪域藏地”⑤之说，因此，藏族先民也接受了这一称谓并以“藏”自称。到了清代，乌斯藏又改称西藏：满族以其地处祖国西陲，首开先河，称之为“西藏”。⑥最早见于《清实录》康熙二年，“西藏班禅胡土克图故，遣官致祭。”⑦以清康熙六十年《御制平定西藏碑》为标志，西藏成为包括“坎麻藏卫等部”⑧在内的正式名称。“坎麻”即康区，“藏”即以日喀则为中心的后藏，“卫”指以拉萨为中心的前藏，“等部”将阿里包含在内。⑨康熙年间，还出现了“藏人”⑩“西藏人民”⑪“西藏之人”⑫等称呼。“藏族”这一族称始出现于宣统三年（即辛亥年1911年）。⑬

辛亥革命后，对以前的吐蕃共同体统称“藏族”，“藏族”族称得以正式确立。“藏族”这一族称是与“中华民族”这一族称同时期出现的。立宪派的梁启超最先提出“中华民族自始本非一族”，实“合汉合满合蒙合回合苗合

① [明] 宋濂:《元史·卷二九·本纪·泰定帝·二年版春正月》。
② 陈庆英:《元朝在藏族地区设置的军政机构》，载《陈庆英藏学论文集》(上)，北京：中国藏学出版社，2008年版，第270页。
③④ [清] 张廷玉:《明史·列传·西域三》。
⑤ 五世达赖喇嘛:《西藏王臣记》，刘立千译注，北京：民族出版社2000年版，第19页。
⑥ 田晓岫:“藏族族称考”，《民族研究》1993年第3期，第93页。
⑦《清实录》康熙二年版 [癸卯] 八月丙申 (1663年9月2日) 记录。
⑧《清实录》康熙六十年版 [乙丑] 九月丁巳 (1721年1月18日) 记录。
⑨ 田晓岫:“藏族族称考”，《民族研究》1993年第3期，第93页。
⑩《清实录》康熙三十八年版 [乙卯] 闰七月庚子 (1699年8月28日) 日录。
⑪《清实录》康熙五十八年版 [乙亥] 二月癸酉 (1719年4月19日) 日录。
⑫《清实录》康熙五十八年版 [乙亥] 十二月丙辰 (1720年1月27日) 日录。
⑬《清实录》宣统三年版 [辛亥] (1911年) 实录。

藏”而成的“一大民族”。[①]南方革命派早先则多主张汉民族国家主义，革命军的“十八星旗”明显体现出狭隘的“汉民族建国主义”思想，即在汉族聚居的十八行省恢复建立汉族国家，而对于满、蒙古、回、藏等族聚居区，包括东三省、内外蒙古、新疆和西藏则认为无关紧要，甚至带有将其视为“鞑虏”的敌对心理。这种狭隘的“汉民族国家主义”既不利于民族团结和国家统一，也不符合北方各民族相互融合、杂居共处的现实。因此，随着革命向北方推进，“五族共和”意识逐渐取代“汉族建国”思想。1911年江浙沪相继宣布从清王朝治下独立，并在沪召开各省代表会议，商议建立临时政府，大会决议以“五色旗”为临时政府之国旗，“取五族共和的意义，红、黄、蓝、白、黑，象征汉、满、蒙、回、藏”[②]。1912年元旦，孙中山在中华民国“临时大总统就职宣言书”中再一次重申了“五族共和”理念，“国家之本，在于人民。合汉、满、蒙、回、藏诸地为一国，即合汉、满、蒙、回、藏诸族为一人。是曰民族之统一”[③]。藏族作为中华民族重要支民族的地位得以确立，藏族也就成为其现代通用的汉文族称。

藏族，是“以地名族”的典型体现，“西藏”这一地名中的“藏”与历史上的吐蕃军政区域有关，吐蕃军政区的命名又与其生产生活和地理位置相关，“西”则与藏区在中国疆域的分布有关，体现着历史上形成的国内民族关系。现代英语仍沿用吐蕃时期的国号和族称，用Tibet和Tibetan代表西藏和藏族，这是缺乏历史感的体现。Tibet或Tibetan虽将现代藏族与唐代吐蕃历史联系起来，却忽略了吐蕃解体后，藏区已成为元、明、清王朝的一部分，藏族已成为中华民族的重要支民族这一事实；也忽略了经元明清几代，蒙古族、满族、汉族等与原吐蕃人的大融合，现代的藏族与唐代吐蕃人无论在血缘上，还是在文化上都有了很大的改变。对藏族族称历史演变的考察清晰地展现出：“藏族”这一族称中凝结着地域、生产方式、历史与民族关系。

---

① 梁启超：“政治学大家伯伦知理之学说”，载《饮冰室合集（第2册）》（文集之十三），北京：中华书局1988年版，第76页；梁启超：《历史上中国民族之观察》，载《饮冰室合集（第5册）》（专集之四十一），北京：中华书局1988年版，第4页。

② 中国人民政治协商回忆全国委员会文史资料研究委员会：《辛亥革命回忆录》（第一集），北京：文史资料出版社，1981年版，第66页。

③ 中国第二历史档案馆：《中华民国史档案资料汇编》（第一、二辑），南京：凤凰出版社（原江苏古籍出版社），1991年版，第1页。

二、青藏高原的自然环境与历史形成的藏族分支

在藏族族称的历史演变中体现出藏族族群内容的变化，无论何种民族都是由一个或多个较强族群通过战争或融合扩展而成。吐蕃部族是雅砻部族通过联合与兼并其他氏族、部族逐渐形成的；吐蕃部族形成之后，继续扩张至青藏高原全部地区和周边地区，通过移民和设立行政区等方式，这些地区逐渐成为吐蕃的一部分，这些地区的居民逐渐成为藏族分支。王朝瓦解后的原吐蕃地区，在经历了唐末至两宋时期的分裂后，经元明清三朝对其统一管理和分封之后形成的藏族，几乎覆盖了整个青藏高原。对藏族族源的考察重在雅砻部族的来源是土著还是外来，是南来还是北来，这与汉族中心论一样，忽略了藏族的其他构成。考古资料已表明，远古时期青藏高原上已经开始出现人类活动，这在下文中有具体阐述。藏族作为多个部族共同融合混居而形成的中华民族支民族，无论是吐蕃部族联盟前后的各部族，还是元朝以后蒙古族、汉族、满族与各藏区原部族的大融合，其族源都是多方面的，在此不再赘述。从吐蕃部族形成，到其兼并高原其他氏族、联合其他部族，其势力从卫藏地区向外扩展至甘青、川滇等地，吐蕃部族与其他各族相互融合，并根据原有的部族分布设立相应军政单位。元明清时期，中央王朝将其统一，并吸收吐蕃王朝时期的军政区域划分而重新划分行政区域，蒙古族、满族、汉族等民族与原藏地居民进一步融合，逐渐构成了藏族的主要分支和主要聚居区。

人类作为区别于自然存在的社会存在，不是简单接受和适应周围世界及其变化，而是以目的论设定为特征的实践积极对周围世界作出反应，“自然限制逐渐退却”是社会存在的必然趋势。[①]但“自然限制”毕竟只是“退却”而永不会消失，越是往前追溯历史，自然对人类的限制就越明显。因此，越是古老的民族，其受自然环境的影响越显著。藏族先民的地域分布是适应高原

① 卢卡奇：《关于社会存在的本体论》（上），重庆：重庆出版社，1993年版，第302页。

自然环境形成的，在这一过程中，不同区域形成了具有不同生产、生活方式的社会共同体及不同的语言，并在政治和宗教影响下，具有了区划的含义。与藏族这一共同体的形成发展相伴随，产生了阿里、卫区、藏区、安多、康区五大藏区，后发展为卫藏、安多、康三大藏区及相应的藏族分支。

藏族分区的形成，既有其自然基础，又受到历史、政治的影响，多样的地貌类型是藏族分区形成的自然条件。青藏高原虽称高原，但实际上却是由帕米尔高原、昆仑山、喜马拉雅山、冈底斯山、唐古拉山、巴彦喀拉山、横断山脉、祁连山、阿尔金山、可可西里山等群山构成的组合体。位于青藏高原南部边缘的喜马拉雅山是世界上海拔最高的山脉，构成古代民族间难以逾越的地理界限；在喜马拉雅山脉北面与其南北对峙的是冈底斯—念青唐古拉山系，雅鲁藏布江穿过其中。以冈底斯—念青唐古拉山系为界，以南是藏南谷地，以北是藏北高原；冈底斯—念青唐古拉山系东侧尾端则是横断山区，由此构成了青藏高原三大自然区域：藏南谷地、藏北高原、藏东高山河谷。

雅鲁藏布江两岸是藏区自然环境最适宜人类生存的区域——藏南谷地，是西藏主要农业区，也聚集了西藏大半的人口，与这一自然区域对应的是藏族传统的“卫藏”地区。“卫藏”是两个区域名称的组合，“卫”泛指以拉萨河谷为中心的地区，吐蕃发源地雅砻地区、西藏宗教政治经济中心拉萨均位于此，有“中心”之意；“藏”泛指今日喀则以西、以北的地区，有“后方”之意。藏族对居住于“卫藏”地区的藏族称“卫巴”或“藏巴”，讲藏语卫藏方言。[①]

在冈底斯—念青唐古拉山系北侧是广阔的藏北高原，平均海拔5000米以上，占今西藏自治区面积的2/3左右，藏族人称为“羌塘”，有北方高原之意。由于海拔高，不适宜农业，但水草茂盛，是藏区重要的牧场，与藏族传统的“阿里”地区范围相近。“阿里”一名形成于吐蕃王朝解体之后，此前的阿里地区为象雄之地。吐蕃王朝灭亡后，吐蕃赞普后裔吉德尼玛衮于公元10世纪初进入象雄故地，“将上部各地收归治下，总称为阿里”[②]，建立起阿里王系地方政权，从此象雄改称阿里，阿里成为一个地域概念。藏族史籍《贤者喜宴》

① 林冠群：《唐代吐蕃史研究》，台北：联经出版事业股份有限公司，2011年版，第4—7页；格勒：《藏族早期历史与文化》，北京：商务印书馆，2006年版，第16—27页；石硕：“藏族的地域特点及相关问题——兼论康区之特点”，《藏学研究》2015年第1期，第29—31页。

② 达仓宗巴·班觉桑布：《汉藏史集》，陈庆英译，拉萨：西藏人民出版社，1986年版，第114页。

《西藏王统记》中都以“上部阿里三围、中部卫藏四茹、下部朵康六岗”[①]将藏区分为三部，即阿里一部、卫区藏区一部、康区安多一部，足见阿里在藏族历史中的地位。现代阿里与古代阿里略有不同，“阿里三围”有广义和狭义之分。广义的“阿里三围”大致相当于西起今阿里地区，东至今青海西部的藏北草原，即“羌塘”地区，狭义的“阿里三围”则是冈底斯山北侧印度河上游地区，大致与今阿里地区相当。[②]

冈底斯—念青唐古拉山系东侧是“两山加一谷，两谷拥一山”[③]的横断山区——藏东高山河谷地区，地势西北高东南低，大体可分为南北两部分，北部是山地和平坦的高原，河流上游有谷地和盆地，是重要的牧区；南部有众多河谷平原，是重要的农业区，总体来说，横断山区为半农半牧区。与这一自然区域对应的是藏族传统的“康”区，泛指西藏丹达山以东地区。“康”形成于唐代吐蕃时期，有边地、外围之意，是与卫藏中心区对应的外围。《白史》中解释，“‘康’及‘安多’总和之东方地区，总称为‘康’。所言‘康’者，系指边地而言”[④]，清末曾对康区实行改土归流，拟建立行省“西康省”，民国二十八年（1939年）建省，新中国成立后的1955年撤销西康省建制，其辖域分归川、藏。居住于此的藏族称“康巴”，讲藏语康方言，其域界没有固定的划分界限，凡属康巴语言文化圈的区域就指称为康区。[⑤]

在藏北高原东侧是由阿尔金山、祁连山、昆仑山东侧、唐古拉山、巴颜喀拉山等围绕的青海地区，藏族人称为“安多”，名字或取自两座山峰玛沁雪山（藏文名：阿卿岗日）与积石山（藏文名：多拉让摩）的首字。[⑥]“安多”是内地进入青藏高原的必经之地。《白史》载：“与汉地交战之地，多是安多地区”，因此，“安多之民族亦多系昔日驻扎该处之军队所繁衍者”[⑦]。4/5以上的地区为草原，是重要的牧场，《安多政教史》中“卫藏法区，多朵人区，安

---

① 巴卧·祖拉陈哇：“《贤者喜宴》摘译”，黄颢译，《西藏民族大学学报（哲学社会科学版）》1980年第4期，第29页；索南坚赞：《西藏王统记》，刘立千译，北京：民族出版社2000年版，第23页。

② 格勒：《藏族早期历史与文化》，北京：商务印书馆，2006年版，第26页；黄博：“试论古代西藏阿里地域概念的形成与演变”，《中国边疆史地研究》2011年第1期，第133页。

③ 林冠群：《唐代吐蕃史研究》，台北：联经出版事业股份有限公司，2011年版，第6页。

④ 根敦琼培：《白史》，法尊大师译，北京：中国藏学出版社，2012年版，第5页。

⑤ 叶拉太：“古代藏族地域概念的形成与演变”，《中国藏学》2013年第2期，第94页。

⑥ 智观巴·贡却乎丹巴绕吉：《安多政教史》，吴均译，兰州：甘肃民族出版社，1989年版，第5页。

⑦ 根敦琼培：《白史》，法尊大师译，北京：中国藏学出版社，2012年版，第6页。

多马区”[①]的提法很贴切。居住于此的藏族称“安多哇”，讲藏语安多方言。

在元朝统一藏区之前，分裂时期的藏区多使用“上阿里，中卫藏，下多康”三大藏区概念，实际是吐蕃部族联盟形态的历史遗留。卫藏是吐蕃王朝核心部族——悉补野部族的经济和政治中心，阿里（当时的象雄王国）是吐蕃联盟中的重要盟族，而安多、康区则是与汉地交界和抢夺的边缘地带。元朝将藏族地区纳入元王朝治下，成为元朝疆域的有机组成部分，蒙古族、汉族、回鹘等成分逐渐与原藏区居民融合，逐步形成了藏族这一稳定的共同体。藏族分区也就必然随着中央王朝政治区划的发展而演变。元朝统一藏区并设立乌思藏宣慰司（卫、藏、阿里合为一部）、朵思麻宣慰司（安多）、朵甘思宣慰司（康区），由此成为三大藏区形成的起点，“卫藏、安多、康”三区也逐渐演变为普遍适用的藏族分区概念，对应形成了卫巴或藏巴、安多哇、康巴等藏族分支，分别讲藏语卫藏方言、安多方言、康方言。

藏族分区和分支的形成，虽以自然环境为基础，但其演变却深受政治、历史变迁的影响，地域的分隔不能完全阻止族群间的迁移与进一步融合。黑格尔在《世界史哲学讲演录》中对民族发展与自然的关联指出：“历史虽然生存于天然性的土地上，然而天然性只是一个方面，更高的是精神的方面，自然界只是一个影响面很小的环节，自然方面、气候都不涉及个体。”[②]在民族的形成、发展、分化、分布过程中，“自然限制”在退却，“精神方面”如政治、文化发挥了越来越大的作用，藏族分支的确立便是政治与地理结合的产物，并在长期的积淀中渗透进历史，形成了现实，并在现实基础上进一步迁移和交流。

三、当代藏族人口及分布

全国第六次人口普查数据表明，藏族人口6282187人[③]，在全国少数民族中居第8位。当代藏族基本延续了三大藏区的分布状况，相较其他民族的大

① 智观巴·贡却乎丹巴绕吉：《安多政教史》，吴均译，兰州：甘肃民族出版社，1989年版，第5页。
② 黑格尔：《世界史哲学讲演录：1822—1823》，北京：商务印书馆，2015年版，第87页。
③ 数据来源：国务院人口普查办公室、国家统计局人口和就业统计司，《中国2010年版人口普查资料·第2卷民族》http：//www.stats.gov.cn/tjsj/pcsj/rkpc/6rp/indexch.ht。

杂居小聚居特点来说，藏族有很强的大聚居特征，主要聚居在今西藏、青海、甘肃、四川、云南五大省区（见表1-1）。五大省区藏族总人口622万，占全国藏族人口的98.99%。除上述省区外，其余省区仅有藏族的零星分布，总人口不过63600人，仅占全国藏族总人口的1.01%。

表1-1　藏族集中分布省区①

省区	西藏	四川	青海	甘肃	云南	合计
人口（人）	2716388	1496524	1375059	488359	142257	6218587
占藏族人口比例（%）	43.24	23.82	21.89	7.77	2.26	98.99

在藏族聚居区中，有1个省级（自治区级）聚居区——西藏自治区；10个地市级聚居区——四川甘孜藏族自治州、阿坝藏族羌族自治州、云南迪庆藏族自治州、甘肃甘南藏族自治州、青海玉树藏族自治州、海南藏族自治州、黄南藏族自治州、海北藏族自治州、果洛藏族自治州、海西蒙古族藏族自治州；2个县级聚居区——四川木里藏族自治县、甘肃天祝藏族自治县；以及42个乡镇级聚居区——汉源县小堡藏族彝族乡、雅安市石棉县先锋藏族乡等。②

其中，卫藏地区（阿里、卫、藏）的范围大致相当于除去昌都地区以外的西藏大部分地区（拉萨地区、日喀则地区、山南地区、林芝地区、阿里地区、那曲地区大部）；康巴藏区的范围大致包括西藏昌都地区、那曲地区东部（聂荣、巴青、索县、比如、嘉黎五县）、林芝地区东部（察隅、波密、墨脱三县）、青海玉树藏族自治州、四川甘孜藏族自治州和云南迪庆藏族自治州；安多藏区的地域范围大致包括除玉树之外的全部青海地区（果洛藏族自治州、海西蒙古族藏族自治州、海南藏族自治州、海北藏族自治州、海东地区和黄南藏族自治州）、甘肃省甘南藏族自治州和河西地区（天祝藏族自治县）、四川省阿坝羌族藏族自治州大部分。

新中国成立以来，藏族人口构成比重开始发生变化，青海、四川、甘肃、陕西、北京、上海等地藏族人口占比呈明显上升趋势，西藏的藏族人口

① 数据来源：国务院人口普查办公室、国家统计局人口和就业统计司，《中国2010年版人口普查资料·第2卷民族》http: //www.stats.gov.cn/tjsj/pcsj/rkpc/6rp/indexch.ht。

② 潘玉君等：《中国民族地理》，北京：科学出版社，2014年版，第122页。

比重呈下降趋势，西藏的藏族人口2010年比2000年第五次人口普查时下降2.29%。[①]随着商品经济发展和工业化、城市化进程，藏族人民流动性增强，与各族人民的交往也日益密切，通过共同劳动、分工与其他支民族凝聚在一起，形成了统一稳定的中华民族共同体；同时在与多民族的交往中保持着本民族特色，作为普遍中的特殊存在，成为“多元一体”格局中的重要一员。

第二节 藏族经济史的开端

历史是人的历史，是以人为主体的社会演化过程，藏族的历史也就可以追溯到青藏高原有人类活动的远古时期。在本章第一节我们已经提及，任何民族都是由一个或多个较强的部族通过融合扩展而形成，藏族即在最初的雅砻部族基础上拓展融合而成，在这个过程中兼并、联合、融合了众多其他族群，这些族群并不都是起源于青藏高原，藏族的族源既有卫藏阿里的土著，又有甘青川滇地区的诸羌，诸羌的族源又可以追溯到蒙古高原、中原甚至非洲。但为什么我们藏族经济史的开端仍然仅局限于青藏高原这一地域上有人类活动的远古时期而不涉及其他地域？如果说原因在于藏族最早的主要部族是源于藏南谷地的雅砻部族，那么为何藏族经济史的开端不是从雅砻部族的开端和发展开始，而要涉及雅砻部族崛起之前的其他部族，比如古老的象雄王国？本节首先要解决的就是藏族经济史的开端问题。

一、民族溯源研究方法的局限与藏族经济史开端的选择

民族溯源研究是民族史学的重要内容，认为要从根本上了解一个民族，

---

① 潘玉君等：《中国民族地理》，北京：科学出版社，2014年版，第122页。

就要溯其本源，以民族起源诠释民族本质。民族溯源研究方法以构成某民族的一些“客观”特征，如体质、语言、物质、宗教、风俗习惯等作为对象，以体质溯源、语言词汇溯源、考古溯源、文献溯源等多种方式追溯有相似特征的人群的时间、空间分布，寻找该民族的“起源”以及与其他族群的宗裔分合关系，从“起源”到今天也就构成了该民族的历史。但是这种民族溯源方法基于一系列基本假设：第一，民族本质论而非建构论，即承认民族并非社会建构，而是本身就存在的；第二，民族本质的客观特征论，即认为民族是一群有共同血统、语言与文化特征的族群，该族群在历史上繁衍、迁徙，而成为占有一定时空的民族；第三，因此，该族群在历史上会留下遗骸、文物、文献等遗存，根据这些遗存所显示的体质、文化、语言等特征就可以追溯该族群的源头。中国学界通用的斯大林关于民族的界定，“民族是人们在历史上形成的具有共同语言、共同地域、共同经济生活以及表现于共同文化上的共同心理素质的稳定的共同体”①，也是典型的客观特征论，但在具体的民族认定时，又往往不是严格按照客观特征论进行。

实际上，本质论与建构论并不存在根本冲突，建构要建立在本质基础上，而建构本身又会成为本质的重要因素。刘永佶在《民族经济学》中指出了斯大林民族定义的局限，其中很关键的一点就在于斯大林忽略了政治组织这一构成民族的必要因素，并将民族规定为“人们在同一政治组织和相应制度框架内，在共同地域内由同一文化形态主导从事经济活动的具有共同语言的长期稳定的社会存在方式”②。由此将地域、经济、政治、文化、语言都作为民族的本质因素，从而融合了建构论与本质论。建构论与本质论的融合本身已经部分回答了客观特征本质论和主观认同本质论的争论，作为民族本质因素的不仅有客观因素，也有主观认同和建构。然而，这些民族概念本身仅仅回答了“民族是什么”或“我们是谁”，而没有回答“为何我们要宣称我们是谁”。刘永佶对民族的定义还将斯大林的“共同体”上升为社会存在方式，不仅使民族具有了更多主观意义，而且表现出民族存在的原因，即以实践为基础的

---

① 斯大林：《马克思主义与民族问题》，载《马克思恩格斯列宁斯大林民族问题著作选》（增订本），北京：中央民族学院民族研究所，1985年版，第481页。

② 刘永佶：《民族经济学》，北京：中国经济出版社，2007年版，第43页。

对世界的适应方式。但这种概念规定对此问题的回答毕竟笼统。台湾学者王明珂在其《华夏边缘：历史记忆与族群认同》一书中将研究的重点由民族的内涵转移至民族的边缘，以“边缘研究”取代传统的“溯源研究”，以此解答上述问题。

“溯源研究”并不能解答民族的本质：首先，共同的体质、语言、文化特征等既不是族群或民族的必要条件，也不是充分条件，有许多民族说同一种语言、也有同一民族说多种语言，用同一种陶器的可能属于不同族群、同一族群的分支也不一定能找到同样的考古材料，因此不能以客观的语言、体质、物质文化等特征追溯民族的源头；其次，每个人都有他的父亲母亲，父母又有各自的父母，族群溯源论无论是在时间上还是范围上都毫无止境，时间可远推至百万年前，范围可远推至全球各地，但这对于了解一个族群又有何意义？因此，民族溯源法不仅不准确，而且不现实。既然不能以溯源来确立民族的本质，那么民族的本质应该如何确立呢？①

王明珂的“边缘理论”很好地解释了族群边界如何形成和变迁，如何通过改变“族群记忆”改变族群边界等问题。第一，“族群”并不是一个有共同客观体质、文化特征等客观特征的范畴，而是一个人群主观的认同范畴，族群范围由边界来界定和维持，族群边界又是可变的、可被利用的，造成族群边界的是一群人主观上对他者的异己感以及对内部成员的根基性情感；第二，族群成员间的根基性情感来自“共同祖源记忆”；第三，族群边界的形成与维持是在特定的资源竞争关系中人们为了维护共同资源而产生的，客观资源环境的改变常造成族群边界的变迁；第四，人们常借着改变祖源记忆来加入、接纳或脱离一个族群，由此造成族群边界变迁或族群认同变迁；第五，由于族群本质由“共同的祖源记忆”来界定和维系，因此，干涉对方族源记忆的事情时有发生，失去对自身族源的解释权或接受强势族群给予的族群记忆经常发生在弱势族群中；第六，在一个族群内部，常有不同的次群体争夺对本族群记忆的解释权。②在特定的政治经济环境中，在掌握知识和权力的精英引导及推动下，人们以共同称号、族源历史，以某些体质、语言、宗教或文化

① 王明珂：《华夏边缘：历史记忆与族群认同》，杭州：浙江人民出版社，2013年版，第3页。
② 王明珂：《华夏边缘：历史记忆与族群认同》，杭州：浙江人民出版社，2013年版，第5页。

特征，对内设定一体性，对外设定族群边界以排除他人。随着内外政治、经济环境的改变，资源分配、分享关系的改变，个人或族群的认同也会随之变迁，在这个过程中，常会出现原来的共同祖源被遗忘和新的祖源被强调、创造新的族称或重新定义原有族称等现象。而一旦以某种标准界定了族群边缘，族群核心的人反倒不用经常强调自己的文化内涵，族群边缘的人群则需要强调自身的族群特征。同时，由于一个族群总是由多个次族群共同构成，各个次族群都希望成为本族群的核心，因此，也都会争夺对“历史记忆”的解释权。①

族群不是一个有固定疆界、族界的人群，相反，族群边界是易变的，因此，藏族边界也在不断变迁，这种族群边界不仅由本族群的认同影响，也受非本族群对“非我族类”之族群边界的认同影响。藏族历史上族称的变迁便可以由“边缘理论”或“族群边界”来解释。在不同的历史阶段，不同的族称之下，所界定的族群边缘、族群边界也都在发生变化。“西羌”并非藏族先民自身的认同，而是处于中原的华夏族或汉族对西边异族的统称，可以看作华夏的西部边界，“西羌”也就是“那些在西方的不是华夏的人”，这一边界不是固定的，而是不断西移的；“吐蕃”是吐蕃人对本族群的认同和对非本族群的排拒，也可以视作一种族群边界，其中的“康”就是当时吐蕃的“边缘”，这种族群认同通过政治、军事、宗教以及族源构建等一系列方式完成；“藏族”，本不是建立在本族群主观认同上的共同体，而是接受了优势族群（历经元朝蒙古族、明朝汉族、清朝满族对藏区和藏人的外部认同）或国家民族内部的族群分类（民国时期五族共和概念中的藏族，解放后56个民族中的藏族，都将藏族视为中华民族的一个支民族）后形成的概念，被归类为藏族的人群又长期生活在此概念所造成的社会现实中，由此藏族才成为一种主观认同上的族群。

因此，历史文献所记载的族源、传说、族名、文化特征等就不再是简单的“史实”，而是服务于诠释某时代人群本质或族群归属目的的“社会记忆”，不同时代的同一族群可以根据族群认同来重构本族群的记忆，如“春秋时期

① 王明珂：《华夏边缘：历史记忆与族群认同》，杭州：浙江人民出版社，2013年版，第43页。

的吴国，王室家族希望被认为是华夏之裔，华夏族也认为这些不像‘蛮夷’的人‘应该’是华夏之裔，那么他们就有可能创造出吴国王室源于华夏的历史记忆”，而当他们认定自己是华夏之裔后，就有可能在礼仪、器物上模仿华夏风格，于是，“我们便有了文献与考古器物‘二重证据’来证明吴国王室原是华夏后裔。”[①]同样，吐蕃也可以通过构建族源记忆、“猕猴之后”等作为族群认同的集体记忆。人群以共同族源、共同记忆来凝聚认同，而认同变迁又可以由改变原来的族源、记忆来完成，因此，强调共同起源记忆，遗忘与现实人群无关的过去，以此排拒异族，保持族群边界，是一个族群形成的重要环节。古人如此，今人亦复如是。

我们吸收王明珂先生的“边缘理论”，但不将藏族族群边缘的形成与扩张作为藏族经济史的线索，而是以“现代藏族边缘”或“现代藏族边界”下的民族认同与历史记忆为基础确立藏族经济史的外延及其开端，进而以矛盾分析法梳理藏族经济史演变的轨迹。现代藏族的边界和边缘可以看作这种族群边界变迁中的一个阶段，在政治、经济环境发生改变的情况下，藏族的族群边界、族称还有可能发生变迁，在变迁的过程中，仍然会有不同的“历史记忆”或“族源”被建构出来作为根据。我们不去探讨这种变迁的可能性，而是对作为中华民族支民族的现代藏族的历史进行梳理，那么此阶段的藏族已经具备一种作为族群本质的“族源”“边界”，而不论这种族群记忆是不是选择性构建的、又是由哪个强势次族群主导了藏族的历史解释权而构建出来。“华夏历史学家对于华夏边缘各人群的溯源研究著作，反映的经常是他们在当代华夏意识下对华夏边缘的塑造与重塑。如近代历史学家在建构藏族史时，往往将其源头追溯到商代的羌”，便是通过对处于华夏边缘的藏族纳入华夏边界之内的认同变迁，与历史上吴国王室将其祖源归于华夏、原华夏人也接纳吴国为华夏族群，秦人将自身纳入华夏、华夏也接纳秦入华夏是同样的。与将其源头追溯到商代之羌的近代史学家不同，“川西北到西藏间的许多人群也有自己的称谓与历史传说。如此，这些少数民族的认同便常常徘徊在两种版本的历史记忆之中”[②]。《汉藏史籍》中有“吐蕃之人……内部氏族系格襄汉人、

---

① 王明珂：《华夏边缘：历史记忆与族群认同》，杭州：浙江人民出版社，2013年版，第4页。
② 王明珂：《华夏边缘：历史记忆与族群认同》，杭州：浙江人民出版社，2013年版，第54页。

金尚蒙古、卡勒门巴人、悉补野吐蕃人等四种”[①]之说，可以看作是藏族先民试图将汉人、蒙古人等纳入吐蕃而塑造新族群记忆的一种尝试。既然历史记忆可以被建构，那么，藏族族源的猕猴说（源于古吐蕃文献）与西羌说（源于汉历史文献）没有是非，只有族群边缘、边界、认同的差异。社会主义中国强调中华民族“多元一体格局”，现代藏族是中华民族一个支民族，作为支民族的藏族也有本族群的族群边界和历史记忆。这个族群边界有相应的历史开端，有地域范围和族群边缘，有其在历史上与中原王朝的互动，有其如何成为清王朝的“西藏”，也有其如何成为中华民族的支民族等一系列的历史记忆。

现代藏族的地域范围是青藏高原地区，其历史的开端是青藏高原有人类活动的远古时期。众多考古资料和历史文献不再是为了溯源，不再是为了寻找历史记忆以明确其族群边界与边缘，而是以明确的现代藏族族群边界、边缘、历史记忆为前提，揭示现代藏族的先民从远古氏族经济至现代藏族经济的演化轨迹，这也就是以作为中华民族支民族的现代藏族为主体的藏族经济史。本书主要揭示唐末吐蕃王朝解体之前，藏族先民的原始氏族经济、部族奴隶制经济与部盟农奴制经济，按其外延来看，可分为两段：（1）前吐蕃时期，以青藏高原这一地域范围界定其外延；（2）吐蕃时期，以吐蕃王朝所辖部族和地域为其外延。

二、青藏高原的阶段性隆升与藏族经济史的序幕

藏族经济史的开端从青藏高原上有人类开始，但是人的生存、起源、发展都受限于自然存在，尤其是在远古时期，劳动能力低下，对自然环境的依赖性强，那么，长期被认为不适宜人类居住的青藏高原是何时出现人类的？又为何能够有人类生存？

关于藏地最初出现的人类，藏区民间流传和早期藏文文献都有具有一定神化色彩的描述。如《红史》所述：

---

① 达仓宗巴·班觉桑布：《汉藏史集》，陈庆英译，拉萨：西藏人民出版社，1986年版，第12页。

最初，三千世界形成之时，世界为一大海，海面上有被风吹起的沉渣凝结，状如新鲜酥油，由此形成大陆。此后，有一些极光净天的神祇死后转生此处为人……①。

又如《西藏王统记》中的“神猴”与“岩魔女”结合之说：

观自在菩萨，为一灵异神猴授具足戒，令其往雪域藏地修行。神猴遵命……忽有宿缘所定之岩山罗刹，来至其前，作种种媚态蛊惑引诱。继而女魔又变为盛装妇人，谓猕猴言：“我等二人可结伉俪”……“汝若不作我夫，我当自尽”……“苟我与汝不成眷，后必随魔作伴侣。一日即可伤万灵，一夜即可食千生……所有生灵被魔吞”……神猴岩魔，成为夫妇……产生六猴婴……繁衍成为五百小猴……幼猴等食谷实，毛渐短，尾亦渐缩，更能语言，遂变为人类。……如是此雪域人种，其父为猕猴，母为岩魔二者之所繁衍……②

由于藏文文献成书年代都很晚，大部分是公元10世纪之后产生，因此，很难对唐代吐蕃王朝之前的“史前史”③产生准确记述。再加上这些藏文史籍大部分是宗教史，以佛教教义论证历史，因此，历史中充满各种奇迹、灵异、神话传说等。但新近地质学、考古学等学科的最新成果又在一定程度上出现了众多与这些神话传说的巧合，如藏区原本为汪洋大海等。

考古学、地质学、人类学的主流观点都认为人类起源于非洲，并经过两次“出非洲”（约180万年前、约15万—10万年前）扩散至世界各地，但由于海拔和高寒环境不适宜动植物生存，以采集、狩猎谋生的早期人类也就难以克服，两次迁徙路线都绕过青藏高原，直到六七千年之前，人类才进入青藏高原腹地。④但青藏高原作为世界上最年轻的高原，并不一直都是难以企及的“世界屋脊”。地质学界根据古生物物种的兴衰，建立起国际统一的地质时代单位：宙、代、纪、世，并编织成地质年代表（见表1-2）。

---

① 蔡巴·贡嘎多吉：《红史》，陈庆英、周润年译，拉萨：西藏人民出版社，1988年版，第1页。
② 索南坚赞：《西藏王统记》，刘立千译注，北京：民族出版社，2000年版，第30—32页。
③ “史前”是随着考古学的兴起而出现的概念，指有文字记载历史之前的时期。西方主流历史学以上古、中古、近古划分历史时期，但随着考古学的兴起，人们逐步认识到在所谓的古代之前，还有一个漫长的无文字的“史前时期”。按照考古学划分，“史前时期”又可以分为石器时代、青铜器时代和铁器时代。参见陈星灿：“‘史前’概念的由来及其在中国的传播”，《史学月刊》1994年第1期，第2—8页。
④ 吕红亮：《更新世晚期至全新世中期青藏高原的狩猎采集者》，载《藏学学刊》（第11辑），北京：中国藏学出版社，2014年版，第28页。

表1–2　地质年表[1]

宙	代	纪	世	距今（百万年）	生物进化及主要特征
显生宙	新生代	第四纪	全新世	2—3	人类出现
			更新世		
		新近纪	上新世	23	哺乳动物和被子植物高度发展
			中新世		
		古近纪	渐新世	66	鸟类、哺乳类动物及被子植物兴起
			始新世		
			古新世		
	中生代	白垩纪		146	被子植物出现
		侏罗纪		200	始祖鸟出现，爬行类动物繁盛，裸子植物出现
		三叠纪		251	原始哺乳类动物出现，爬行类动物兴起
	古生代	二叠纪		299	造煤植物繁荣
		石炭纪		359	两栖类动物繁荣，原始爬行类动物出现
		泥盆纪		398	甲胄鱼类繁荣，原始两栖类动物出现
		志留纪		444	原是鱼类出现
		奥陶纪		488	最早的脊索动物——笔石出现
		寒武纪		542	三叶虫繁荣
隐生宙	元古代	晚元古纪（震旦纪）		1100	藻类繁荣
		早元古纪		2500	真核细胞的藻类出现
	太古代			4600	原核细胞的菌藻类出现
	冥古代				

最新地质学研究表明，青藏高原的隆升大体可分四个阶段[2]：第一阶段，

① 资料来源于孙立广等著：《地球环境科学导论》，合肥：中国科学技术大学出版社，2009年版，第92—93页。

② 李廷栋：《青藏高原隆升的地质记录及机制》，广州：广东科技出版社，2013年版，第278页。

初始隆升阶段，中生代白垩纪末期至新生代古近纪始新世时期（50百万—40百万年），此阶段的隆升仅限于藏南冈底斯一带，且海拔高度在2000米以下，冈底斯带以南的喜马拉雅山地区还处于浅海或残留海环境；第二阶段，火山岩沉积阶段，古近纪渐新世至新近纪中新世时期（23百万—11百万年），喜马拉雅山区开始隆升，冈底斯带以北的可可西里地区、羌塘地区则从火山岩带沉积为河流、湖泊环境，大湖沉积环境的出现是一次重要的夷平作用时期；第三阶段，急剧隆升阶段，自5百万年以来，青藏高原整体经历了从缓慢到快速的隆升过程，5百万—2百万年隆升速率为0.1毫米/年，2百万年以后隆升速率增至1.29毫米/年，近1百万年的隆升速率为3.3—3.5毫米/年，新近纪上新世至第四纪早更新世时期（5.3百万—1.6百万年），高原周围盆地出现较大的地形高差，标志着青藏高原整体有了大幅度隆升，海拔高度不超过2000—3000米，高原腹地的羌塘地区海拔700—1000米；第四阶段，更新世中期以来（1.6百万年以来），青藏高原隆升了2500—3000米。此次隆升奠定了中国地质地貌的基本轮廓。青藏高原成了世界上最大的高寒草原、“世界屋脊”，阻挡了印度洋的暖湿气流，使高原以北逐步荒漠化。①

主流古人类学所描绘的人类迁徙路径都绕过青藏高原，但事实上，第一次“出非洲”时期，即约180万年前（1.8百万年），青藏高原尚未隆升为海拔5000米的高寒之地，而是海拔700—1000米的盆地，印度洋的暖湿气流仍能顺利进入该地，北羌塘地区发现了更新世（距今约2.08百万年）的三趾马化石，阔叶植物孢粉，鬣狗、犀牛、鹿等动物化石等，证实了青藏高原腹地更新世时期为适宜动植物生长和以采集狩猎为生的人类生活的温暖潮湿气候。更新世中期（1.6百万年）以来，青藏高原的快速隆升影响了高原自身、中国和全球气候环境的变迁以及古人类迁徙的路径。葛肖虹等人根据青藏高原的环境变化和已发掘的古人类遗迹分析认为，随着高原的隆升，一部分原居住于羌塘盆地的古人类（距今约208万年）适应了高寒环境，成为青藏高原上的藏族先民；另有一部分人不能适应高寒环境，转而向高原下方迁徙，其中一支向东迁徙到云南，距今170万年的“元谋猿人”由其发展而来，另一支

---

① 葛肖虹、刘俊来、任收麦、袁四化：“青藏高原隆升对中国构造—地貌形成、气候环境变迁与古人类迁徙的影响”，《中国地质》2014年第3期，第698—714页。

向北迁徙，发展为距今约150万年的“泥河湾人”、约50万年的“河套人”、约40万年的“北京人”。[①]虽然不能明确距今约208万年的“羌塘古人类”是迁移自非洲，还是本土的“猕猴变人”，但其证实了青藏高原远古时期就有人类居住，也证伪了藏族族源“外来说”，包括“青藏高原本无人居住，距今6000—5000年前，华北、华南两支移民进入青藏高原，成为藏族祖先”[②]“西羌人迁移至藏区成为藏族祖先（羌族最早的记载是距今3000年的商代甲骨文时期）”“藏族祖先是释迦牟尼的后代（公元前4世纪，中国春秋时期）”等观点。按照人类远古时期的生产力水平，人们往往是从生存条件恶劣的地区迁移至自然环境良好的地区，距今6000—5000年前，青藏高原已因隆起而成为不适宜动植物生长更不宜居的高寒环境，华北、华南两支移民进入青藏高原构成最早居民、藏族族源西羌说、藏族族源印度说等，不仅不符合历史，也不符合逻辑。藏族传统的“雪域人种为猕猴所变”这一神话传说，不排除是藏地人种演化过程经世代相传在人们头脑中的反映。“有了人，就开始有了历史”[③]，因此，青藏高原上的人类历史在距今约208万年前的远古时期就开始了。

第三节 藏族先民从采集渔猎经济向农耕游牧经济的转变

虽然最新分子生物学研究显示，过去东亚大陆发现的早期人类，包括元谋人、蓝田人、北京人等都不是现代人的直系始祖，现代人的祖先均是从5万年前开始由非洲向外迁徙而来。然而，我们的目的不在于以“民族溯源”寻求藏族的本质，相反，我们以现代藏族的族群边界为前提，在吐蕃王朝建

① 葛肖虹、刘俊来、任收麦、袁四化：“青藏高原隆升对中国构造—地貌形成、气候环境变迁与古人类迁徙的影响”，《中国地质》2014年第3期，第705—708页。

② 夏格旺堆、普智：“西藏考古工作40年版”，载中国社会科学院边疆考古研究中心：《前吐蕃与吐蕃时代》，北京：文物出版社，2013年版，第3页。

③ 恩格斯：《自然辩证法》，载《马克思恩格斯选集》（第三卷），北京：人民出版社，1972年版，第457页。

立之前，明确以青藏高原这一地域范围界定其外延。因此，无论这些古人类是否为现代藏族的直系祖先，这些古人类是否有后代生存于世，这些古人类仍然可以算作藏族先民，准确点说，应为“藏地先民”，这些藏地先民经历了漫长的“史前时期”。由于早期人类活动对自然的适应多于对自然的改造，能够留下的印记很少，并且没有文字出现，因此，人们对漫长的早期“史前史”知之甚少，对于青藏高原地区来说更是如此。由于藏文出现较晚以及青藏高原与中原长期隔离，无论在藏文文献还是汉文文献中都很难找到准确的关于藏族远古时期的历史记载。中国最早的文字是出现于3000年前殷商时期的甲骨文，藏文则是于公元7世纪的唐代吐蕃时期才出现的。历史文献的缺乏和不准确性使得考古学资料对于藏族早期经济史的研究具有无可替代的作用。根据地质学资料推测和考古学资料显示，我们除了能够得到“青藏高原自古以来（距今约208万年前的远古时期）就有人类活动”这一结论之外，具体细节无从得知。随着藏区考古学①的推进，我们对藏地先民的原始经济社会生活有了更多了解，上至旧石器时代、下接唐代吐蕃王朝的藏地先民的社会经济状况，都可以从众多人类活动遗迹中得到说明。这些人类活动遗迹与藏文史籍相结合，共同勾勒出藏地先民从原始采集狩猎经济向农耕游牧经济转变的轮廓。

一、旧石器时代：从采集经济到采集狩猎经济

人类最初从动物界分离出来是一种飞跃，是从动物对给定环境的消极生物适应的有机存在向人类对其环境的积极适应的社会存在的飞跃，“对于这个飞跃，我们缺少直接的事实基础。我们仅仅知道，这种飞跃用去了很长时间”，而这种飞跃的标志就是劳动。“在动物的实际结果中似乎已经触及到初始劳动的边缘。但是，这种边缘在有机存在中停留于明显的‘死胡同’，如

① 藏区考古学兴起后，童恩正先生提出了藏区考古学的三大历史分期：石器时代、早期金属时代、吐蕃时代，后被考古学界普遍接受（见童恩正：“西藏考古综述”，《文物》1985年第9期，第9—19页），其中石器时代又分旧石器和新石器时代；早期金属时代大约是从公元前1000年版至公元6世纪吐蕃王朝兴起之前；吐蕃时代则是从公元6世纪至公元10世纪。

蜜蜂的劳动和分工，即使更高级的动物，如猴子，也未超出生物决定性对环境的适应。”[①]劳动使人类脱离了纯粹的自然性，即在每个个别的劳动过程中，都具有目的论设定，目的统治和调节着手段，而目的之所以能够在本体论上、而非仅仅在认识论上被设定，就在于能够正确把握其对象：“从认识论意义上说，没有认准对象的设定仍是一种设定，而一个完整的目的论设定对于因果性所作出的本体论设定则必须正确把握其对象”，否则那些没有被正确认识到的因果性根本就不能在本体论的意义上被设定”，它们仍然作为自在的因果性以自然的方式起作用，“而且由于目的论设定不能实现，它就被降格为一种在自然面前无能为力的意识事实”。因此，对于社会存在本身来说，确定劳动手段（劳动工具）往往比设定目的更为重要，在人类社会早期更是如此。在缺乏文献的情况下，“工具就成为我们认识人类发展某些阶段的最重要的钥匙”。通过对劳动工具的分析，我们不仅可以了解这些工具产生的历史，而且能够了解当时使用这些工具的人类的生产生活方式，“甚至世界观”。[②]

最初的劳动工具只是比较简单的石块和木棍，与这些初级的生产工具对应的生产方式主要是原始的采集渔猎经济。采集渔猎生产方式的特点在于，其对象物由自然界产生，人的劳动主要集中于辨识动植物的可食性以及如何采集和猎获自然生成的动植物。以初级打磨的石块作为采摘、切断、刮削植物果实、肉类等的工具，以木制的棍棒、枪杖作为捕捉鱼类、围猎动物的生产工具和武器就成为旧石器时代的主要经济生活方式。迄今为止，考古学界先后在西藏日喀则地区定日县的苏热，吉隆县宗嘎乡的哈东淌、却得淌，阿里地区日土县的扎布、夏达措东北岸，那曲地区色林错东南岸的各听、申扎县的珠洛勒、多格则；青海省海西蒙古族藏族自治州的冷湖、柴达木盆地的小柴旦湖畔；四川省甘孜藏族自治州炉霍县虾拉沱附近鲜水河东岸的宜木、亚巴等地，发现了多处被初步确定为旧石器时代的地点（见表1-3），这些旧石器时代的文化遗存所处年代距今大约3万—1万年。[③]

① 卢卡奇：《社会存在本体论导论》，北京：华夏出版社，1989年版，第166—167页。
② 卢卡奇：《关于社会存在的本体论》（下），重庆：重庆出版社，1993年版，第20—21页。
③ 石硕：“从人类起源的新观点看西藏的旧石器时代文化遗存”，《中国藏学》2008年第1期，第110—115页。

表1-3　青藏高原发现的旧石器遗存[①]

地点	遗址名称	出土的遗存种类	距今	所处时期
西藏日喀则	定日县苏热	刮削器、尖状器和石片	约3万年	旧石器时代早期
	吉隆县宗噶乡哈东淌	砾石石器、石片石器（刮削器）		地质学上的中更新世末期至晚更新世
	吉隆县宗噶乡却得淌	石器（砍器、切割器、刮削器）、石片和由人工打击痕迹的砾石		中更新世末期至晚更新世
西藏阿里	日土县扎布	石器（刮削器、尖状器）、石核、石片	约1万年	旧石器时代晚期
	日土县夏达措东北岸	石核、石片、石器（刮削器、切割器、尖状器、砍斫器、手斧）		旧石器时代中、晚期
西藏那曲	申扎县多格则	石核、石片，石器（刮削器、尖状器、砍砸器）	约1万年	旧石器晚期比较后的时代
	申扎县雄麦乡珠洛勒	石片石器		旧石器时代晚期
	色林错东南岸各听	石核、石片和石器	约2.4万年	旧石器时代晚期
青海海西	冷湖行政区冷湖1号地点	石核、石叶	约3.1万年	旧石器晚期
	大柴旦行政区小柴旦湖遗址	雕刻器、刮削器、砍砸器、石片、石棱、尖状器等	约3万年	旧石器晚期
青海玉树州	格尔木市乌兰乌拉湖遗址	软砸器、削刮器、雕刻器、石片	约1.8万年	旧石器晚期
青海海北州	娄拉水库	火塘、灰屑、石片、细石叶	约1.3万年	旧石器晚期（细石器时代）
	青海湖东北侧晏台东遗址	火塘、石核、石片、细石叶、断块，以削刮器和尖状器为主的石制品工具	约1万年	旧石器晚期（细石器时代）

① 资料来源：岳永芳："青海远古文化是中原仰韶文化的延伸和发展"，《青海社会科学》2006年第3期，第122—125页；石硕："从旧石器晚期文化遗存看黄河流域人群向川西高原的迁徙"，《西藏研究》2004年第2期，第33—39页；次旺："试探西藏史前时期的历史古迹文化资源及研究价值"，《西藏研究》2013年第6期，第15—26页；夏格旺堆、普智："西藏考古工作40年版"，《中国藏学》2005年第3期，第201—212页；仪明洁：《青海省旧石器的发现与研究》，载《第十三届中国古脊椎动物学学术会议论文集》，北京：海洋出版社，2012年版，第187—194页；汤惠生："略论青藏高原的旧石器和细石器"，《考古》1999年第5期，第44—47页；汤惠生："青藏高原旧石器时代晚期至新石器时代初期的考古学文化及经济形态"，《考古学报》2011年第4期，第443—465页；汤惠生："青藏高原旧石器若干问题的讨论"，《青海民族大学学报（哲学社会科学版）》2010年第1期，第96—102页。

续表

地点	遗址名称	出土的遗存种类	距今	所处时期
青海海北州	铜钱遗址	火塘、大量细石核、细石叶		旧石器晚期（细石器时代）
青海果洛州	玛沁县下大武	细石核、细石叶、刮削器等	约1.1万年	旧石器晚期（细石器时代）
	玛沁县冬给错纳湖1—5号点	打制石核、细石核、细石叶、石叶、石片、削刮器		旧石器晚期（细石器时代）
青海海南州	共和县江西沟1号点	剥制细石叶时产生的碎屑、细石叶、预制石核的副产品；烧骨	约1.2万年	旧石器晚期（细石器时代）
	共和县黑马河1号点	石核、细石叶残片、刮削器、石片；用于研磨植物或磨制骨器的、木器的圆形砾石；碎骨	约1.1万年	旧石器晚期（细石器时代）
	共和县青海湖151景区遗址	石制品、大量灰屑、灰堆、骨骼残片	约1.1万年	旧石器晚期（细石器时代）
	共和县沟后水库001点	由灰屑、灰烬、砾石组成的灰堆（砾石可能用于加热事物）	约1万年	旧石器晚期（细石器时代）
	共和县黑马河3号点	火塘、石制品碎片	约7600年	旧石器晚期（细石器时代）
	拉乙亥遗址	大量石制品（砍砸器、刮削器、研磨器）、骨制品、装饰品、智人的上乳犬齿，大量火塘、灰烬、木炭	约6000年	旧石器向新石器时代过渡期
	共和县江西沟2号点	细石叶、石叶、似石叶、石片	约4900年	旧石器向新石器过渡期
四川甘孜州	炉霍县虾拉沱附近的宜木地点	人工打制的石制品（石核—砍砸器、石片—刮削器）、哺乳动物化石	约1.2万年	旧石器时代晚期
	炉霍县虾拉沱附近的亚巴地点	人类牙齿化石、哺乳动物化石	约1.2万年	旧石器时代晚期

从大量旧石器的发掘来看，藏地先民经历了以旧石器为生产工具的采集狩猎时期。在藏区发现的原始粗糙的早期旧石器很少，但有众多旧石器时代中期，以二次加工而成的刮削器、尖状器为代表的卵形石器（见图1-1），除刮削

器、尖状器外，还有一定数量的砍砸器及雕刻器。[①] 卵形刮削器是把卵形石片的一边加以打制使之成为专门的刃，用来为猎取的动物剥皮，尖状器则是将石器打制成三角形并削尖，用作切断器和穿孔器。由于此时的生产工具还较初级，尚未出现能够猎取大型动物的锋利武器，因此，藏地先民基本的生产方式还是采集，且不知道用火，而是“食自然之谷物，穿树叶之衣，在森林中如同野兽一样生活。”[②] 可以想见，藏地早期人类拿着石块和木棍在当地过着采集渔猎的游走生活。《红史》云：“众人取食甘露观音土、谷芽菜等不种自生之物。此等不种自生之食物，无人占有，何时需要，即可割取，割后再生。”[③]《西藏王统记》也有“以青稞、小麦、豆类、荞麦、大麦等不种之香谷为食，以树叶为衣”[④] 之说，这些“不种自生之香谷”成为日后藏族人民的主要农作物。

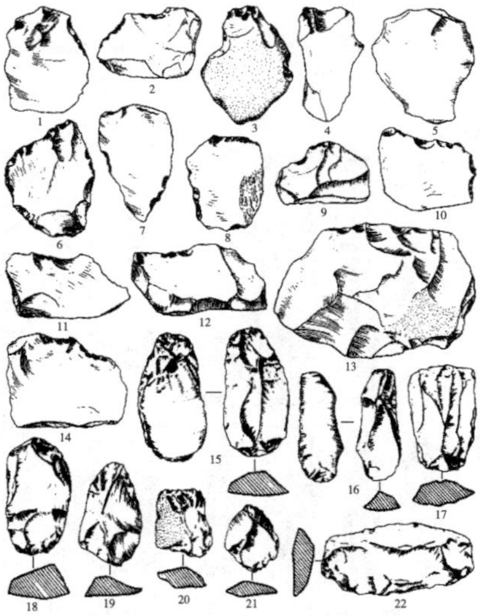

图1-1 各听和珠洛勒的刮削器和尖状器[⑤]

注：1、5、7、8石片；2、6、10、11、12、14边刮器；3端刮器；4、9凹缺刮器；13石核；15—18、20圆头刮器；19、21尖状器；22双边刮器。

旧石器时代晚期，石器的制作技术已经有了显著发展，石制品不再局限于卵

① 见汤惠生：“略论青藏高原的旧石器和细石器”，《考古》1999年第5期，第44—47页。
② 巴卧·祖拉陈哇：“《贤者喜宴》摘译”，黄颢译，《西藏民族大学学报（哲学社会科学版）》1980年第4期，第31页。
③ 蔡巴·贡嘎多吉：《红史》，陈庆英、周润年译，拉萨：西藏人民出版社，1988年版，第2页。
④ 索南坚赞：《西藏王统记》，刘立千译注，北京：民族出版社，2000年版，第32页。
⑤ 汤惠生：“略论青藏高原的旧石器和细石器”，《考古》1999年第5期，第45页。

形石片制品，有计划地从石块上打下细长石片并经过巧妙加工使之成为众多制作更加精细的具有专门用途的细石器成为这一阶段的主要生产工具（见图1-2），甚至出现了“对毛坯石片先‘去薄’以便于装手柄”[①]的细石器，从而具备了可以猎取大型动物的枪的锋芒和有柄武器，使狩猎生产方式成为可能。狩猎生活则使人类可以获得哺乳动物的骨骼，用以制作骨器，旧石器时代晚期的文化遗存中出现了大量的烧骨（江西沟1号地点）、骨骼残片（青海湖151景区遗址）、骨器（共和县黑马河1号地点）、骨制品（拉乙亥遗址）等是藏地先民进入狩猎生活的重要标志，拉乙亥遗址中发现的众多经火烧或砸击过的狐狸、鼠兔、雉、沙鼠、旱獭等动物骨骼表明当时的藏族先民已进入大规模的狩猎时代，且已经开始使用火，大量火塘、灰烬、木炭等的发现是重要证据。火的应用使人类能够食熟食，并且以火为工具防卫和猎杀大型动物，从而使人类得以最终脱离动物生活、脱离原始的游走生活而走向定居，原始的采集、狩猎经济产生了向种植、畜牧经济转变的可能性。

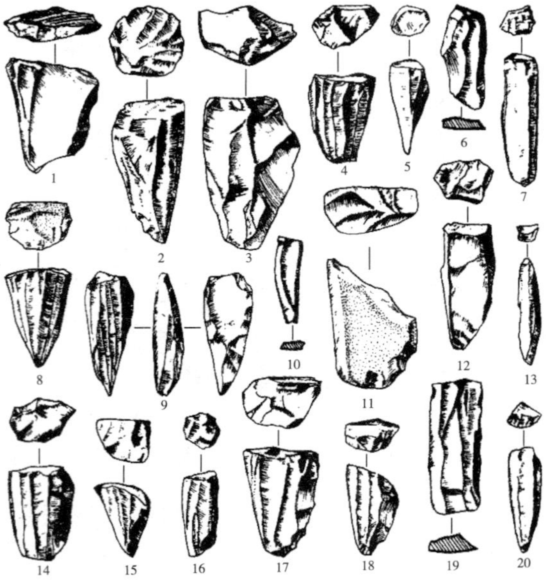

图1–2　申扎和双湖的细石核和细石叶[②]

注：1、3、11、17、18楔形石核；2、5、7、8、9、12、13、15、20锥状石核；4、14、16柱状石核；6、10、19石叶。

① 汤惠生：“青藏高原旧石器若干问题的讨论”，《青海民族大学学报（哲学社会科学版）》2010年第1期，第99页。

② 汤惠生：“略论青藏高原的旧石器和细石器”，《考古》1999年第5期，第45页。

二、新石器时代：采集狩猎经济为主、农耕游牧经济为辅

依据系统抽象法对经济史的考察，不是以时间顺序罗列各个阶段各地的生产生活状态，而是根据一定的原则探讨人类历史发展规律。黑格尔按照他的思辨辩证法，以自由精神为世界历史的原则，“世界历史就是精神的自由原则在不同时代的具有代表意义的民族精神中演化的过程。”[①] 实践辩证法和唯物历史观要求扬弃黑格尔以意识为核心原则的世界历史，但却可以吸收其“一个民族在历史的一个阶段曾是自由原则的代表”这一历史叙述方法。同样，对藏地先民经济史的考察并非要复原每一时间段上青藏高原各地人类全面的经济生活，只需将其经济演变的规律和逻辑进行梳理。在这一演变中，不同地域在同一时期的经济形态可能代表了经济史演变过程中的不同阶段。距今约1万年的西藏日土县扎布地点代表的是采集经济阶段，而同是距今约1万年的青海共和县青海湖151景区遗址，在其中发现了用火痕迹和动物骨骼残片，使之成为旧石器时代晚期狩猎经济阶段的代表。当然，逻辑与历史在总体上是统一的，如果说旧石器时代的文化遗存展现的是藏地先民从采集经济向采集狩猎经济演变的规律，那么藏地发掘的新石器时代遗址则向我们展示了藏地先民从采集、狩猎经济向农耕、游牧经济的演变轨迹。

考古资料显示，新石器时代在藏地存在着三种经济类型：一是藏东河谷区以昌都卡若遗址为代表的半定居农牧经济；二是藏南雅鲁藏布江以拉萨曲贡遗址为代表的定居农业经济；三是藏北高原以阿里和羌塘遗址为代表的细石器时代的游牧经济。三大遗址类型大体反映出藏地新石器文化相继发展的过程，对于我们探寻藏地先民从氏族走向部族社会的经济生活、社会关系乃至意识形态都有重要帮助。

昌都卡若新石器遗址的发现对于藏地历史的研究具有划时代的意义，第一次以事实说明了藏区的历史可以追溯到5000年前，彼时青藏高原已不再是

---

① 刘永佶：《黑格尔哲学》，北京：中国社会科学出版社，2017年版，第401页。

原始人群采集狩猎途径之地，而是成为有村落、农耕的人类定居之地。卡若遗址位于藏东河谷地带，遗址面积约10000平方米，遗址跨度1000年左右，年代在距今约5000—4000年，其研磨石器和陶器的使用标志着藏地先民已进入一个全新的时代。

新石器时代文化以陶器和研磨石器的出现为主要特征。陶器是人类定居生活以后的产物，是划分旧石器时代与新石器时代的关键标志，制陶劳动与制造石器、骨器的劳动过程之间的根本区别在于，从“有中挑选”向“无中生有”转变：“人们在用石头或骨头制作一件工具时，他总是受这种原料的形状和大小的限制，他只能取用其中一部分。可是，陶工的活动根本不受这种限制，他可以按照他希望的样子去塑造陶土团。”[①]劳动工具自身的这种演进清晰地表现出“自然限制退却”这一趋势：人总是在努力摆脱自然材料的限制，使其所制造、使用的物品越发符合自己在自然存在物中不能直接满足的目的和需要。当然，这种自然限制的退却是一个渐进过程，早期陶器都是按照人类自己所熟悉的、以自然材料直接做成的容器的形状（如葫芦、人的头颅骨等）仿制而成。卡若遗址中发掘出2万多片陶器，包括陶罐、陶碗、陶盆等；36件骨器，包括骨针、骨锥、刀梗等；还有50件装饰品，包括骨镯、骨牌饰、骨笄、石环、石珠、穿孔的宝贝等。[②]这些考古证据将自然材料依照人们的目的论设定用于不同需要的属性表现得淋漓尽致。在这一时代，人们不再身披从动物身上直接剥制下来的兽皮，而以骨针缝制兽皮，身穿粗糙的织物，甚至以骨头和石头制造装饰品；不再以直接的葫芦、头骨、石器装水盛食，而以陶制品作为盛食装水的主要器具。

与陶器本身的跨时代演变相似，生产工具所体现出的生产方式也开始了从“有中挑选”向“无中生有”的跨越。“天然植物变为农作物，野生动物通过驯化转变为家养牲畜”[③]，从而人类由游动转向定居，都是自然限制的重大退缩。研磨石器是人类定居生活的开始，因为必须有了研磨的石斧与石刀，人

---

① 卢卡奇：《关于社会存在的本体论》（下），重庆：重庆出版社，1993年版，第22页。

② 童恩正、冷健：“西藏昌都卡若新石器时代遗址的发掘及其相关问题”，《民族研究》1983年第1期，第54—63页；霍巍：“昌都卡若：西藏史前社会研究的新起——昌都卡若遗址科学考古发掘30周年版”，《中国藏学》2010年第3期，第20—29页。

③ 杨思远：《中国少数民族生产方式研究》，北京：新华出版社，2013年版，第3页。

类才能砍伐森林，从而建设住房，并种植植物、驯养动物，而植物栽培和动物驯养又成为织物出现的前提。在卡若遗址已经考古发掘的约1800平方米中，发现了28 座房屋遗址以及地面石墙、石子小路、石台基等遗迹；7968件石器，包括打制石器、细石器、磨制石器三种，制成的工具包括石斧、锄、铲、钻、尖状器、敲砸器、刮刻器、雕刻器、矛、镞等，既包括农具，又有狩猎工具，还有其他辅助工具；另外还发现了大量的农作物粟米、少量粗糙的织物以及动物骨骼，包括人工饲养的家猪和猎捕到的鼠兔、马鹿、狍子、牦牛、藏原羊、青羊等。①这些考古证据表明，此时青藏高原上的先民已经从“有中挑选”的采集狩猎生活进入了“无中生有”的农业种植与动物饲养生活，是自然限制大踏步退缩的典型体现。当然，“一种新的生产方式出现后，旧有的生产方式不会立即消亡，于是出现了同一民族从事多种生产方式的现象。”②因此，农耕与畜牧生产方式的出现，并没有消除藏东河谷地区的采集狩猎生活。卡若先人此时已经能够种植粟，学会了饲养家猪，同时“山顶上的藏羚羊、野鹿、白唇鹿等野生动物和澜沧江中的高原鲤鱼”③都是卡若先民采集渔猎的重要对象。在卡若遗址中出土的2件卡若时代晚期的狩猎工具镞以及大量猎获的哺乳动物骨骼证明，狩猎经济在当时仍然具有重要作用。《后汉书》所载“少五谷多禽兽，以射猎为事，爰剑教之田畜，依之者日益众”④，可以视为藏区从早先的采集狩猎经济中发展出后来的农耕经济的写照。

曲贡遗址是晚于卡若时代的又一新石器遗址，位于拉萨河谷的边缘地带，距今4000年左右。遗址内发现的主要遗迹是灰坑和墓葬，灰坑内有大量石器、陶片和骨器；有的灰坑内葬有人头或人骨架；墓葬中的主要随葬品为陶器。曲贡遗址中出土的石器有近万件，其中打制石器占绝大多数，磨制石器则很少。打制石器制作精细，种类繁多，用途广泛，既有农业生产工具，也有手工工具和狩猎用具，可用于砍、砸、切、削、锥、刺、磨等；磨光石器

---

① 童恩正、冷健：“西藏昌都卡若新石器时代遗址的发掘及其相关问题”，《民族研究》1983年第1期，第54—63页；霍巍：“昌都卡若：西藏史前社会研究的新起——昌都卡若遗址科学考古发掘30周年版”，《中国藏学》2010年版第3期，第20—29页；黄万波：“西藏昌都卡若新石器时代遗址动物群”，《古脊椎动物与工人类》1980年第2期，第163—167页。

② 杨思远：《中国少数民族生产方式研究》，北京：新华出版社，2013年版，第5页。

③ 张云、石硕：《西藏通史——早期卷》，北京：中国藏学出版社，2015年版，第109页。

④［南朝宋］范烨编纂、［唐］李贤等注：《后汉书》卷87《列传·西羌传》。

种类和数量都较少，主要有刀镰、梳形器等；还有少量磨光玉器，如锛、箭镞等。骨器包括骨针、骨锥、骨笄、骨锛、梳形器等；发现了少量石环、骨笄、耳坠、陶环等头部装饰品。陶器有很高的制作水平，从用途上看，不仅有炊煮器、饮食器和盛贮器等实用器具，还有个别装饰讲究的小型陶器艺术品。[①]对于曲贡遗址的性质，学界有不同看法，大部分学者认为，曲贡遗址与卡若遗址一样，为当时人们的生产生活场所；也有观点认为，曲贡遗址并非人们的聚居场所，而是与原始宗教信仰有关的祭祀场所。[②]无论被发掘的卡诺遗址为何种性质，都能作为拉萨河谷地带已经具备农耕生产方式的重要线索。既然距今4000年前的曲贡文化时代已经显示出相当高的农业水平，用于收割的石片石器、大量加工谷物的大磨盘是农业较为发达的证据，那么，拉萨河谷农业的起源当在更早时期，也就是说，拉萨河谷的定居农业作为一种重要的生产方式，远在4000年之前就产生了。遗址还出土了大量的鱼骨、渔具以及马、牦牛、绵羊、鹿等大量动物骨骼，表明拉萨河谷的捕鱼、狩猎等生产方式仍占据重要地位。

藏西北地区并未发现显著的新石器遗址，但发现了众多具有新石器文化遗存的采集点，这与当地以游牧经济为主要生产方式，没有大型定居、聚居区有一定关系。该地的经济类型以游牧经济为主，狩猎经济为辅，年代在距今约7500—3000年，可以看作藏地新石器时代较早阶段的文化。由于那曲、阿里地区发掘的新石器以打制石器和细石器为主，有学者将此地新石器采集点归结为“不见陶器、磨制石器，只见细石器和大型打制石器或单纯细石器的新石器时代地点”。[③]因游牧经济需逐水草而居，在频繁的迁徙中不宜携带大型、易碎、沉重的东西，如陶器等，使游牧者的生产工具向小型、多用途发展。[④]因此，游牧民所使用的细石器工艺水平很高，但在陶器制作方面却很落后，所以，藏北高原与以细石器为主的新石器文化，对应的生产方式为游牧经济。游牧经济是在狩猎经济基础上形成的，人们在猎取的动物中，发现较为温顺、可以驯养的牛、马、羊等有蹄类草食动物，人为地消灭其野性，

① 王仁湘：“拉萨河谷的新石器时代居民——曲贡遗址发掘记”，《西藏研究》1990年第4期，第135—139页。
② 霍巍：“曲贡遗址之性质及相关问题讨论”，《中国藏学》2014年第1期，第91—98页。
③ 夏格旺堆：“西藏考古工作40年版”，《中国藏学》2005年第3期，第201—212页。
④ 次旺多布杰等：《西藏农牧业科技发展史》，北京：中国农业出版社，2015年版，第5页。

使之适宜放牧，因此，游牧经济要比狩猎经济具有更稳定的收获。

由于当时人口尚未显著增加，自然中可供采集和猎取的动植物还很充足，对于藏东河谷地区和藏南河谷地区来说，采集渔猎甚至长期居于主导地位，直到铁器的传入及其由此引发的农业革命，采集、狩猎才逐渐退居次要地位，进行了农业革命的雅砻悉补野部族，则以拉萨河谷和雅砻河谷的定居农业为经济基础，逐步崛起并建立起强大的吐蕃王朝。在此之前，实现了从狩猎经济向游牧经济转变的藏北高原地区，则率先建立起强大的奴隶制部族王国——象雄王国。

三、原始时代藏族先民的社会存在形式：氏族公社及其图腾意识

无论是生产生活工具的演变，还是以生产工具为标志的生产方式的进展，都是“自然限制退却”的过程，而自然限制的退却过程正是人之为人的过程，这一过程与人的社会性的增长是同步的，“自然限制的退却乃是实现社会性的标志”[①]。正如马克思在批评费尔巴哈把人理解为孤立的个体时指出的，“人的本质不是单个人所固有的抽象物，在其现实性上，它是一切社会关系的总和”[②]。费尔巴哈关于人本质的理解恰恰忽略了人的社会存在与动物有机存在的一个关键区别：以劳动为基础的、对于无声的合类性的扬弃。在人类合类性发展的问题上，卢卡奇特别强调了两点：（1）实践是人作为人而存在的存在基础，作为人存在的一切方面的基础，早在人类最原始的阶段就在必然地造成人类对于自己无声合类性的扬弃，以此作为使自己变成人类的基础；（2）人类精神生活的复杂的和从表面上看似乎远离现实的表现，乃是人类第一实践即劳动在存在中引起的那个过程的一些必要的因素。[③]这两点在社会总体层面涉及的正是以经济为基础的人类社会关系与意识形态问题，前者表现为从氏族、氏族联合体，经部族、民族过渡到人类，这一从小共同体向大共同体演变的合类性发展过程，在每一阶段的共同体内部又具有

①③ 卢卡奇：《关于社会存在的本体论》（上），重庆：重庆出版社，1993年版，第43页。
② 马克思：《关于费尔巴哈的提纲》，载《马克思恩格斯选集》（第1卷），北京：人民出版社，1972年版，第18页。

不同的阶级关系；后者则集中表现在图腾意识、诸神崇拜、上帝主义乃至科学主义等最为抽象的意识形态——哲学观念上，早期抽象的哲学观念往往又集中体现于宗教信仰。从藏地发现的旧石器和新石器看来，藏地先民在远古时期经历了采集、采集狩猎、游牧、农耕等生产方式，与之对应，藏地先民的社会存在方式也经历了从氏族、氏族联合体向部族演变的合类性发展过程；在意识形态的演化上，曲贡遗址中鲜明的宗教痕迹显示了当时人们的宗教信仰，如陶塑浮雕猴头像[①]的发掘可能代表了藏地先民原始的“猕猴图腾意识”。

正如卢卡奇所言，人类合类性的发展，包括人类社会最早期社会组织的出现都是以实践为基础的，是对实践中所面临的矛盾的反映。在人类社会早期，人与众多凶猛的动物共存，面对着高寒缺氧和各种自然灾害，支配自然的能力非常低下，个人更是很难战胜自然，在这种情况下，为了求生，便要以联合形式，相互协作，共同劳动。恩格斯指出，“为了在发展过程中脱离动物状态，实现自然界中最伟大的进步，还需要一种因素：以群的联合力量和集体行动来弥补个体自卫能力的不足”[②]，人类原始的小共同体便由此产生。以采集狩猎为主要生产方式的藏地原始社会以氏族为社会存在形式，“氏族，直到野蛮人进入文明时代为止，甚至再往后一点，是一切野蛮人所共有的制度”。[③]由于采集狩猎生产方式的对象物由自然界产生，总体生产劳动要受到对象物的限制，因此，收获物有限，也鲜有剩余，且不易保存，在这种生产方式下，只能维持较小的氏族共同体生存。氏族成员的地位一般按辈分和能力确定，“部落首领与部落成员之间是平等的社会关系”[④]，本族以外的外族人则被视为敌人、猎物甚至食物，“直接吞食侵袭众人类，饮食人畜血肉面变赤”[⑤]，可能就是当时氏族之间相互猎杀为食物的一种写照。

众多文献中显示了藏地先民早期的氏族社会形态，并有从母系氏族社会向父系氏族社会的转变。如止贡赞普的“父王之属民‘父部九臣’与母后之

---

① 王仁湘：“拉萨河谷的新石器时代居民——曲贡遗址发掘记”，《西藏研究》1990年第4期，138页。
② 恩格斯：《家庭、私有制和国家的起源》，北京：人民出版社，1972年版，第31页。
③ 恩格斯：《家庭、私有制和国家的起源》，北京：人民出版社，1972年版，第82页。
④ 乔政：“西藏远古社会经济初探”，《西藏研究》1993年第4期，第16—20页。
⑤ 恰白·次旦平措等：《西藏通史——松石宝串》，陈庆英等译，拉萨：西藏古籍出版社，1996年版，第11页。

属民‘母部三支’”[①]等都是走向氏族联合体或部族后的氏族残余。《汉藏史籍》中有：

吐蕃之人源自猴与岩魔女，内部四族系，为东氏、冬氏、塞氏、穆氏等，此四族分出大部分吐蕃之人。[②]

又有：

吐蕃人名叫赤多钦波，生有六子：查、祝、冬、噶四位兄长及韦、达两位弟弟。当吐蕃六人在玛卡秀地方种地时，吐蕃三人要生六子，冬娶了巴马勒邦、查娶了查莫热扎、祝娶了祝莫重重、噶娶了噶玛麦波，韦和达在汉藏交界之地，娶了当地的达岱贡玛。由此，帐系之中，未失尊长地位的，是兄长冬的后裔；本领高强的，是塞、穹二氏，为查的后裔；英勇的是阿甲黑氏，是祝的后裔；放牧牲畜的是穆察氏，是噶的后裔。……兄长冬氏，分出六个长系……此六长系有又分出六个尊贵系……[③]

可以推测，当时所说的氏族应该是母系氏族，如“吐蕃三人要生六子”可以理解为玛卡秀地方氏族内部只有三名女子，而“吐蕃六子”中只有四人留在了氏族内部，而另外两子“韦和达在汉藏交界之地”，共同“嫁给了”当地的达岱贡玛，进入该母系氏族。冬氏的后裔不姓冬，查的后裔姓塞、穹等也说明了当时的母系氏族公社性质。

《敦煌本吐蕃历史文献》的赞普传记中，有问父问王一节，或可作为藏地先民由对偶婚家族构成的母系氏族时代向父系氏族时代过渡的反映：

札氏之子，领父系子弟与哈牙氏之父系子弟交战，哈牙氏灭札氏家族，札氏之妻逃逸，反父兄之部落，怀有遗腹之子。此儿生后，长至依膝盖能站立，问其母道“人皆有父，我之父为谁？人皆有王，我之王为谁？请以示我！”……悉补氏之子阿列吉此时也道，“今日母若不直告与我，我将死于母前！”[④]

札氏家族或许是处于由对偶婚家族组成的母系氏族社会。“所谓对偶婚家族，即一个男子在许多妻子中有一个主妻；一个女子在许多丈夫中有一个主

① 王尧、陈践（译注）：《敦煌本吐蕃历史文书》（增订本），北京：民族出版社，1992年版，第160页。
② 达仓桑巴·班觉桑布：《汉藏史集》，陈庆英译，拉萨：西藏人民出版社，1986年版，第12页。
③ 达仓桑巴·班觉桑布：《汉藏史集》，陈庆英译，拉萨：西藏人民出版社，1986年版，第12—13页。
④ 王尧、陈践（译注）：《敦煌本吐蕃历史文书》（增订本），北京：民族出版社，1992年版，第157页。

夫。”[1]因“尔之王赞普为罗阿木达孜所害，尔之父为哈牙氏所杀”，“札氏之妻”带其遗腹子和“悉补氏之子阿列吉”返回其父兄部落，才有后来的“札氏之子”和“悉补氏之子”问父问王之情节。可以推测，札氏家族之妻，同时也是悉补氏之妻，但札氏才是其主夫。同样，氏族首领赞普也是其夫，因此，赞普被害后，“札氏之子”可以“领父系子弟”与别的父系子弟交战。而“悉补氏之子”则是其母与“庶夫”之子。由于对偶婚的出现，婚姻范围缩小到不许同一氏族的男女通婚，因此，当时的婚姻是族外婚制，正如“札氏之妻”可以返其父兄所在的氏族部落一样。由于对偶婚时代，人们尚不能明确谁是自己的亲生父亲，只能根据母亲的推测来认识其父亲，为了氏族财产的保存，女子应该是留在本氏族内，出嫁的则是男子。但既然“札氏之妻”可以“反父兄之部落”，那其父兄氏族部落出嫁的已经不是男子而是女子了，因此，当时应该是处于母系氏族向父系氏族过渡时期。母系氏族出于防御敌人和“种地”[2]的需要，会选出男子作为他们的首领，札氏所在氏族的首领赞普应该就是这样一位男子。随着狩猎经济和农耕经济的发展，男子在氏族中的地位愈加重要，男子不再像母系氏族社会那样“出嫁”外族，而逐渐成为社会中心，父子相承也就有了可能。当赞普从一个氏族部落首领发展成若干氏族联盟的首领，父亲名字的一部分逐渐成为赞普的称呼，父系王位继承逐渐确立，藏地先民也就从母系氏族社会进入到了父系氏族社会。“氏族一旦成为社会单位，那么差不多就会以不可克服的必然性从这种单位中发展出氏族、胞族及部落的全部组织。”[3]随着农耕经济和畜牧经济的发展，氏族内部开始有了剩余产品，原来在战争中被俘虏的异族人开始成为奴隶，氏族社会也就开始向部族奴隶制社会转变。

为维系氏族存在，就需要一定的意识形态将本氏族成员凝聚在一起，因此，从氏族社会产生开始，就有不同氏族选择不同的图腾崇拜。卢卡奇强调，应该把意识形态理解为“人们借以意识到从社会存在基础上产生出来的冲突，并力求把它克服的那些形式”[4]。也就是说，每一社会阶段的意识形态实际上都

---

① 翦伯赞：《中国史纲（第一卷）之史前史、殷周史》，北京：商务印书馆，2012年版，第108页。
② 见上文所引《汉藏史籍》中的“吐蕃六人在玛卡秀地方种地时”。
③ 恩格斯：《家庭、私有制和国家的起源》，北京：人民出版社，1972年版，第93页。
④ 卢卡奇：《关于社会存在的本体论》（上），重庆：重庆出版社，1993年版，第5页。

是当时人们在实践过程中所面对冲突的反映，所有的意识形态都与以劳动为核心的经济实践有密切的关系。“人们为自己描绘何种存在图像，取决于何种世界图像显得适于为他们在一定条件下进行最佳的、按照客观情况正确执行职能的实践提供理论基础。”[①]即使这种反应是“异化”的，或者就今天看来是很荒谬的，比如早期人类的图腾意识。刚刚完成从有机存在向社会存在“飞跃”的人类社会早期，图腾意识是人脱离动物界一般性、明确其特殊性的最初表现。[②]对于早期人类来说，必须将其所面对的对本氏族生存具有重大影响的自然物确定为全氏族共同的崇拜对象，由此确立本氏族的一般意识，用以凝聚本氏族成员。

根据考古证据显示，藏地先民最早的图腾崇拜对象包括了猕猴、鱼、鸟等。“猕猴”应该是吐蕃王统悉补野氏族的图腾意识，从藏族族源“猕猴变人说”以及曲贡遗址中发掘的陶塑浮雕猴头像，都标明了藏地先民这种原始的“猕猴图腾意识”。在原始氏族社会的采集狩猎生产方式下，藏地先民与动物共处，“既受到动物的威胁，又依靠动物生存”，因此，“在那个时期，给予人类最大支持的不是高级的实体，不是天使，而是动物”，这种与动物共处夺食的生活使人们“由对猕猴高超攀援技能的羡慕而到幻想猕猴与自身的联系，最后发展到崇拜”，最终形成猕猴图腾意识，凝聚本氏族成员、排斥其他氏族成员。[③]也有学者指出，“猕猴”与“罗刹女”应理解为两个不同氏族的“图腾意识”，两者结合形成吐蕃人的传说隐含了藏地远古时代两个不同氏族人群的联姻。[④]无论“猕猴”是否为外来氏族的图腾，后来都成为藏地先民的图腾意识是无疑的。与其他河谷地区的考古遗迹相比，距今约4000多年前的昌都卡若新石器时代遗址中出现了一个奇特现象：卡若遗址虽然地处澜沧江边，有极好的渔业条件，但在卡若遗址中并未发现鱼骨或鱼钩、网坠等捕鱼工具，却发现大量兽骨和狩猎工具，说明卡若先民很可能是把鱼作为一种“禁忌食物”，这种食物禁忌的产生很可能与卡若先民的原始宗教观念相关。[⑤]曲贡遗

① 卢卡奇：《关于社会存在的本体论》（上），重庆：重庆出版社，1993年版，第12页。
② 刘永佶：《劳动主义》（上），北京：中国经济出版社，2011年版，第25页。
③ 谢热：“论古代藏族的图腾信仰”，《青海社会科学》1998年第1期，第95—99页。
④ 石硕：“一个隐含藏族起源真相的文本——对藏族始祖传说中‘猕猴’与‘罗刹女’含义的释读”，《中国社会科学》2000年第4期，第167—177页。
⑤ 石硕：《吐蕃政教关系史》，成都：四川人民出版社，2000年版，第20页。

址中发掘的除了猕猴陶塑，还发现了一件鸟首陶器。[①]据推测，该鸟首陶塑当代表了象雄部落早期的图腾意识。在象雄部落早期，当地某氏族便是以神鸟作为自己的祖先，后该氏族的神鸟图腾意识扩展为象雄部落共同的族源传说，而神鸟崇拜也就成为凝聚以狩猎、游牧为生产方式的本氏族、部族成员的图腾符号。《敦煌本吐蕃历史文献》赞普传记的问父问王一节之后还提到了“悉补氏之子阿列吉”知“赞普为罗阿木达孜所害”后，访寻并“赎回赞普之遗骸”的情节，此过程中，一名“人鸟家族之女”起到了关键的作用。该“人鸟家族之女”的母亲要求“无论何时，赞普王后一经亡故，结发辫于顶髻，涂丹珠于面庞，于身上划线，对赞普夫妇遗骸鞭打，并对众人秘而不宣，令其女吃喝饮食”。[②]可能是要强调上述以鸟为图腾的氏族对吐蕃丧葬文化产生了一定影响，而象雄部族很有可能就是该以鸟为图腾的氏族与其他氏族联合而成的。从象雄原始本教，一直延续到吐蕃王朝时期的本教，都很重视丧葬礼仪，且包括涂红、献祭等内容，可以看出这个以鸟为图腾的氏族对后来吐蕃丧葬制度的重大影响。曲贡遗址中更为常见的灰坑中的大量祭祀品遗存则预示着阶级社会即将来临。

① 霍巍：“曲贡遗址之性质及相关问题讨论”，《中国藏学》2014年第1期，第91—98页。
② 王尧、陈践（译注）：《敦煌本吐蕃历史文书》（增订本），北京：民族出版社，1992年版，第157—158页。

第二章

象雄时期的部族奴隶制经济

藏族先民从母系氏族社会发展为父系氏族社会，又在父系氏族社会的发展和各氏族之间的斗争中形成了氏族联合体。初期氏族联合体还以血缘、婚姻为纽带，后逐步将临近或降服的氏族、氏族联合体纳入，由若干氏族联合体组成以一定地域为范围、相对稳定的政治经济共同体，形成大小不一的部族，在藏文史籍中被统称为“杰琛（rgyal phran）”，意为“小邦”或“小国”。[①]藏地先民从原始氏族社会进入奴隶制部族社会。藏族传统史籍中记录有象雄、苏毗等17个杰琛，各杰琛有王、有家臣、有属民，以地缘取代血缘，但血缘关系并未消除，纳入部族的各氏族时常发生冲突，某些氏族脱离本部族的首领氏族，转而投奔其他部族首领的情况也不少见。各部族之间，以及部族内部的各氏族之间，为争夺生产资料和生存环境，经常发生矛盾和冲突，不断征战，极不稳定。在此情况下，弱势部族投靠强势部族，强势部族为弱势部族提供保护，并以盟誓来确认保护与效忠的依存关系，由此形成了一种类似中原夏商王朝的组织结构：“一个大邦统治下的众邦的联合，众邦围绕在大邦周围，依据亲疏远近关系，形成‘内服’与‘外服’两大集团，内服邦国一般由与王室有血缘或姻亲关系的宗亲各族组成，是王室所依靠的力量，外服邦国距大邦较远，对王室的效忠叛离建立在武力威慑基础上。”[②]象雄王国便是藏族传统史籍中所显示的第一个大邦政权。藏文史籍中的“里象雄”“中象雄”“外象雄”，汉文史籍中的“大羊同”“小羊同”，构成了象雄王国的内外服结构。“盟誓”一直是各氏族联合为部族，各部族联合为部族联盟的重要方式，这种“盟誓”制度一直持续到吐蕃王朝的建立，在一定程度上成为藏族先民从部族奴隶制向部盟农奴制转化的纽带。不过，由于各部族保持高度自治性，藏族先民在被纳入元朝统治之前，又一直未形成“中央政权”“天下中心”的观念，因此，藏文出现后的历史记载，并未将象雄作为一个时代，而是以“小邦时代”称呼之。那么，小邦时代是何种社会性质？各杰琛生产方式如何，又以何种组织形式和意识形态凝聚和支配杰琛成员？有哪些因素留给了今天的藏族？这些问题都需要在本章得到解答。古象雄王国“穹窿银城”遗址的发现为解开小邦之首——象雄王国提供了丰富而可信的材料，为我们了解“小邦时代”的社会性质、生产方式、意识形态等提供了可能。

---

① 林冠群：《唐代吐蕃史研究》，台北：联经出版事业股份有限公司，2012年版，第150页。
② 沈长云：“夏代是杜撰的吗？”，《河北师范大学学报（哲学社会科学版）》2005年第3期，第93页。

第一节
古象雄王国的经济演变

小邦时代始于氏族社会的解体，终于吐蕃王朝的建立，时间上大体始于中原王朝的商代至唐初，相当漫长，有的小邦存在时间更长，一直持续到吐蕃王朝建立后。随着各“小邦”长期的争战与兼并，到吐蕃王朝建立之前，青藏高原仅剩象雄、苏毗、吐蕃三大部族联盟，其中以象雄形成最早，留下小邦时代的历史遗迹最多。象雄作为藏族先民历史最为悠久的小邦、吐蕃兴起前藏区最为强大的游牧部族集团，对现代藏族的地域、语言、宗教、经济类型均具有深远的影响。“古象雄文明应该是西藏高原最古老的文明，在其鼎盛时，军事势力极强，人口众多，疆域辽阔，并形成了强大的宗教文化形态——雍仲本教”[①]，对于我们了解藏族历史的延续性和小邦时代的特殊性有重要意义。“琼隆银城”遗址群的发现为我们展现了象雄王国的一部分社会经济生活画面，使象雄王国不再是古籍上的寥寥几字。本节的目的就在于从经济史的视角“揭开历史文献记载不详的古老的象雄文明的神秘面纱”。[②]

一、古象雄王国的活动年代和范围

根据考古资料显示，作为藏族先民最早的部族之一，象雄部族约在公元前1000年便出现了，直到公元8世纪，才彻底宣告灭亡，历时1700多年；就其作为藏族先民的第一个奴隶制部族政权——象雄王国来说，象雄时代始于公元前4世纪雍仲本教出现，终于公元7世纪，松赞干布灭象雄，建立吐蕃王朝，历时1000余年。

① 罗莉：《西藏自治区经济史》，太原：山西经济出版社，2016年版，第2页。
② 霍巍、李永宪：“揭开古老象雄文明的神秘面纱——象泉河流域的考古调查”，《中国西藏》2005年第1期，第40页。

藏族先民自原始氏族社会解体后，进入了漫长的小邦时代。期间，各杰琛不断联合与兼并，因此被藏族史籍划分为二十五小邦、十二小邦及零星的四十小邦等具体时期。根据藏文史料显示，从早期存在的38小邦[①]，到雅砻悉补野氏族“兼并各邦，并入治下，收为编氓”[②]之前，还剩余的17小邦；再到吐蕃王朝建立之前，仅剩吐蕃、象雄、苏毗三个部族联盟政权，象雄一直位列其首。由于小邦时代大约从公元前1000年之前就开始了[③]，象雄作为最早的小邦之一，起始时间自然也就可以远推至公元前10世纪。并且象雄部族崛起并成为各小邦的中心，必定早于雅砻部族，雅砻地区还曾归于象雄的势力范围之内，后来随着雅砻部族的崛起，象雄才逐渐被纳入吐蕃势力范围，并在元代随吐蕃其他政教势力一道归入中原王朝的版图。根据本教历史传说和推测，本教祖师辛饶米沃是象雄王室的王子，辛饶生活的年代大致在公元前4世纪—公元前1世纪，即中原的战国至秦汉时期，彼时，象雄已经立国，已是有王室的杰琛。同时，在辛饶生活的年代，不仅有王室，而且有“象雄十八王”，代表当时的象雄可能是松散的部族联盟，也有可能是象雄作为多氏族共同构成的部族，称十八氏族的首领为十八王。象雄王朝历经沧桑，不断更迭，最后在松赞干布时期，也就是公元7世纪，“为吐蕃所灭”。[④]吐蕃破象雄后，“分其部众，散之巢地”[⑤]，但其部族势力仍然存在，只不过象雄王国不再是一个统一的政权，象雄王室也不再是象雄部族联盟的统一首领，这与周灭商后的商族类似。象雄成为吐蕃六大区域之一，分“上部象雄五东岱”和“下部象雄五东岱”。[⑥]作为吐蕃辖下的地方势力，象雄部族直到赤松德赞时期，即公元755—797年之间，才彻底宣告灭亡，“一句话，象雄王朝在青藏高原西北部的历史最终融化于吐蕃末代赞普残余势力的避难之中。”[⑦]因此，作为一个小邦的象雄，存在年代大体为公元前10世纪至公元8世纪末，前后延续1300余年；作为一个时代的象雄，即藏族先民的第一个奴隶制部族政权，则始于

① 见本章第一节“二、散布高原的各‘杰琛’及其内部构成”。
② 王尧、陈践（译注）：《敦煌本吐蕃历史文书》（增订本），北京：民族出版社，1992年版，第173页。
③ 石硕：“关于唐以前西藏文明若干问题的探讨”，《西藏艺术研究》1992年第4期，第54页。
④ 霍巍：“论古代象雄与象雄文明”，《西藏研究》1997年版第3期，第44—45页。
⑤［北宋］王溥：《唐会要》卷99《大羊同国》。
⑥ 王尧、陈践（译注）：《敦煌本吐蕃历史文书》（增订本），北京：民族出版社，1992年版，第210页。
⑦ 同美：“象雄王朝在青藏高原西北部的终结与在东南部的延续”，《民族学刊》2015第5期，第15—16页。

公元前4世纪，终于公元7世纪。直到吐蕃灭象雄，藏族先民从象雄时代进入了吐蕃时代。在西藏阿里地区发现的“琼窿银城”遗址，距今2000多年，长期以来都是古象雄王国的政治文化中心，也可以为象雄王国的存在年代提供参照。经考证，“川西北的嘉绒祖先由象雄琼氏迁徙而来，且象雄琼氏部落迁入川西北的时间可以上溯到东汉或西汉中叶”[①]，这也可以为象雄政权的存在年代提供参照。

象雄从最初一个小邦，到后来几乎覆盖藏区全境的偌大部族联盟，再到吐蕃崛起后，与吐蕃、苏毗三足鼎立的部族联盟，其所辖范围在不断变化。象雄作为本教发源地，出现于本教文献中的频率很高，其中最常见的为“象雄十八王国”，分布于冈底斯山前地区、琼隆欧喀地区、象雄普兰地区、象雄孜那地区、象雄达若地区、象雄达果地区、象雄喀域地区、象雄日土地区、象雄喀觉地区，[②]大致相当于今阿里地区冈底斯山附近一带，也就是本教史籍中“以象雄王国的都城琼隆银城为中心的‘中象雄’”。中象雄是象雄王国的中心区域，属于‘内外服’集团中的内服集团；与之对应的还有作为外服集团的“里象雄”和“外象雄”。里象雄位于“冈底斯山西面三个路程之外的波斯、巴达先、巴拉一带”，即今克什米尔及以西一带；外象雄则包括“三十九个部族和北嘉二十五族，可能是指今天广阔的羌塘高原的北部地区”。[③]大体来说，全盛时期的象雄“最西端是大小勃律（吉尔吉特），即今克什米尔；从勃律向东南方向沿喜马拉雅山脉延伸，包括今印度和尼泊尔的一部分地区；北邻葱岭、和田，包括羌塘；东达多康，包括了今天大部分藏区”。[④]随着雅砻部族兴起，到聂赤赞普时期，雅砻逐渐摆脱象雄的统领地位；苏毗部族的崛起又切断了中象雄（象雄王室）与外象雄东部（多康地区）的联系，象雄王国的覆盖范围便仅剩今阿里地区。被吐蕃兼并后，象雄成为吐蕃六大区域之一，占吐蕃六十一东岱的十个，其中“上部象雄五东岱位于吐蕃与突厥边境，下部五东岱位于吐蕃与苏毗边境”。[⑤]上象雄即汉文史籍中的大羊同国，

① 石硕：“川西北嘉绒藏人与象雄琼氏渊源关系探讨”，《民族研究》2017年第3期，第69—80页。
② 同美：“论远古象雄十八王国及其覆灭”，《民族学刊》2015年第1期，第54—56页。
③ 霍巍：“论古代象雄与象雄文明”，《西藏研究》1997年第3期，第44—45页。
④ 才让太：“古老象雄文明”，《西藏研究》1985年第2期，第96—104页。
⑤ 王尧、陈践（译注）：《敦煌本吐蕃历史文书》（增订本），北京：民族出版社，1992年版，第210页。

“大羊同，东接吐蕃，西接小羊同，北直于阗，东西千馀里”[1]，包括今西藏阿里高原和藏北羌塘高原。下象雄即《通典》中提到的小羊同，主要是指沿喜马拉雅山南麓向西南延伸的西藏西南部吉隆（芒域、贡塘）以东。[2]如此看来，苏毗和吐蕃崛起后的象雄已经产生了比较大的分裂，其中，原来的外象雄，即昌都、多康等地区早已脱离象雄王国节制；内象雄，即克什米尔及以西地区，随着波斯帝国向东扩张，也逐渐与象雄王国分离；只有以象雄的王室所在地及都城琼隆银城为中心的“中象雄”，即今阿里地区还在其统治范围内，并被中原称为“大羊同”。吐蕃王朝灭亡后，吐蕃王室子孙吉德尼玛衮逃亡象雄部族所在地，即阿里地区，并逐渐征服阿里三围，建立了古格王朝，象雄部族的首领完全易主，象雄部族不复存在。

从象雄势力范围曾覆盖全藏区，以及源于象雄的本教在整个藏区的传播来看，象雄王国类似中原朝代更迭中的夏代或商代，即在各邦国的征战与兼并中形成了一种初级秩序，正如夏代“大禹之时，诸侯万国”一样，象雄王国也一度成为一个“包罗万邦”的藏区政权。但各小邦部族仍保持有很强的独立性，随着某地方性部族势力的增强，原有的中心部族地位被取代，正如商族崛起并征伐夏族，周族崛起并击溃商族一样，发端于雅砻地区的悉补野雅砻部族也在崛起后，通过联合和战争的方式，最终消灭象雄政权，使其成为吐蕃王朝的一个下属部族。只不过藏族先民还没有达到形成共同体意识的阶段，也就不会有“确立共同体的绝对中心”这种天下观。中原王朝则从西周才开始有了这种天下中心、天下共主的观念，秦国崛起并兼并诸国后，就曾特意消灭形式上的“天子”，将周天子“其器九鼎入秦”[3]，以示秦代周的正统地位。这样，夏、商便被视为更迭中的最高政权。但实际上，夏、商并无“中央政权”“天下中心”的观念，“夏朝及以前，‘天下’由独立的‘地方’连缀而成，即便出现比较强势的‘中央集权’，它的中心地位也是下面拥戴的；至于商朝，尽管以‘大邑商’自负，自以为居于大地中心，但他们确实只把自己看作无数邦国中的一个，关注的只是自己东土、西土、南土、北土

---

①［唐］杜佑：《通典》卷190《边防六·西戎二·大羊同国》。

② 霍巍：“论古代象雄与象雄文明”，《西藏研究》1997年第3期，第47页。

③［西汉］司马迁：《史记·十二本纪·秦本纪》。

的收成，以及对其他方国的征服与防御，而没有君临天下的志向”。[①]由于藏族先民在吐蕃王朝时期也没有形成像西周一样完善的封建秩序，因此，直至吐蕃被纳入元朝版图，藏族也还没有形成稳定的共同体意识和统一的政权意识，因此，吐蕃并未将自己取代象雄视作一种政权的更迭。

二、古象雄王国的游牧经济

早在原始社会，象雄王国所在的藏北高原已经形成了细石器时代的游牧经济，包括象雄小邦在内的众多杰琛，如铁木、娘若切噶、努玉林古等12个杰琛都成为重要的游牧部族。[②]象雄部族逐渐在众小邦中脱颖而出，兼并其余各部，建立起一个覆盖藏北草原的强大游牧部族联盟，并实现了游牧经济和商业经济的分离，即城市和牧区的分离，而且依托其联通各方的地理位置，发展出高度繁荣的商业经济。

在农牧业分工尚未出现之时，青藏高原便有了以兽皮、树枝作简单掩体的帐篷建筑。随着农牧业分工，农业聚居区形成，作为农业分工的定居建筑——堡寨出现，而游牧业“逐水草而居”的生产方式使帐篷成为牧区必不可少的居住形式。考古发现，藏北高原早在原始社会末期就出现了帐篷建筑的雏形。到了青铜器和铁器时代，即小邦时代和象雄部盟时代，藏北高原的牧区形成了“以牛毛编织品作帷幕的帐篷建筑。”[③]另外，象雄、苏毗等游牧部族被散布于雅鲁藏布江流域的杰琛视为异族、异域，以及藏族先民称草原纯牧区之人为vBrog（牧人）、称河流灌溉所能及的农耕地带之人为Bod pa（农人）、称居二区之间的半农半牧地带之人为Sa ma vbrog（非农非牧或半农半牧）。[④]这表明，青藏高原基本完成了农牧业的分工，包括象雄部族在内的藏北草原都以游牧经济作为主要生产方式。西藏阿里日土县发现的岩画，几乎没有任何农耕文化的象征，内容以动物、狩猎为主，“其中狩猎野牦牛和驯养

① 李宪堂：“‘天下观’的逻辑起点与历史生成”，《学术月刊》2012年第10期，第132页。
② 次旺多布杰等：《西藏农牧业科技发展史》，北京：中国农业出版社，2015年版，第13页。
③ 次旺多布杰等：《西藏农牧业科技发展史》，北京：中国农业出版社，2015年版，第22页。
④ 林冠群：《唐代吐蕃史研究》，台北：联经出版事业股份有限公司，2012年版，第156页。

野牦牛占据了相当大的画面”，宗教祭祀场面的祭品也只有牛、羊、马等牲畜，岩画中的某大型血祭场面，“一次性献祭牲畜数量多达125只羊”。[①]表明藏区已经完成了农牧业的大分工，象雄显然是以游牧经济为主要生产方式的部族或部族联盟。《通典·大羊同》中“其人辫发毡裘，畜牧为业”[②]，也可从侧面证实象雄以游牧经济为主要生产方式。

三、琼隆银城和象雄王国繁荣的商业

“一个民族内部的分工，首先引起工商业劳动同农业劳动的分离，从而也引起城乡的分离和城乡利益的对立。”[③]随着游牧经济的发展，游牧部族与农耕部族交换的频繁，商业和手工业逐渐成为独立的部门。剩余劳动和剩余产品的增加为大兴土木、聚居建筑提供了可能，从牧区中分离出城市成为必然，王宫建筑的出现从侧面证明了工商业劳动同游牧劳动的分工。考古学界在西藏阿里地区的象泉河流域发现的“琼隆银城”遗址是象雄部盟的五大城堡之一。城堡面积8.6万平方米，共120多组建筑，是一个具备居住遗迹、石碉楼、防卫墙、暗道、地坛等要素的居住和防御功能完备的大型聚落性建筑群。[④]遗址内和遗址外还发现了大量建筑群、古墓、祭祀场所等遗迹，还有大量生活用品、兵器，如陶器、磨盘、铠甲、铁镞等，说明遗址地是大型的居民和兵士聚居区，也是重要的宗教场所。众多迹象表明，这已经是高度发达的从“农村”分离出来的城市了：象雄王国在发达的游牧经济基础上，形成了与牧区分离的城市，作为政治、文化、军事中心。以经济部门来看，是工商业作为独立的劳动部门逐渐成熟和繁荣。琼隆银城只是这样的城市之一，本教文献中出现了象雄王国的五大城堡，应该都具有这样的功能，又因王室所在地或都城地位，琼隆银城应该更具代表性、更

① 张亚莎：“古象雄的‘鸟图腾’与西藏的‘鸟藏’”，《中国藏学》2007年第3期，第47—48页。
② [唐]杜佑：《通典》卷190《边防六·西戎二·大羊同国》。
③ 马克思：《德意志意识形态》，载《马克思恩格斯选集》(第1卷)，北京：人民出版社，1975年版，第67页。
④ 霍巍、李永宪：“揭开古老象雄文明的神秘面纱——象泉河流域的考古调查”，《中国西藏》2005年第1期，第40页。

为发达。

从牧业中分离出手工业和商业是城乡分离的前提，一般来说，商业繁荣又必须以手工业的发展为直接条件，但无论是考古遗迹还是古籍文献都无法证实象雄王国的手工业发展程度，但繁荣的商业对象雄文明的高度发展显然起到了至关重要的作用，其所处的地理位置是象雄商业繁荣的重要因素。“古代青藏高原地区繁荣的玉石之路、食盐之路、茶叶之路、丝绸之路、麝香之路、白银之路、本教传播之路等，均与阿里地区交集，在此助力象雄经济社会的发展进步，推动象雄文明的诞生与灿烂。”①产自突厥的玉石早在朗日伦赞时期就已成为藏区各小邦贵族尊贵身份的象征，而这些来自突厥的玉石需要经过象雄王国的辖区，吐蕃王朝时期更是将这条路线明确为玉石贩运之路，也证实了这条路线的存在。象雄是重要的食盐供给地，羌塘的盐湖不仅要供给大部分藏区，还大量地向天竺贩运，湖盐生产和销售成为象雄重要的工商业部门。象雄故地阿里地区还出土了出现于青藏高原最早的丝绸，年代为3—5世纪，即中原的魏晋之际。“丝绸为典型的汉地织锦，同类型的丝绸还发现于尉犁营盘和吐鲁番阿斯塔墓地，年代也在公元3—5世纪，象雄时期已经存在连接阿里和南疆的捷径。”②阿里地区还发现了众多中原地区独有的器物，说明商业贸易在古象雄时期已经占有重要地位。《唐会要》提及“大羊同，自古未通中国”③，说明公元3—4世纪的汉地丝绸及其他中原器物是象雄与周边交易时所得，无论这些物品是来源于西域，还是从别的途径传入，其源地都是中原地区，因此，丝绸之路的畅通促进了象雄商业的发展。阿里的故如甲木寺遗址中出土了1800年前的茶叶遗存，说明在公元3世纪，茶叶已进入象雄王国。茶叶的来源可能是“经藏区腹地拉萨或藏北牧区进入阿里，也可能是从新疆南疆运入阿里”④，无论何种方式，都说明其与中原保持着直接或间接的经济交流。此外，象雄王国还是藏区麝香进入中亚、西亚的重要通道和中转站。作为本教发源地和圣地，吸引了众多王公贵族朝圣聚居。凡此种种，都促成了象雄商业和城市的繁荣，成为象雄繁荣强大的重要

① 张云：“象雄王国都城琼隆银城今地考——兼论象雄文明兴衰的根本原因”，《中国藏学》2012年第2期，第5—11页。
②④ 张云：“象雄王国都城琼隆银城今地考——兼论象雄文明兴衰的根本原因”，《中国藏学》2012年第2期，第10页。
③［北宋］王溥：《唐会要》卷99《大羊同国》。

物质基础。

象雄王国繁荣的时期正是亚洲中部文明、古波斯文明、汉唐文明、南亚印度河地区文明高度发展之际，象雄所在的阿里地区与这些文明均存在一定的交流通道，几大文明之间的交流也在一定程度上经过象雄地区。象雄依托这种地理位置，以其商业和贸易成为各文明的交汇地，加上自产的黄金、畜产品和湖盐等商品，象雄获得了商业经济的繁荣和发展。西部和南部文明古国的衰落，隋唐王朝统一西域后使得丝绸之路的改道，再加上雅砻悉补野部落崛起并建立吐蕃王朝后，直接打通了与中原的贸易通道，这些都使象雄丧失了发展商业的条件，象雄的衰落势成必然。吐蕃依托其发达的农业及其与中原的交流便利，开始了向西面的扩张，象雄王国覆灭，象雄部族下降为吐蕃属部。

四、从原始本教到雍仲本教

“本（Bon）教”，又称“本波（Bon bo）教”，指佛教传入藏区之前，藏族先民的本土宗教。早期的本教泛指生根于青藏高原原始社会的宗教意识，也就是辛饶创立雍仲本教之前的原始宗教。辛饶之前，藏族先民就有“魔本（bdud bon）”“赞本（bstan bon）”等原始本教。原始本教在本质上是一种图腾意识或诸神崇拜。各氏族将对其有重大影响的自然物，比如猕猴、鸟、羊、牦牛等动物，确定为全氏族共同崇拜和敬畏的图腾。进入小邦时代的藏族先民，生产方式已经从采集渔猎进展到农耕游牧，动物、植物等曾作为图腾的对象逐渐被人类征服，成为人类的所有物，“神”的概念便出现了。“人们承诺崇敬掌管气候、医药、生育等的各种神灵，将羔羊、酒、糕点牺牲献祭给神灵，以换取神灵保佑五谷丰登、六畜兴旺、身体健康”[①]，图腾意识被诸神崇拜取代。藏族原始本教的一个突出特点在于通过“杀牲献祭”的方式，表达对诸神的敬畏、感恩、祈求，巫师或本教上师则作为沟通人类和诸神的

① 尤瓦尔·赫拉利：《人类简史：从动物到上帝》，林俊宏译，北京：中信出版社，2014年版，第206页。

中介，为民众“驱鬼求神，制止灾害”，“祛除病邪、消解灾祸”[①]，成为人们崇拜和敬重的对象，也是藏族早期脱离体力劳动，从事脑力劳动的特殊职业。[②]聂赤赞普时期，悉补野部曾从象雄及“天竺、大食交界处的古然瓦扎”等地迎请“阿夏本教”的上师，他们“精通巫术、占卜、星相、丧葬礼仪等”[③]，并“常以酒肉供奉鬼怪”。[④]另一方面，诸神崇拜的来临并不意味着图腾意识完全消失，对天、地、山、川、日、月、星辰、风、雨、雷、电、冰、雹[⑤]，等等的崇拜仍然存在，各个氏族或部族还进一步将本族群的图腾与部族首领相结合，成为新的被崇拜对象。与之相应，部族首领被神化，“部族或部族联盟的首领，为保证自己的统治权，不再停留于简单的俗人首领或英雄水准上，而在一般牧民面前明确自己是亦人亦神的圣职者。”[⑥]悉补野部开始兴起之时，聂赤赞普以本教立国及将赞普作为天神之子都是这种将氏族或部族首领神化的原始本教体现。

与原始本教（又叫“斯巴本教，srid pai bon”）相比，辛饶创立的雍仲本教（g.yung drung bon），“教义更为严密、体系更为完整、仪轨礼制更加趋于制度化”[⑦]，辛饶创立的宗教最初不叫“本（bon）”，而是古象雄文字“杰尔（gyer）”，后来被藏文译为“本（bon）”，为了区别其他本教，就被称为“雍仲本教”。[⑧]雍仲本教将世界分为天、地、水三界，三界各有其主，年神（gnyan）居天空，主管雨水、冰雹、雪灾、干旱等与天有关的自然灾害；萨达（sa bdag）居地上，主管地上的花朵、果树、雪山、土地等；神龙（klu）居水中，主管人间的424种疾病。[⑨]这样就将原始本教中的各种图腾或诸神都纳入同一体系当中。这些神可以接受人们的祈祷，另有一些只能供养不能祈祷的神，包括甲尔布（rgyal po）、赞（btsan）、蒙（dmu）、曜（gzav）等护法神，这些神是由鬼怪、精灵等构成的，他们只能为人类带来

①⑧ 才让太：“古老象雄文明”，《西藏研究》1985年第2期，第98页。
② 格勒：《藏族早期历史与文化》，北京：商务印书馆，2006年版，第411—413页。
③ 霍巍：“论古代象雄与象雄文明”，《西藏研究》1997年第3期，第49页。
④ 巴卧·祖拉陈哇：“《贤者喜宴》摘译”，黄颢译，《西藏民族大学学报（哲学社会科学版）》1980年第4期，第33页。
⑤ 格勒：《藏族早期历史与文化》，北京：商务印书馆，2006年版，第411—416页。
⑥ [日]江上波夫：《骑马民族国家》，张承志译，北京：光明日报出版社，1988年版，第12—13页。
⑦ 霍巍：“论古代象雄与象雄文明”，《西藏研究》1997年第3期，第52页。
⑨ 格勒：《藏族早期历史与文化》，北京：商务印书馆，2006年版，第424页。

祸福，不能为来世超度，他们也会死，死后也要像人一样经受轮回痛苦。[①]正如夏商时期作为至上神的“上帝”观念[②]一样，雍仲本教有秩序的多神体系与象雄王朝“一个大邦统治下的众邦联合的国家结构”相适应。不过，虽然将各神放入一个统一的体系，但雍仲本教始终是多神教，没有能够取代多神的一神。由于象雄文献缺乏，对雍仲本教的认识也是限于其传入吐蕃之后，因此，很难确定象雄如何以雍仲本教治国或维持部族联盟。但可以确认，雍仲本教仍然保留了血肉祭祀等传统。《空行智慧海胜传》记载，雍仲本教“每年秋季要做一次祭祀，名为‘独角牡鹿’，即将一千只牡鹿一起砍掉头颅，用其血肉做贡品；冬季做本神血肉供，将牡牦牛、牡绵羊、牡山羊等各一千头同时杀死并肢解，用其血肉做供品；春季做牡鹿截胫供，将四只牡鹿肢解，用其血肉供祀；夏季做本教祖师焚香供，用各种树木和粮食焚香祭祀。人在得病时，还要做赎命交易，依财力大小，多则需要杀三千头牲畜，少则两头；人死后也要宰杀牲畜献血肉供来降魔。另外，各种祈福招财、问卦占卜、测算生死等仪式都需要大规模宰杀牲畜作血肉供”。[③]由此可见，作为雍仲本教发源地的象雄是一个典型的游牧部族，且剩余产品非常多，冬季游牧不便时，祭祀牲畜用少量粮食代替。我们无从得知，如此大规模的血肉供品如何征收，但却在一定程度上表明了象雄作为部族联盟首领部族的地位，必须有大量游牧部落将其剩余产品以祭祀品的形式上交本教，本教始祖辛饶又是象雄王室的成员。中心部族地位丧失后，象雄王室不再节制众多部族，本教这种大规模的祭祀难以维持。聂赤赞普从象雄迎请本教师很可能是出于对象雄的臣服之意，随着雅砻部族的崛起和象雄王朝的分裂，吐蕃王室当然需要一种新的意识形态取代以象雄王室的辛饶为祖师的本教，加之位于农耕区的吐蕃部族难以承受如此大规模的血肉祭祀，因此，吐蕃引进佛教对抗本教几成必然。佛教进入藏区之后，与本教相互影响和同化，引发了中国特有，通行于藏、蒙、满等游牧民族的“藏传佛教”。由此可见，起源于象雄的雍仲本教对吐蕃文化乃至现代藏族的文化都产生了历史性的影响。

---

① 格勒：《藏族早期历史与文化》，北京：商务印书馆，2006年版，第424页。
② 朱凤瀚：“商周时期的天神崇拜”，《中国社会科学》1993年第4期，第192页。
③ 黄明信：《吐蕃佛教》，北京：中国藏学出版社，2009年版，第33—34页。

第二节
“小邦时代”与“杰琛”

象雄王朝时期，各小邦对象雄虽有归附臣属之意，但各个小邦具有高度的独立性和自治性，因此，青藏高原仍并存着许多独立的部族，他们彼此征战不断，并在各小范围内形成新的联合，挑战和重构以象雄部族为“共主”的社会秩序。随着各“小邦”长期争战与兼并，青藏高原上最终留下了象雄、苏毗、吐蕃三大部族联盟，并最终由实行了农业变革和政治变革的吐蕃，灭象雄代之。吐蕃王室在象雄时期各部族盟誓效忠的基础上，主动推行了以封建农奴制为原则的制度建构，形成了涵盖青藏高原全境的吐蕃王朝，藏族先民也就实现了从部族奴隶制向部盟农奴制的转变。吐蕃王朝建立后，文字记载以悉补野王统世系作为吐蕃史的主线，再加上藏族先民没有达到形成共同体意识的阶段，没有形成“确立共同体的绝对中心”这种天下观，因此，吐蕃并未将象雄作为之前的一个时代，而是将吐蕃王朝建立前的此特定阶段称作“小邦时代”①。

一、藏族传统史学中的断代与“小邦时代”

以现代史学观点研究藏族历史是20世纪之后开始的，在此之前，藏文出现之后，藏族先民在中原王朝、印度等历史叙述方法的基础上形成了藏族独特的历史撰写方法，由此构成藏族传统史学。正如华夏民族惯于以朝代更替作为历史分期，唯物历史观以社会制度划分历史阶段，藏

① 阿贵：《吐蕃小邦时代历史研究》，拉萨：西藏人民出版社，2014年版。

族传统史学，无论教法史、王统史、个人传记，除去浓厚的宗教痕迹，多惯于将吐蕃王朝及之前的历史划分为吐蕃王朝建立前和吐蕃王朝时期，其中吐蕃王朝建立前的历史又惯于将雅砻悉补野部族的兴起及兼并各部过程，以吐蕃王统记的形式进行叙述。这种兼并过程又必须以其兼并各部之前便有众多部族存在为前提，因此，吐蕃传统史学实际将藏族自有人伊始的历史划分为三大阶段，一为吐蕃王朝建立之前的青藏高原；二为建立了吐蕃王朝的雅砻悉补野部族的兴起过程；三为吐蕃王朝时期。当然，吐蕃王朝之后，宗教在藏族历史中的地位愈发占据核心地位，对藏族历史的划分越发不能脱离宗教源流变迁。藏族传统史学普遍以宗教源流变迁作为历史叙述和分期的根据。由于本书的研究范围仅截止到吐蕃王朝时期，还未有宗教对藏族社会的全面渗透，因此，对藏族历史阶段的划分仍以社会制度及社会存在形式为标准，而藏族传统史学为我们提供了划分不同阶段的丰富史料。在《大臣遗教》《汉藏史集》《贤者喜宴》《红史》等藏族传统史籍中都记述了在雅砻悉补野部族兴起之前，吐蕃小邦林立的状态。

《汉藏史集》记载：“从猴崽变成人类以后，统治吐蕃地方的依次为玛桑九兄弟、二十五小邦、十二小邦及零星的四十小邦。此后，有天神下降而为人主，他是吐蕃最早的王，是聂赤赞普。”[①]《贤者喜宴》也以此种历史观叙述藏族历史：“猕猴变人后，人类众生广为繁衍。其时有十二小邦，最后有四十小邦割据。……四边诸王（汉地之王、天竺之王、大食之王、格萨尔王）时而压迫伤害，西藏无法同彼等作战，苍生极为痛苦。……聂赤赞普遂往西藏为王，以使西藏属民安乐。”[②]《红史》吸收各种古籍观点，将藏地历史演变历程归结为：“最先没有人，此后由神猴菩萨和岩罗刹女生出人类，以后依次由玛桑九兄弟、二十五小邦、十二小邦、四十小邦统治，此后由天神降世来为人主。”[③]1899年起，敦煌石室藏经洞中发现的藏文手卷中，详细描述了“小邦时代”的存在：

---

① 达仓宗巴·班觉桑布：《汉藏史集》，陈庆英译，拉萨：西藏人民出版社，1986年版，第81—82页。
② 巴卧·祖拉陈哇：“《贤者喜宴》摘译”，黄颢译，《西藏民族大学学报（哲学社会科学版）》1980年第4期，第31—32页。
③ 蔡巴·贡嘎多吉：《红史》，陈庆英、周润年版译，拉萨：西藏人民出版社，1988年版，第29页。

rayal pran yul yul na/mkhar bu re na ganste/…de yan chad ya yogs ni/gdod byin rum gyi ni rkyen zhes bya ste/gnav yul yul na rgyal pran dang/blon po vdi ltar bab ste//myi mang gi rje/yul che vi bdag byed byed pa las/rgyal po btsan ba dang/blon po vdzangs pa dkuv bo che rnams kyis/gchig pis gching brlag ste/vbngs su bkug na/mthav ma vo lde spu rgyal gyi dbu rmong ma thub ste/mnar ni lha nar gyis mnard/thun ni rje thun gyis bthun te bkug go//①

各地小邦，居于一个个堡寨之中……当初分散的局面即是如此。古昔，各地小邦之王及其家臣，应世而出，作为众人之主宰、广大领域之首领，王者威猛，相臣贤明。各小邦深沉谋略，相互剿灭，兼并各邦，并入治下，收为编氓。最终，鹘提悉补野之权势无可匹敌，最为崇高。②

因此，从藏族传统史学观点看来，在雅砻悉补野部族兼并各部建立吐蕃王朝之前，是由众多分散各地、相互争斗的“杰琛”组成的小邦时代，最终以悉补野部兼并各部为小邦时代的终结，即“小邦时代”为氏族社会之后、吐蕃王朝之前的一个阶段。我们对藏地先民经济史的研究也可以吸纳这种分期方式，对氏族社会之后的吐蕃经济史可以分为三期：小邦时期、悉补野王统世系时期以及吐蕃王朝时期。本章内容以小邦时代为对象，约始于公元前10世纪，终于公元7世纪松赞干布建立吐蕃王朝，也就是本章第一节所说的象雄王朝时期。

二、散布高原的各杰琛与多康地区各部族

小邦时代可具体分为十二小邦时代与四十小邦时代。法国藏学家拉娄（Lalou）女士整理出小邦时代早期散布在青藏高原各地的38个“杰琛（rgyal phran）”以及各“杰琛”的构成，象雄、苏毗、雅砻等部均列其中，

① 王尧、陈践（译注）：《敦煌本吐蕃历史文书》（增订本），北京：民族出版社，1992年版，第141页。
② 王尧、陈践（译注）：《敦煌本吐蕃历史文书》（增订本），北京：民族出版社，1992年版，第173页。

具体包括：①拔域（Bal yul）、②卓末（vBrob mo）、③绛卡囊杰（Byang kav snam brgyad）、④达布（Dags）、⑤当域（Dang yul）、⑥叶末（dBye mo）、⑦穆域（dMu yul）、⑧努布（gNubs）、⑨玉若（gYu ro）、⑩陆域（Klu yul）、⑪龙若（Klum ro）、⑫拉域（Lha yul）、⑬洛噶（Lho ga）、⑭丹舒（Ltam shul）、⑮琛域（mChims yul）、⑯多若（mDo ro）、⑰娘若I（Myang ro I）、⑱娘若II（Myang ro II）、⑲娘域（Myang yul）、⑳米域（Myi yul）、㉑那域（Nags yul）、㉒岩波（Ngas po）、㉓俄域（vO yul）、㉔藏舒（rTsang shul）、㉕藏若（rTsang ro）、㉖贾域（rGya yul）、㉗工布（rKnog）、㉘埃域（rNgegs yul）、㉙几若（Skyi ro）、㉚玛域（sMra yul）、㉛悉域（Sribs yul）、㉜辛域（Srin yul）、㉝朵若（sTod ro）、㉞朵藏（sTod stsang）、㉟苏毗（Sum yul）、㊱雅砻（Yar lung）、㊲象雄（Zhang zhuang）、㊳雄（zhong）。[①]各杰琛相互间兼并与战争，分分合合，到雅砻部族统一吐蕃前，除雅砻部族外，仅剩余17个杰琛，《敦煌藏文手卷》《贤者喜宴》等古籍都对此做了记载：

rayal pran bgyid pa dang/rayal pran gyi blon po bgyid pa vi rabla//zhang zhung dar pa vi rjo bo lig shya shur/blon po khyung po ra sang rje dang/stong lom ma tse gnyis//myang ro vi pyed kar na/rje rtsang rje vi thod kar/blon po su du dang gnang gnyis//……。[②]

各杰琛之王与其家臣如下：象雄阿尔巴之王为李聂秀，家臣为琼保若桑杰、东弄木玛孜二氏。娘若切喀尔之王为藏王兑噶尔，家臣为苏、囊二氏……。[③]

根据《敦煌藏文手卷》中的“小邦邦伯家臣及赞普世系”“大事纪年”“历代赞普传记”等内容，可推测各杰琛的构成与地域分布，列表如表2-1所示。

---

① 林冠群：《唐代吐蕃宰相制度研究》，台北：联经出版事业股份有限公司，2015年版，第94—98页。
② 王尧、陈践（译注）：《敦煌本吐蕃历史文书》（增订本），北京：民族出版社，1992年版，第141页。
③ 王尧、陈践（译注）：《敦煌本吐蕃历史文书》（增订本），北京：民族出版社，1992年版，第173页。

表2-1　文献记载的吐蕃统一前各小邦[①]

<table>
<tr><th>序号</th><th>杰琛名</th><th>王名</th><th>家臣名</th><th colspan="2">分布地域</th></tr>
<tr><td>1</td><td>羊同（象雄阿尔巴）
Zhang zhuang dar pa</td><td>李聂秀</td><td>琼保・若桑杰
东弄木玛孜</td><td rowspan="2">外围/
异域</td><td>藏北高原</td></tr>
<tr><td>2</td><td>苏毗（孙波）
Sum yul gyi ya sum</td><td>末计芒茹帝</td><td>郎氏
甘木氏</td><td>象雄东侧
草原</td></tr>
<tr><td>3</td><td>努布宁古
gNubs gyi gling dgvv</td><td>斯巴</td><td>苗乌氏
卓氏</td><td colspan="2" rowspan="3">雅鲁藏布江流域</td></tr>
<tr><td>4</td><td>埃域（埃域朱西）
rNgegs yul kyi gru bzhi</td><td>埃杰拉章</td><td>赛巴氏
娘耐氏</td></tr>
<tr><td>5</td><td>琛域（琛玉古玉）
mChims yul gyi dguv yul</td><td>琛杰内乌</td><td>当氏
丁蒂氏</td></tr>
<tr><td>6</td><td>工布（工布哲那）
rKnog la bre snar</td><td>工杰噶波</td><td>喀尔氏
帕珠氏</td><td colspan="2" rowspan="3">雅砻部东侧</td></tr>
<tr><td>7</td><td>娘布（娘玉达松）
Myang yul gyi rta gsum</td><td>娘宗朗杰</td><td>乌如氏
扎克氏</td></tr>
<tr><td>8</td><td>达布（达布朱西）
Dags kyi gru bzhi</td><td>达杰竹森</td><td>泡古氏
卜若氏</td></tr>
<tr><td>9</td><td>几若（几若江恩）
Skyi ro vi ljang sngon</td><td>几杰芒保</td><td>谢乌氏
索氏</td><td colspan="2" rowspan="4">拉萨河流域</td></tr>
<tr><td>10</td><td>岩波（岩波查松）
Ngas po vi khra sum</td><td>古止森波杰</td><td>噶尔氏
年氏</td></tr>
<tr><td>11</td><td>俄域（俄玉邦噶）
vO yul gyi spang kar</td><td>俄杰新章</td><td>翱氏
韦氏</td></tr>
<tr><td>12</td><td>龙若（龙木若雅松）
Klum ro vi ya sum</td><td>森弟</td><td>娘氏
白兰氏</td></tr>
<tr><td>13</td><td>娘若介噶（娘若切喀尔）
Myang ro vi pred kar</td><td>兑噶尔</td><td>苏氏
囊氏</td><td colspan="2" rowspan="2">年楚河流域
（后藏地区）</td></tr>
<tr><td>14</td><td>娘若香波
Myang ro vi sham po</td><td>弄玛仲木察</td><td>聂氏
哲氏</td></tr>
<tr><td>15</td><td>叶末（雅茹玉西）
dBye mo yul bzhi</td><td>雅杰喀尔巴</td><td>包氏
都氏</td><td colspan="2" rowspan="3">青藏高原西南部
（今西藏亚东地区）</td></tr>
<tr><td>16</td><td>悉域（悉布玉若木贡）
Sribs yul kyi ral mo gong</td><td>张杰内南木</td><td>秀琛氏
热德氏</td></tr>
<tr><td>17</td><td>卓末（卓木南木松）
vBrob mo snam gsum</td><td>斯日赤</td><td>江日那氏</td></tr>
</table>

① 资料来源：王尧、陈践（译注）：《敦煌本吐蕃历史文书》（增订本），北京：民族出版社，1992年版，第173页；林冠群：《唐代吐蕃史研究》，台北：联经出版事业股份有限公司，2015年版，第155—163页；阿贵：《吐蕃小邦时代历史研究》，拉萨：西藏人民出版社，2014年版，第58—63页。

与此同时，安多藏区与康巴藏区开始出现了众多奴隶制小邦国，散布各地。如安多藏区的义渠国，兴于春秋时期，于公元前270年被秦吞并。宗喀国（无弋爰剑国），其建国首领爰剑曾被秦俘虏，逃亡后建立奴隶制小邦。天山若羌国，约形成于公元前9世纪，位于今天天山以南、葱岭以西。除若羌外，葱岭以东、于阗南山以西，还有西夜、浦利、依赖、无雷等小邦国，“隧畜逐水草往来”。岩昌国，约在商朝时期已经存在，汉史称岩昌羌，位于今甘肃省甘南州的舟曲、迭部、岩昌、岷县一带，后被崛起于宁夏一带的米娘国兼并。米娘国，建国于公元前后，汉史最早称党项羌，后称西夏，先后建都于青海、贵得、甘南等地，公元630年，被吐蕃吞并。阿夏国，汉史称吐谷浑，公元310年左右建国，长期与中原政权保持着密切关系，一度成为安多地区唯一能与东晋、十六国甚至吐蕃、隋唐政权相抗衡的力量，公元638年被吐蕃收归治下。

康巴地区有西山八国，西山八国是汉史中对居住于今四川阿坝州和甘孜州各部落政权的统称。这些小邦约在公元3世纪纷纷建政，与汉族经济文化联系频繁，到公元638年前后，被吐蕃吞并，吐蕃将领被分封至此作为首领，后逐步演变为嘉绒藏族。东女国，位于嘉绒藏区的一个小邦国，与西山八国和附国都有紧密联系，位于澜沧江、大渡河、雅砻江流域，隋开皇六年，还遣使朝贡，后被吐蕃吞并。康南国，又称白狼国，位于今甘孜州康南巴塘、理塘、稻城、义敦、西昌一部分以及康东康定、雅江地区，约建于公元10年，公元638年被吐蕃兼并。康北国，又称附国，位于甘孜州康北甘孜、炉霍、道孚和噶他（乾宁）一带，约在公元20年建国，公元638年前后归附吐蕃。另外，距今3000—4000年前，西藏的六大原始氏族之一冬氏，逐渐迁徙到今四川邛崃、芦山、雅安、西昌、梁山，云南华坪、永胜、宁蒗、丽江、中甸、维西、德钦等地，形成众多大小不等的古藏族部落，其中以牦牛国最典型，约建于公元前300年，以邛（今西昌）为都，《史记·西南夷列传》载：“自滇西以北，君长以什计，邛都最大。”[①]秦曾在此进行羁縻统治，公元657年被吐蕃兼并，成为吐蕃兼并南诏六国的重要军粮基地。[②]

① ［西汉］司马迁：《史记》卷116《西南夷列传》。

② 得荣·泽仁邓珠：《藏族通史——吉祥宝瓶》，拉萨：西藏人民出版社，2001年版，第75—81页。

无论卫藏，还是安康，各小邦均有首府、始祖、大臣、所奉神祉、魔神、本教等要素。除王族、家臣之外，构成杰琛的还有奴户。《敦煌藏文手卷》“赞普传记”中记载了悉补野氏族统一吐蕃之前，雅鲁藏布江流域三大杰琛内部之家臣氏族、奴户氏族的活动。以辗噶尔旧堡为堡寨、以达甲吾为王的杰琛“森波杰达甲吾”：“王昏昏于上，臣仆则惴惴于下。王溺于恶政，为非作歹；地方政事日见堕落，全境臣民均怨诽于王。”后有森波杰达甲吾之旧臣念·几松劝诫达甲吾，达甲吾非但不听，反倒将念·几松逐出家臣行列。念·几松不服，于是归降了以“悉补尔瓦之宇那”为堡寨的杰琛“森波杰墀邦松”，并杀死达甲吾，于是达甲吾辖下的三部“垄牙”、四部“叶若布”都收聚到森波杰墀邦松辖下。为奖励念·几松的功绩，森波杰墀邦松从“吾瓦堡寨”中析出一部，从三部“垄牙”中析出下部，划归念·几松管辖，娘氏、孟氏遂成为念氏的奴户。娘氏不满念氏之妻巴曹氏侮辱，向森波杰墀邦松诉苦，“念氏之奴隶我不愿为也”，被驳回。另有森波杰墀邦松的两家臣韦氏（为森波杰部的岸本官）与线氏（森波杰部的内相）格斗，线氏杀害韦氏，韦氏之兄弟向森波杰墀邦松诉冤，也被驳回。出于对森波杰墀邦松的不满，娘氏、韦氏联合农氏（韦氏的舅氏）、蔡邦氏共同归顺雅砻地区的赞普悉补野氏。[①] 由此可见，每一个杰琛都由众多氏族共同构成，各杰琛有王权、家臣、奴户、堡寨等要素，这已远非氏族公社，而是由多个氏族共同构成的部族。

随着部族这一社会组织形态的形成，氏族内部的分化开始形成，家族开始兴起，各家族不再像氏族时代那样绝对平等，而是有了身份等级和财产多寡的差别。原本是征服氏族的整体作为平民，被征服氏族则为奴户，其中掌握部族公共权力的王和家臣成为贵族。此时的部族内部，平民与贵族因血缘关系的存在更接近，与作为异族的奴隶则相去甚远。随着部族内部财富和权力的进一步分化，原本与贵族处同一氏族的平民变得与奴隶、农奴更为接近，与贵族的差距则越来越大。就藏族先民来说，其部族时代的演进大体经历了这一过程，早期杰琛的等级结构还以不同氏族为主要成分，无论是家臣还是奴户都以氏族整体为单位，随着部族关系的加深与各杰琛的相互兼并，某一

① 王尧、陈践（译注）：《敦煌本吐蕃历史文书》（增订本），北京：民族出版社，1992年版，第160页。

人或某一家族成为等级制的重要构成单位，在分封土地、奴隶等战利品以及加官进爵方面越来越以个人或家族为单位。

三、杰琛的部族性质

历史之初，人的“合类”只能依靠血缘，其时，氏族是最为重要的社会组织。内部的生产生活，对外的防御守卫，都要依靠氏族组织。随着分工发展和职业分化，氏族内部开始出现分化，血缘相异之人的接触逐渐增多。于是，人类社会存在形式便不再单纯以相同血缘为纽带，而以共同地域为纽带，氏族时代便过渡到部族时代。氏族与部族实不易严密区分，部族内部总还保有众多氏族痕迹，“如果把氏族生活理解为一种‘前政治’想象，那么，立邦传说便有模拟血亲的家—国同构意味。”① 部族的团结在一定程度上仍要以血缘为纽带，“血缘不相同者，苟被收容于其团体之内，即亦和血缘相同的人，一律看待……因其两者杂糅，我们可借用《辽史》上的名词，称之为部族”②。从合类性增长或者社会存在形式演进的维度看来，是为氏族进展为部族。

恩格斯在《家庭、私有制和国家的起源》提到了“几个氏族组成一个胞族，几个胞族组成一个部落”③的部族结构。“更详细研究起来发现，胞族大抵是当初由部落分裂成的最初氏族。在氏族内部禁止通婚的情况下，每个部落必须至少包括两个氏族才能独立存在。于是部落分裂为几大氏族。随着部落的增殖，每个氏族又分裂成两个或两个以上的氏族，这些新分裂的氏族作为单个氏族存在；而最初的大氏族再加上女儿氏族在内，就作为胞族继续存在。”一个胞族内的各氏族被认为兄弟氏族，而同一部落内的别个胞族的各氏族则被认为是“从兄弟氏族”。④ 因此，胞族出现于部族之后。胞族不太可能作为一种独立的社会组织形态出现，不同氏族出于婚姻、共同守卫等目的联合为部族，部族内部的氏族再通过分化和联合形成由多个小氏族构成的胞族，

① 张凤阳等：“民族主义之前的‘民族’：一项基于西方情境的概念史考察”，《中国社会科学》2017年第7期，第32页。
② 吕思勉：《中国通史》，北京：群言出版社，2015年版，第42页。
③ 恩格斯：《家庭、私有制和国家的起源》，北京：人民出版社，1972年版，第88页。
④ 恩格斯：《家庭、私有制和国家的起源》，北京：人民出版社，1972年版，第86—87页。

胞族只是作为氏族和部族之间的存在中介，比如“胞族首领代表本胞族参与部族的议事会”，“当部族内部发生杀人事件，而行凶者与被害者不属于同一胞族时，被害者的氏族往往诉诸本胞族，由本胞族与对方胞族进行交涉，因为胞族比微弱的单个氏族更有获胜的希望。”[①]当由几个氏族共同构成的部族不够大时，胞族这个中间环节没有必要存在也不会存在，即使存在胞族这一环节的部族，也已经从氏族阶段进展到部族阶段了。因此，吐蕃王朝之前的各小邦当已进入部族阶段无疑。以森波杰墀邦松为王的小邦起码由森波杰氏、念氏、巴曹氏、韦氏、线氏、娘氏、孟氏、农氏等氏族共同构成，其中，森波杰为小邦之王，念氏、韦氏、线氏都是森波杰的家臣，巴曹氏与念氏为联姻氏族，农氏的农·邦松准保“为森波杰之心腹”[②]，应当也是森波杰的家臣，而娘氏、孟氏则为奴户。娘氏作为念氏之奴户，受到不公正待遇直接诉诸部族首领森波杰，韦氏被线氏杀害后，其弟也直接向部族首领森波杰诉冤，可以看出，在氏族和部族之间并不存在胞族这一中介。当然，娘氏联合其舅氏农氏共同投靠悉补野氏，念氏与巴曹氏具有联姻关系，他们有可能作为胞族存在，但胞族在森波杰部族中并未发挥多大作用。

恩格斯以美洲印第安人为例总结了部族的特征：（1）有自己的地区和名称；（2）有独特的方言；（3）有宣布氏族所选出的首领正式就职的权利；（4）也有撤换氏族首领的权利，甚至可以违反该氏族的愿望而撤换其首领；（5）有共同的宗教观念和崇拜仪式；（6）有由各个氏族首领或代表组成的讨论公共事务的部落议事会；（7）有一个最高首领，但权力并不大，他是氏族首领之一。[③]吐蕃小邦时代的各杰琛也在一定程度上符合这些特征，但又有明显不同。从《敦煌藏文手卷》以及《贤者喜宴》列举的诸小邦来看，各个杰琛都有自己的名称和地域（见表2-1），这些名称和地域经雅砻部族建立起来的吐蕃王朝被记载下来，也说明各个部族的存在、名称、地域都受到其他部族承认。虽然目前获得的资料尚不能显示每个杰琛的宗教观念，但位列17小邦之首的象雄部族从“大鹏鸟”崇拜发展而来的本教；洛噶（Lho ga）以

① 恩格斯：《家庭、私有制和国家的起源》，北京：人民出版社，1972年版，第87页。
② 王尧、陈践（译注）：《敦煌本吐蕃历史文书》（增订本），北京：民族出版社，1992年版，第161页。
③ 恩格斯：《家庭、私有制和国家的起源》，北京：人民出版社，1972年版，第88—91页。

Lho blavi gang rgyal为神祉的本教Lho bon Vol lcogs；丹舒（Ltam shul）的本教Ltam bon dmus long；贾域（rGya yul）以Myig dmar为魔神、以rGya blavi vbrong nam为所奉之神的本教rGya bon leg dang rmang ba；以及雅砻部族的悉补野氏族以“天神之子”的身份号召族人，表明各个部族都有本部族共同的宗教观念。这与希腊部族社会一样，“每一个氏族都起源于一个神，而部族首领所在的氏族则起源于一个更‘显赫’的神。”[①]这个最显赫的神，在希腊部族是宙斯，在雅砻部族则是“天神”。构成某小邦的各氏族无疑都有自己的首领，氏族首领直到吐蕃王朝时期仍然有其地位。如《朗氏家族史》中仍提及的“朗氏酋长”[②]。但氏族首领是否需要部族认可尚未可知。各小邦的王作为部族的最高首领，显然比印第安人的部族首领享有更大权力，印第安人部族首领的权力仅限于“当需要紧急行动时，他应当在议事会召集会以做出最后决议之前采取临时措施”[③]，而吐蕃各小邦的王则可以决定将本部之辖土，划归某氏族管辖，“为其奴户”，这种王族、家臣与奴户的内部构成正是吐蕃小邦与恩格斯所界定的部族之间的根本差别。

以印第安人、希腊人、罗马人的部族为例，恩格斯将以氏族为社会单位并且从氏族中发展而来的部落组织仍然归结为“十分单纯质朴的氏族组织”，这种“美妙的制度，没有军队、宪兵和警察，没有贵族、国王、总督、地方官，没有监狱，没有诉讼。一切争端和纠纷，一切问题，都由当事人全体即氏族或部落来解决，或者由各个氏族相互解决。……他们还不曾有奴隶；奴役异族部落的事情，照例也是没有的”[④]。然而，并非所有部族都是各个有血缘关系或联姻关系的氏族通过和平联合构筑起来，各个氏族也并非“以在部族的一切内部事务上完全平等和独立为基础”[⑤]联合为部族。相反，因各个氏族在部族形成过程中发挥的作用不同，众多部族在形成之初便有了等级差别，实力较强的氏族在部族的形成过程中往往发挥了主导作用，与其具有血缘关系或联姻关系，或者较早与其联合起来进行防卫自身和对抗外族，或者在之

① 恩格斯：《家庭、私有制和国家的起源》，北京：人民出版社，1972年版，第104页。
② 大司徒·绛求坚赞：《朗氏家族史》，赞拉·阿旺、佘万治译，拉萨：西藏人民出版社，1989年版，第3页。
③ 恩格斯：《家庭、私有制和国家的起源》，北京：人民出版社，1972年版，第91页。
④ 恩格斯：《家庭、私有制和国家的起源》，北京：人民出版社，1972年版，第94页。
⑤ 恩格斯：《家庭、私有制和国家的起源》，北京：人民出版社，1972年版，第92页。

后的兼并过程中立下功劳的相关氏族，往往成为具有特权的等级，而与其对抗的氏族、处于对抗部族中的氏族或者犯了错误的氏族则成为没有发言权的平民或奴隶。吐蕃各小邦的王、家臣与奴户的划分正是这种分化的体现。《贤者喜宴》谓“诸小邦喜征战格杀，不计善恶，定罪之后投入监牢”[①]，说明各小邦已经有了监狱，小邦内的一切公共事务不再由当事人全体解决，而由部族首领——小邦之王及辅佐王的家臣做出决定。

小邦时代的各杰琛已经具备了进入阶级社会的两大特征：公共权力和阶级划分，即“不再直截了当同全体人民相符合的公共权力”和“不再依亲属集团而依共同居住地区为了公共目的划分的人民”。[②]根据少数民族社会历史调查资料及实地调查结果发现，除了农业区和半农半牧区外，青藏高原各地，包括藏北高原、青海、阿坝、甘孜、甘南等藏族地区，均存在大大小小的部族。如藏北高原的羌日、那仓、霍尔等三个部族；其中羌日就包括霍尔巴达、安多、买玛、雄索、格尔曲、桑雄等六个小部落。[③]因青藏高原地理环境的相对封闭和对外交通不便，这些部族仍保留了某些部族组织的典型特征，可以为我们研究藏族先民的部族奴隶制经济提供一定的参照。以上是各杰琛的内部构成。就青藏高原整个地域而言，是时，虽有象雄王国作为名义上的首领，却是各部族互不统属的部族林立时代。随着部族之间的征伐兼并，藏族先民逐渐进入部族联盟时代，但部族内部的组织结构始终没有得到根本破坏。吐蕃王朝建立后，甘肃、青海、四川等地“不少西羌系、鲜卑吐谷浑系的游牧部落”被纳入吐蕃部族联盟，河西、陇右之地的汉人也被吐蕃王朝“编为部落的组织形式”，[④]这些部落相互融合，共同构成了现代藏族的先民。

四、各杰琛的相互兼并与部族时代向封建部盟时代的过渡

雅鲁藏布江流域三大杰琛的活动记载，不仅显示有各杰琛的内部结构，

① 巴卧·祖拉陈哇：“《贤者喜宴》摘译”，黄颢译，《西藏民族大学学报（哲学社会科学版）》1980年第4期，第31页。
② 恩格斯：《家庭、私有制和国家的起源》，北京：人民出版社，1972年版，第112页。
③ 林冠群：《唐代吐蕃宰相制度之研究》，台北：联经出版事业股份有限公司，2015年版，第100页。
④ 索代：《藏族文化史纲》，兰州：甘肃文化出版社，1999年版，第16页。

即王权、家臣、奴户、堡寨、宗教观念等要素；而且显示了青藏高原诸杰琛“相互攻伐，战乱频仍，并逐渐兼并，趋向一统”[①]的过程。吐蕃的小邦时代以氏族社会的解体开始，以雅砻悉补野氏族征服吐蕃全境，建立吐蕃王朝而终结，这一过程伴随着各杰琛的相互征战与兼并过程。一开始各氏族经兼并和联合而形成的杰琛在很大程度上是具有血缘关系或联姻关系之氏族或相邻部族共同“防卫”的共同体。随着杰琛内部的阶级分化，“为了占有更好的土地，也为了掠夺战利品”，各杰琛进行不断的战争，“以俘虏充作奴隶，成为公认的制度”。[②]从文献记载来看，从小邦时代最初有记载的38个杰琛，到小邦时代后期的17个杰琛，再到小邦时代末期（松赞干布祖父达布聂西时期），吐蕃农业地区仅剩余3大势力：雅鲁藏布江以南的雅砻部、雅鲁藏布江北岸拉萨河流域东面地区的森波杰达甲吾、拉萨河流域西面地区的森波杰弃邦孙。森波杰达甲吾被森波杰弃邦孙兼并后，雅鲁藏布江北岸悉归森波杰弃邦孙统治，吐蕃农业地区仅剩余2大势力。森波杰弃邦孙的四氏族背弃森波杰转向支持雅砻部之后，雅砻首领论赞弄囊率精兵万人北征森波杰，消灭古止森波杰，岩波国灭，雅砻政权兼并了整个雅鲁藏布江流域农业区，“自是，上起‘帕’之勇瓦那以下，直至工布咨那以上，均为赞普统领之辖土矣”。[③]因此，到论赞弄囊时期，以悉补野氏族为核心的雅砻部族已大致完成一统吐蕃的进程，与游牧地区的象雄、苏毗共存，其周边则有吐谷浑、附国、嘉良夷、党项等部族联盟并存。在帮助悉补野氏族兼并岩波地区过程中立下功劳的四氏族均获得堡寨和奴隶作为赏赐。

各杰琛逐渐兼并，趋向一统的过程同时意味着青藏高原开始从小邦林立的部族时代向部族联盟的封建时代过渡。正如吕思勉所言，“封建两字，不必泥定字面，要有一个封他的人。然列国本来并立，和有一个封他的人，两者之间，究应立一区别。昔人所谓封建时代，应再分为（一）部族时代，或称先封建时代；（二）封建时代较妥。所谓封建，应指（甲）慑服异部族，使其表示服从；（乙）打破异部族，改立自己的人为首领；（丙）使本部族移植于

---

① 林冠群：《唐代吐蕃史研究》，台北：联经出版事业股份有限公司，2012年版，第164页。
② 恩格斯：《家庭、私有制和国家的起源》，北京：人民出版社，1972年版，第102页。
③ 王尧、陈践（译注）：《敦煌本吐蕃历史文书》（增订本），北京：民族出版社，1992年版，第161—162页。

外言之”。[①]青藏高原的小邦时代，尤其诸杰琛的战争与兼并过程，大体经历了从氏族进展为部族，从部族林立时代进展为部族联盟的封建时代，从慑服异部族使其表示服从进展为改立自己人为部族首领的进程。在最初小杰琛的形成过程中，诸氏族扮演了重要角色，由多个堡寨共同构成的各杰琛是多个氏族部落联合的产物，但每一杰琛均由某一或某几个氏族主导。虽如此，诸氏族与其所依附的主导氏族之间，并不存在稳固的附属关系。当附属氏族不满主导氏族的统治时，可以转而投靠其他强大氏族。比如娘氏、韦氏在不满森波杰氏统治时，转投悉补野氏族。在象雄王朝时期，象雄王室对其余各部族的领导地位，既不包括对各部族首领的认可和追封，也不包含象雄王室改立别族首领，封本族人为外族首领的事情就更不存在了，因此当处部族林立时代。各杰琛内部不同氏族相互融合，氏族关系逐渐为部族关系所代替，虽则每一部族仍有一主导氏族，但在事实上，部族已经取代氏族成为社会存在和争夺的单位，名义上各氏族的联合在实际上成为各部族的联合。部族的联合从象雄时期的高度独立性逐步转向了具有封建性质的部族联盟。娘氏、韦氏“共立极重之盟誓”以“归心于赞普悉补野氏”，“伦赞赞普域伦果尔兄弟二人同娘·曾古、韦·义策、韦·梅囊、韦·布策、农·准保、蔡邦·纳森等六人盟誓”背弃森波杰，听从悉补野赞普等，均是以盟誓形式而形成的部族联盟。此种以雅砻部族为主导的部族联盟已具备“慑服异部族，使其表示服从”的封建特征。从森波杰墀邦松将“吾瓦堡寨之一部、垄牙之下部”，连同居住其上的娘氏、念氏作为奴户赏赐给念·几松管辖，到“南木日伦赞执划地界之鞭分勋臣”，赏赐娘氏、韦氏、农氏、蔡邦氏一定的土地及其上奴隶、奴户，则表明以多个氏族、堡寨为要素的部族整体成为部族联盟首领封赏功臣（自己人）的内容，“打破异部族，改立自己的人为其他部族首领”的封建特征已经具备。吐蕃王朝的建立具备了“使本部族移植于外”的典型封建特征。因此，随着各杰琛的相互战争与兼并，以盟誓和封赏为媒介，藏族先民实际上已经从部族时代转变为部族联盟的封建时代了。

① 吕思勉：《中国通史》，北京：群言出版社，2015年版，第46页。

第三节
奴隶制社会形态

每一个时代都是围绕某种独特原则组织起来的统一体，历史是不同时代在阶段性演进中的继续，问题在于以何种原则解释历史演进的顺序及其阶段特征。黑格尔以自由精神的演进来解释人类历史的进展，精神在演进过程中经历感性、知性、理性三个阶段，感性阶段的精神处于原始的统一状态，还没有感受到脱离世界的自身，也不能识别对象的区别；知性阶段的精神以分析为特征，主体坚持与客体的区分，也能识别客体自身的不同部分或特征；理性接受知性的分析结果，又进一步超越分析，并以综合回复到深刻的统一性。精神如此在某种外在的东西中显现自身，又超越和征服外在于精神的因素，达到自由状态。世界历史就在这种原始统一、分裂、重新统一的循环中不断进步。不断发展着的自由精神外化出某一时代或民族的政治、经济、文化等事业，这些事业反映出人类所达到的自由意识水平即时代精神，并构成精神理解自我、返回自我意识的中介，当这种理解完成之后，作为媒介的旧时代就会解体。因此，历史的进展是一种精神或意识的进展，其中，自由精神是历史进步的推动力量，时代精神是历史的载体，“当这种精神激发了超出它所能包含的更多发展时，它就会灭亡”。[①]马克思的历史观保留了黑格尔历史观的结构，但反对黑格尔将意识或精神强调为历史演进的基础和决定因素，历史进步的推动力量是自由，但不仅仅是自由意识，而是自由劳动，是由自由劳动体现的生产能力，历史的载体不仅仅是精神领域中的时代精神，而是“围绕经济结构建立起来的社会形态”，“当这种经济结构激发了超出它所能包含的更多发展时，它就要灭亡”。[②]围绕经济结构对历史演进的解释就成为

① [英] G.A.科恩：《卡尔·马克思的历史理论：一种辩护》，段忠桥译，北京：高等教育出版社，2008年版，第41页。
② [英] G.A.科恩：《卡尔·马克思的历史理论：一种辩护》，段忠桥译，北京：高等教育出版社，2008年版，第42页。

马克思“唯物主义历史观”的核心内容，少数民族经济史的研究就是要按照马克思的历史观，探讨某一民族不同历史阶段“围绕经济结构建立起来的社会形态”。

一、从原始公社制向奴隶制的转变

马克思在《〈政治经济学批判〉序言》中指出，“人们在自己生活的社会生产中发生一定的、必然的、不以他们的意志为转移的关系，即同他们的物质生产力的一定发展阶段相适合的生产关系。这些生产关系的总和构成社会的经济结构，即有法律的和政治的上层建筑竖立其上，并有一定的社会意识形式与之相适应的现实基础”。[①]也就是说，一个社会的经济结构由“生产关系的总和”所构成，而生产关系则包含人与人之间的关系和人与物之间的关系，“生产关系要么是一个人（或人群）与另一个人（或人群）之间的关系，要么是一个人（或人群）与一种生产力之间的关系”。[②]具体说来，首先就是对劳动力和生产资料的所有权关系，“人对生产力或人的所有权关系，以及以这样的所有权关系为前提的关系”[③]，构成了生产关系的总和。根据人对人和生产力有效权力关系的不同，可以划分以不同经结构为内容的不同社会形态。具体说来，奴隶主拥有奴隶的人身权和全部生产资料所有权，与之对应，作为直接生产者的奴隶则既不拥有他的劳动力，也不拥有他所使用的生产资料；封建领主对从属于他的农奴的劳动力以及农奴所使用的生产资料都只有部分所有权，农奴对他自己的劳动力和他所使用的生产资料也拥有部分权利；雇用劳动者拥有全部劳动力所有权，但对他所使用的生产资料却没有任何权利，生产资料全部归雇用他的资本家拥有；由这些不同所有权关系占主导的社会形态就是奴隶制社会、封建领主制社会、资本主义社会。

人类社会产生以来，最早的经济结构就是原始氏族公社经济，当原始社

---

① [英] G.A.科恩：《卡尔·马克思的历史理论：一种辩护》，段忠桥译，北京：高等教育出版社，2008年版，第32页。
② [英] G.A.科恩：《卡尔·马克思的历史理论：一种辩护》，段忠桥译，北京：高等教育出版社，2008年版，第48页。
③ [英] G.A.科恩：《卡尔·马克思的历史理论：一种辩护》，段忠桥译，北京：高等教育出版社，2008年版，第52页。

会“激发了超出它所能包含的更多发展时”，原始公社制自身的灭亡与其向阶级社会的转变就不可避免，这种转变首先就体现为氏族社会向部族社会的转变。小邦时代的各杰琛是由众多氏族共同构成的部族共同体，为了把无数血缘不同的氏族置于同一秩序下，一种高于各氏族之上的部族权力就产生了。

从氏族向部族的转变当然不仅是氏族征服氏族的表现，最主要的还是以经济结构为基础的社会形态从原始公社制转向了奴隶制，由此才产生了超越氏族社会的部族权力。藏族先民虽然进入以奴隶制为社会形态的部族社会，但不代表从属于某杰琛的氏族内部也出现了奴隶主与奴隶的分化。事实上，众多氏族内部仍然保持着原有的氏族公社制经济结构，即以血缘关系而结合起来的社会组织形式，以及劳动与所有的统一。同时，杰琛对诸氏族的征服，使得这些氏族之外出现了一个高于氏族的征服者，“来了一种贡献的剥削，成为氏族成员之共同的负担”，这样一来，“在氏族社会的经济基础上，出现了‘剥削’，因而表现出政治形态与经济基础不相适应的现象”。[①]由于恩格斯在《反杜林论》曾表示，“要使奴隶劳动成为整个社会中占统治地位的生产方式，还需要生产、贸易和财富积聚有更大的增长。在古代自然形成的土地公有的公社中，奴隶制或是根本还没有出现，或是只起极其次要的作用”。[②]许多学者便断言，“奴隶制生产方式和公社制度不相容”，因此奴隶制度不具一般性，仅仅是雅典、罗马的局部现象。实际上，无论是藏族历史上的象雄王朝时期，中原历史上的夏、商代，还是“古代希腊、罗马对于其小亚细亚及其他各种殖民地，都是表现为这样的关系：征服者被限制于被征服者的社会机构，他们必须依照被征服者原来的社会经济组织，才能行使最方便的剥削”。[③]直到帝国主义时代，这种关系仍然发挥作用。当许多氏族成为杰琛之隶属时，他们同时就成为繁荣部族奴隶制经济的养料。

同时，“政治形态”又会催生经济基础的改变，由于部族奴隶制经济的进一步发展，它又会加强对被征服的诸氏族内部社会经济的影响，加速他们向奴隶制经济的转化，氏族内部的阶级分化随之出现，以大规模奴隶劳动为特点的典型庄园奴隶制也开始在藏区出现。如此交互作用，各杰琛逐渐受到奴

①③ 翦伯赞：《中国史纲（第一卷）之史前史、殷周史》，北京：商务印书馆，2012年版，第154页。
② 恩格斯：《反杜林论》，载《马克思恩格斯选集》（第3卷），北京：人民出版社，1975年版，第503页。

隶制的历史影响。脱离作为其奴隶制养料的被征服者，而抽象地强调雅典和罗马为奴隶制的一般典型意义做法是片面的。随着合类性的发展，由各小共同体共同构成更大的共同体，而判断此大共同体是否“以奴隶劳动为整个社会中占统治地位的生产方式”，要立足于大共同体这个整体，能够掌握生产资料和维持奴隶最低生活需要的奴隶主，也不必局限于个人，而可以是某个集团，某个氏族、部族甚至国家政权。在征伐不断的小邦时代，藏族先民显然进入了奴隶制社会形态。

由于大部分小杰琛带有很深的氏族公社痕迹，随着各杰琛兼并和征服，封建制的部族联盟逐渐建立起来，农奴取代奴隶成为主要劳动者，藏族先民看起来是由原始氏族社会直接跨入封建领主社会，但这些氏族通过了以氏族整体为单位的奴隶制的历史影响，并且进入了不发达的奴隶制，所以才能在奴隶制基础之上建立起封建领主制社会。不经过奴隶制，原始公社制内部便不可能出现封建制度的前提，即大土地所有与个人化生产。根据考古发现和藏族文献等资料，藏族历史上并不空白奴隶制，象雄王朝时期，即藏族传统史学中的小邦时代，正是藏族历史上的奴隶制阶段。象雄时期的奴隶大体有两种类型，一种比较典型，没有人身权和私人经济，多为王室和高级贵族所有，少数为低级贵族和自由民所有；另一种是集体沦为奴隶，沦为奴隶的集体仍保有自己的公社组织，以贡纳形式向奴隶主提供剩余产品。这两种形式的奴隶在藏文文献对奴隶身份的确认和类别划分中都有所体现。

二、藏文文献对小邦时代奴隶的身份确认和类别划分

奴隶从事生产的生产资料和劳动力都归奴隶主所有，其劳动产品也归奴隶主所有，奴隶只能从奴隶主处领取生活资料以维持生命延续，这是奴隶制社会形态的主要判断依据。我们可以从藏族传统史籍的只言片语中判断，青藏高原于象雄时期已经进入以氏族集体为单位的奴隶制，被征服氏族为征服氏族的集体奴隶，杰琛之王可以将某氏族之民与其所在之地作为对象赏赐给与其结盟的家臣氏族。吐蕃王朝的建立，通过严格的等级划分，原本作为集

体奴隶主的统治氏族和作为集体奴隶的被统治氏族内部也逐渐分化，形成不同的阶层，被统治氏族从明确的外族逐渐被视为同族的一部分，氏族到部族的过渡随之正式确立。然而，关于象雄时期的历史记载毕竟有限，更缺乏对奴隶本身的具体记载，对其奴隶制社会形态的存在只能依据关于小邦时代的零星记载及吐蕃王朝律法对奴隶身份的确认和划分来推断。

《贤者喜宴》《敦煌藏文手卷》《老玉脱云丹贡布传》等藏文古文献中都有关于各种奴隶尤其是吐蕃王朝建立后对奴隶身份和等级划分的记载①：

（1）g-yung gi mi sde kheng dang yang kheng’byed//

（2）g-yung gi mi sde’byed pa ni g-yung ngam kheng zhes pa’bangs las byed kyi ming yin la yang kheng zhes pa yang bran dang nying g-yog gi ming yin no//

（3）de la yang snubs rje sris pa la sogs rje dgu /lo ngam rta rdzi sogs rdzi dbun /ga rong sga mkhan sogs mkhan drug /rgra ja tshong pa la sogs tshong pa lnga /gdags sbra’gjin sogs’dzin gsum ste’di rnams kheng dang yang kheng dang nying khenh du phye bus dgos pa thams cad sgrub pa//

（4）bran khol yin yang bkur ste dang gus pa//

译文：

（1）贱民（g-yung gi mi sde）包括奴隶（kheng）和奴下奴（yang kheng）②；

（2）关于贱民（g-yung gi mi sde）的划分：所谓贱民（g-yung）或者奴隶（kheng），是对为非奴隶阶级的属民办事之人的称谓；所谓奴下奴（yang kheng），则是对奴隶的奴隶（yang bran）以及奴下奴之奴（nying g-yog）的称呼；

（3）努王斯巴等九王（rje dgu），洛昂达孜等七牧人（rdzi dbun），卡容鞍匠等六匠人（mkhan drug），汉茶商人等五商人（tshong pa lnga），掌管帐篷的达氏等三执事（’dzin gsum），这些都划归奴隶（kheng）、奴

---

① 黄颢：“论吐番奴隶及其演变”，《西北民族研究》1988年第1期，第41—57页。

② 奴下奴（yang kheng），即“奴隶的奴隶”。

下奴（yang kheng）和奴下奴之奴（nying khenh）；

（4）作为医生的奴隶（bran khol），也应当受到尊敬。

文献中出现了贱民（g-yung）、奴隶（kheng）、奴下奴（yang kheng、yang bran）、奴下奴之奴（nying g-yog、nying kheng）、奴隶（bran khol）等关于贱民和奴隶的称谓，简单来说，奴隶分为四类：kheng、bran、khol、g-yog。

Bran出现较早，在十二小邦时代已经存在。根据匈牙利藏学家山道尔·乔玛（Alexender）的研究以及孙怡荪主编《藏汉大辞典》的解释：bran指单个奴隶，具体包括男奴隶（bran pho）、女奴隶（bran mo），后衍生出以户为单位的奴户（bran khyim）；有时也以bran khol或bran g-yog等复合词表示奴隶；yang bran指奴隶的奴隶，g-yog bran则指带有雇佣性的奴隶或隶奴；bran rkya也是奴隶的一种，常与平民（dmangs）联用，指平民的奴隶（dmangs gyi bran rkya），可以看作隶属于平民阶层的私人奴隶。

Kheng是属“贱民（g-yung gi mi sde）”之列的奴隶，贱民指的是为“非奴隶阶级的属民”办事之人，九王、七牧人、六匠人、五茶商、三执事等操办具体事物的人也可以归于kheng一类；yang kheng指奴隶的奴隶；nying kheng指奴隶的奴隶所占有的奴隶，总之，大体可以将名为“kheng”一类奴隶称为生产奴隶。

Khol在十二小邦时也已存在，如《敦煌藏文手卷》专门记载十二小邦概况的P.T.1039及P.T.1040中，有四条提及khol：（1）“lho dang rngegs gnyis <u>khol lole</u>（奴部）<u>khol</u>（奴隶）thog stong（译文：洛域和埃域奴部的奴隶是托尽氏）”；（2）“bod’ bod yul dbye mo yul drug ku na rje dbye rje khar ba/blon gro dang rmeu gnyis/khol dgyekol lug dgul（译文：蕃蕃域、叶末域的王是叶王卡哇，大臣是卓氏与苗氏，奴隶是叶奴鲁古氏）”；（3）“bod’ bod yul mchims yul dku yul na rje mchims rje/blon po nger dang phyags gnyis/khol mchims khol（译文：蕃蕃域、琛域的王是琛王，大臣是埃尔氏和恰氏，奴隶是琛奴）”；（4）“phai <u>khol po rigs</u>（奴系、奴类）grrta po grongs gi spur’ tshal de mchis（译文：找到了属于父系奴

隶的公马尸体)”。[①]可见，khol指代被征服的氏族集体或被看作“外族”的奴隶。khol应该产生于部族社会早期，似乎与被称为bran的奴隶同时产生，可能还早于bran，出土的吐蕃文献中并未指明khol与bran有何不同，英国藏学研究者托马斯（F.W.Thomas）将khol同样译为仆人（servant）或奴隶（slave）。与bran衍生出bran khyim（奴户）类似，khol也衍生出以户为单位的khol yul（奴户）。

G-yog也是奴隶的一种，可以译为“仆人”或“奴仆”，出现较晚，早期文献多以复合词形式出现，如g-yog gam bran（奴仆）、nying g-yog（奴下奴之奴）。描述公元11世纪的人物米拉日巴（mi la ras pai）事迹的《米拉日巴传》中，有两条关于g-yog的记载：(1)“曾是我家的女仆（g-rog mo），那时做了叔父家的仆人（g-yog byed pa）”；(2)“米拉日巴之母想，先做一个富人的仆人（g-rog byas pa），积蓄钱财”。[②]可见，g-yog更倾向于家庭奴仆，不以从事生产劳动为业，而以服侍主人为业。米拉日巴的母亲做g-yog期间，主要工作是“替人纺线织布”[③]，以此获得钱财，可知到公元11世纪时，g-yog已经是具有人身自由、可以自由选择雇主的劳动者，这与没有人身自由的奴隶已经大为不同。但在吐蕃王朝建立前，这种具有附属性质的g-yog（g-yog gam bran奴仆、nying g-yog奴下奴之奴）应该是不具备人身自由的。

三、生产奴隶和仆从奴隶是主要劳动者

这些记载虽然都出于吐蕃王朝或之后，但kheng、bran、khol、g-yog四类奴隶在吐蕃王朝之前必定是存在的，因此，在吐蕃制定律法时才能对这些奴隶进行身份确认和等级划分。从小邦时代出现各种类型的奴隶开始，逐渐形成了奴隶内部的三个层次：

① 黄颢：“论吐番奴隶及其演变”，《西北民族研究》1988年第1期，第41—57页。

② 乳毕坚瑾：《米拉日巴传及其道歌》，西宁：青海民族出版社，1981年版，第38、75页；黄颢：“论吐番奴隶及其演变”，《西北民族研究》1988年第1期，第41—57页；译文见桑杰坚赞：《米拉日巴传》，刘立千译，北京：民族出版社，2000年版，第27、34页。

③ 桑杰坚赞：《米拉日巴传》，刘立千译，北京：民族出版社，2000年版，第27页。

第一层次，一般奴隶，包括bran、kheng、khol、g-yog、bran khol、bran g-yog等，其中，bran是奴隶的统称，可能源于未被杀死而被驱使劳动的早期俘虏的称呼；kheng泛指为主人具体办事之人，表示与主人身份有别；khol指沦为集体奴隶的氏族，以示与征服氏族或征服部族有别，主要强调奴隶的原氏族身份；g-yog指奴仆，更倾向于作为家庭奴隶的个人奴隶，以个人身份而非以外族人身份附属于某单个奴隶主，当然，这单个奴隶可能是来源于战争中的外族俘虏，也可能是本氏族内部分化的结果，平民因犯罪或欠债等原因沦为khol的情况在奴隶制社会后期会愈发普遍。第一等级的奴隶身份主要还是源于其区别主人的“外族”特征，随着不同氏族逐渐融合为统一的部族，这些原来的“外族”还可以占有其他奴隶，因此，在王或更高等级的奴隶主面前，身份是奴隶，但他们自身又可以通过占有奴隶成为事实上的奴隶主，随着他们与王或奴隶主关系的密切，他们甚至可以改变奴隶身份，跃升贵族。如娘氏通过投靠悉补野氏族从念氏的奴隶成为雅砻部族的贵族，悉补野氏族赏赐他们其他氏族作为集体奴隶，同时，即使作为贵族、大臣的娘氏，在悉补野赞普面前仍是奴隶身份。

第二层次，奴隶的奴隶，包括yang bran、yang kheng等，比第一层次的奴隶更为具体，如果说第一层次的奴隶是一种泛指，源于“外族”身份，那么第二层次的奴隶头上必定有明确的奴隶主，这些奴隶主不会是王、王族，但可以是某一具有贵族身份的氏族、家庭或个人，也可以是某奴隶主个人。他们自身仍然可以占有奴隶，成为奴隶主，与第一层次具有类似性质。

第三层次，奴隶的奴隶所役使的奴隶，包括nying kheng、nying g-yog等，“这些奴隶是吐蕃奴隶阶级的基本力量，人数最多，地位最低，处境最惨。”①吐蕃王朝建立后针对奴隶制定的一系列法律，如不准造反、不准为王、不准做武士、不准反抗打杀、遵命从事农牧业生产等都是针对第三层次的奴隶。

由于能够成为贵族或直接为王办事的大臣有限，自身能够占有奴隶的奴隶主也有限，因此，被王、贵族、各级奴隶主等统称为奴隶的人之中，第三层次的、本身没有人身权和生产资料所有权，更不可能自身占有奴隶的生

① 黄颢：“论吐番奴隶及其演变”，《西北民族研究》1988年第1期，第45页。

产奴隶和仆从奴隶占了绝大部分。他们可能是沦为集体奴隶的整个氏族，也可能是未被杀死而被圈养起来的俘虏，还有众多因犯罪或欠债而失去人身自由的平民。他们没有人身权，更没有生产资料所有权，而是从事农牧业与手工业生产的一种“会说话的工具”。他们“被奴隶主视为生产资料和私有财产……常常与牲畜、财产”或“田地、牧场、草料、园林、神物法器等同列。”[①]他们参与着各行各业的生产劳动，有从事放牧劳动的牧奴（rdzi dbun）、牧马奴（rta g-yog），从事农耕的耕奴（bran rkya），从事手工业生产的匠奴（mkhan drug），服侍“富室”的奴从（yang kheng）等，他们不仅“是当时社会上的主要生产和劳动大军”[②]，而且其人身完全受奴隶主支配，随时被用于陪嫁、守陵，被当作可赔偿、赏赐、转让的物品。如若以此经济结构为基础的社会形态还不能称作奴隶制社会，那么，奴隶制社会就只能是一种头脑中虚构的抽象了。

除奴隶之外，各杰琛还有众多本身不占有奴隶、也不被奴隶主占有的平民或“贱民”阶层，他们共同构成了部族时代和部族联盟时代的主要劳动者，他们生产和再生产自身，也为不劳动的奴隶主和贵族阶层提供剩余产品，更推动着文明和历史的发展。

四、囊生（zhing g-yog nang bran）型豁卡等奴隶制残余

从个别战俘被留做从事生产的奴隶，到将各小邦或氏族征服为奴隶部属，藏族先民逐渐建立起部族奴隶制经济结构。随着部族内部的融合和氏族内部分化逐渐加深，藏区不仅奴隶制生产关系不断深化和普及，而且出现了以大规模奴隶劳动为特点的典型庄园奴隶制。藏族先民的部族奴隶制特征不仅延续到吐蕃王朝律法对奴隶的身份确认和等级划分，而且延续到了吐蕃王朝解体后。吐蕃王朝时期的制度变革，以及元朝统一藏区后推行的政教合一统治，推进了藏区向封建部盟农奴制的演变。然而，吐蕃王朝时期的地方军政组织

---

① 黄颢：“论吐番奴隶及其演变”，《西北民族研究》1988年第1期，第47页。
② 黄颢：“论吐番奴隶及其演变”，《西北民族研究》1988年第1期，第48页。

及元明清时期在藏区实行的土司制度，使藏区在很大范围内保留了部族奴隶制残余，甘青地区更是如此。“在青海、甘肃、四川的藏族地区，历元、明、清三朝直至新中国成立前，中央政权采取了封给藏族部落首领官职，准许其世代承袭的土司制度，使部落的组织形式一直保存下来。”①凡此种种，都使藏族奴隶制的残余存在甚久，在一些交通闭塞的地区，甚至保留到了新中国成立前。

青海南部的果洛、玉树等藏族草原地区直到新中国成立前仍保留了众多的游牧部族，众多部族的生产关系仍带有很强的奴隶制残余。牧区的主要生产资料是草场和牲畜，而部落头人阶级几乎占有和支配了所有草场，并占有绝大量牲畜。如“在果洛地区，占总人口5%的头人阶层，拥有60%以上的牲畜；占总人口90%的贫苦牧民和占总人口5%的富裕牧民，只拥有牲畜总量的30%多一点，这其中还有30%的牧民完全没有牲畜”。②由于生产资料大部分掌握在牧主头人手中，没有生产资料的贫民就有需要依附头人甚至沦为奴隶。比如，在各个部落的头人或牧主家中都有蓄养奴隶的情形，“这些奴隶为他们承担一切繁重的苦役，得到的仅仅是维持最低生活需要的待遇”。③奴隶的来源主要有四类：一是战争、械斗中抓获的俘虏；二是买卖得来的奴婢；三是因反抗打骂头人、盗窃头人的牲畜财务、出兵或打仗时逃跑等“犯罪”而沦为奴隶之人；四是因欠债日久无力偿还之人。青海牧区的玉乎仓（gayng tshang）和才玉乎（tshe gayog）都是既无生产资料，又丧失人身自由的奴隶，其中，玉乎仓指成家奴隶，也就是由奴隶组成的家庭，才玉乎则不能成立家庭。这些奴隶有些有一定期限，有些则终身、全家、几代为奴。这种蓄养奴隶的剥削方式虽然很少，但却保有鲜明的奴隶制色彩，且一直持续到新中国成立前。

与青海牧区长期保留的部落制不同，西藏在奴隶制基础上产生了农奴制。“奴隶主、农奴主所从事的庄园制土地经营或牧场经营”④是农奴制经济的主要存在形式，而农奴制领主庄园则直接脱胎于庄园经营的典型形态——奴隶

---

① 陈庆英：《中国藏族部落》，北京：中国藏学出版社，2003年版，第3页。
② 陈玮：“解放前青海地区藏族部落生产资料占有形式浅析”，《青海社会科学》1992年第6期，第93页。
③ 翟松天：“试论青海省解放前的社会性质（续）”，《青海社会科学》1988年第2期，第77页。
④ 翟松天：“试论青海省解放前的社会性质（续）”，《青海社会科学》1988年第2期，第81页。

制庄园。调查资料显示，直到新中国成立，西藏、康区甘孜等地仍存在不少接近奴隶制经营形式的谿卡（即庄园），即使用“囊生（zhing g-yog nang bran）”经营的谿卡。“囊生在康区甘孜等地叫‘次约（tshe g-yog）’，四川小金、卓斯甲等嘉绒区称为‘黑头（mgo nag）’或‘家奴（mi' khol）’”[①]，与在农奴主的差地上进行劳役的差巴（khral pa）和堆穷（dud chung）不同，囊生没有任何生产资料和人身自由，可以买卖、陪嫁，性质类似奴隶。但与奴隶相比，囊生不得随意杀死，且人数很少，只占总人口的5%左右，“主司家内或庄园的杂役，兼事手工业、畜牧业，或从事少量田间劳动”。[②]与普通谿卡不同，使用囊生经营的谿卡有着更接近奴隶制生产经营的特点：（1）谿卡土地集中统一经营，没有自营地和差地之分，更接近大块土地集中经营的奴隶制庄园；（2）谿卡主向囊生提供口粮，以维持其最低生活；（3）囊生完全没有私人经济，即使有，也微不足道；（4）谿卡主可以随意买卖、赠送、转让、惩治囊生。[③]因此，与差巴和堆穷相比，囊生完全没有人身自由和家庭经济，囊生的必要劳动与剩余劳动在时间和空间上都无法分开，而差巴、堆穷为领主和为自己的劳动在时间和空间上是分开的，因此谿卡主对囊生的剥削方式完全是奴隶主对奴隶的形式。

这种使用囊生经营的谿卡在前藏、后藏、阿里、山南等地均存在，这类谿卡以对囊生的人身占有为基础，以赤裸裸的奴隶劳动榨取剩余产品，这是与西藏其他农奴制庄园完全不同的类型，是奴隶制经济的重要残存形态。但处在封建领主制度下的谿卡毕竟不同于传统的奴隶制庄园，而是带有鲜明的封建性质，其庄园主不是传统的奴隶主，而是封建领主，其领地是领主向较高一级领主或官府宣誓效忠后得到承认或封赐的，领主有多处庄园的情况下，可能仅有个别使用囊生；囊生虽然承受奴隶式的剥削方式，但与同为劳动者的差巴、堆穷有了更多流动空间，身份不再有绝对的等级界限。因此，使用囊生的谿卡庄园虽然保留了奴隶制庄园的残余形态，但实际上其生产关系非

① 黄颢：“论吐番奴隶及其演变”，《西北民族研究》1988年第1期，第57页。
② 刘忠：“试析西藏奴隶制庄园的残存形态”，载中国民族学研究会：《民族学研究第五辑》，北京：民族出版社，1983年版，第65—84页。
③ 刘忠：“试析西藏奴隶制庄园的残存形态”，载中国民族学研究会：《民族学研究第五辑》，北京：民族出版社，1983年版，第67—68页。

奴隶制时代典型的奴隶主和奴隶的关系，而是带有很强的封建色彩。从发展趋势上看，此类以囊生为劳动力的谿卡“是一种逐渐枯萎、没落的形式”，其产生于典型奴隶制庄园的封建化过程，因此逐渐带上了封建的痕迹。因旧时代遗留下来的奴隶对自身社会地位和人身自由的不断追求，“他们对个人经济有了积极性，对于奴隶劳动则消极怠慢，庄园只能多设监工鞭挞督促”，又增加了庄园成本；再加上没有了部族之间战争带来足够的俘虏和奴隶，又限制囊生成家生子，“奴隶的来源日趋枯竭”①，“以奴隶劳动为基础的大庄园经济，已经不再有利可图；而在奴隶制时代，它却是大规模农业的唯一可能的形式”。②逐渐转化为使用差巴、堆穷的谿卡，从这种转化趋势来看，使用囊生的谿卡为奴隶制庄园在封建时代的残存无疑。

除了领主庄园，西藏还存在许多以奴隶劳动为基础的差岗地。许多对官府、贵族、寺庙具有附属关系的大差巴，领种大量差岗地，在实际上摆脱农奴身份，并以比封建领主更为苛刻的方式使用囊生为其劳动，其土地经营方式与奴隶制时代的奴隶制庄园几乎相同：“土地集中经营，统一组织耕作；以提供口粮的方式，强制囊生劳动；囊生没有家庭和个体经济；生产工具、牲畜，全部由主人提供；囊生犹如奴隶主的个人财物，人身完全属于主人”；“囊生劳动时，主人派监工监督，对囊生斥骂和鞭打之事屡见不鲜”；且由于一个差巴的差岗地有限，“大差巴的家庭成员往往亲自指挥和监督囊生劳动。”③这种差巴蓄养和使用奴隶的情况源于奴隶制时代上到王公贵族下到平民贱民都拥有奴隶的传统。进入封建农奴制时代之后，富裕差巴，“甚至富裕堆穷”拥有家庭奴仆、生产奴隶的传统保留了下来。总之，使用囊生的庄园是使用堆穷的庄园之前身，后者是前者的发展形态，进入封建时代之后仍然保留的奴隶制庄园虽然带上了封建色彩，虽然已不占主要地位④，但其存在本身就已经证实了奴隶制庄园的历史存在。

---

①③ 刘忠：“试析西藏奴隶制庄园的残存形态”，载中国民族学研究会：《民族学研究第五辑》，北京：民族出版社，1983年版，第76—78页。

② 恩格斯：《家庭、私有制和国家的起源》，载《马克思恩格斯选集》（第4卷），北京：人民出版社，1995年版，第148页。

④ 封建农奴制下，西藏所有种类的奴隶只占总人口的5%。见刘忠：“试析西藏奴隶制庄园的残存形态”，载中国民族学研究会：《民族学研究第五辑》，北京：民族出版社，1983年版，第84页。

第四节 早期金属时代的社会生产力及社会分工

藏族先民从氏族社会转向小邦时代，实现了其经济结构从原始公社制向部族奴隶制的转变，但这种转变绝不仅仅是氏族征服氏族的结果，相反，从氏族向包含众多氏族的部族转变只是经济结构转变的体现和实现，而经济结构的转变则源于社会生产力的发展达到了与原始公社制生产关系决裂的程度。恩格斯说："并不是每个人都能使用奴隶服役。为了能使用奴隶，必须掌握两种东西：第一，奴隶劳动所需的工具和对象；第二，维持奴隶困苦生活所需的资料。因此，先要在生产上达到一定的阶段，并在分配的不平等上达到一定的程度，奴隶制才会成为可能。"[①] 生产力达到能够产生超出生产者维持自身生活所必需的生活资料是奴隶得以产生的前提条件，否则，战俘不会被蓄养起来成为可供驱使的奴隶，而是会被直接杀死；要蓄养奴隶，不仅需要奴隶可以生产出剩余产品的生产力水平，还需要蓄养者本身已经具备了可以养活奴隶的生活资料以及作为奴隶劳动对象的生产资料。劳动生产力的主体是人，但生产力的直接载体则是"工具"，正如马克思在《资本论》中所说，"劳动资料不仅是人类劳动力发展的测量器，而且是劳动借以进行的社会关系的指示器"。[②] 因此，劳动资料的发展在一定程度上能够反映藏族先民是在何等生产力发展水平上带来了剩余产品以及氏族公社制向部族奴隶制的转变。

一、早期金属器具和早期金属时代

考古学家童恩正根据考古材料推测，藏族史前曾经历过漫长的"早期金

① 恩格斯：《反杜林论》，载《马克思恩格斯选集》（第3卷），北京：人民出版社，1975年版，第503页。
② 马克思：《资本论》（第1卷），北京：人民出版社，2004年版，第204页。

属时代”，大体包含青铜时代和早期铁器时代，“可能始于公元前10世纪，结束于公元6世纪，即吐蕃王朝兴起之前”[1]，这与藏族历史上的象雄时期，即小邦时代，在时间上基本吻合。据藏区考古报告，目前已在多处发掘了象雄时期的金属器具，其中包括铜、铁及其他金属器具等（见表2-2）。加上关于小邦时代的藏文文献中多处提到其使用铜、铁甚至金银等金属的记载，初步证实了小邦时代藏族先民的物质文化已进入早期金属时代。

表2-2　青藏高原发现的早期金属器遗存[2]

青铜时代遗址地点	文化类型	出土的早期金属器物及其他	所处年代
甘肃甘南州	新店文化（青铜时代）	青铜器；红铜器	夏末至春秋战国
青海黄南州			
青海河湟谷地及青海湖周围	卡约文化（青铜时代）	青铜器；红铜器	夏代末至春秋中
青海海西	诺木洪文化（青铜时代）	炼铜用具残片和铜渣；铜器（斧、钺、到、镞）；牛皮鞋；纺织品（布、带、绳等）	西周至汉代
早期金属时代地点	遗址	出土的早期金属器物	所处年代
四川甘孜州	康定市东俄洛公社采集点	金饰2件	战国至秦汉之际
	巴塘县扎金顶墓葬	铜刀；铜丝制成的饰品；铜镯；铜剑；铜锥	战国至秦汉之际
	雅江县团结公社采集点	铜手镯8件；铜牌饰1件；象牙管珠90粒；玉石管珠1粒	战国至秦汉之际
云南迪庆州	德钦县永芝石棺墓	青铜器13件（剑、镯、矛、刀、斧、饰牌、泡饰等）；银饰4件	西汉早期
西藏拉萨市	曲贡遗址	铜镞1件	距今约3500年（商代）
		铁柄铜镜1件	距今约2700年（春秋）

① 童恩正：“西藏考古综述”，《文物》1985年第9期，第14页

② 资料来源：霍巍：“试论西藏发现的早期金属器和早期金属时代”，《考古学报》2014年第3期，第327—349页；童恩正、曾文琼：“四川巴塘、雅江的石板墓”，《考古》1981年第3期，第213–218页；王恒杰：“迪庆藏区的历史传统与自然因素”，《中国藏学》1992年第1期，第72—84页；云南省博物馆文物工作队：“云南德钦永芝发现的古墓葬”，《考古》1975年第4期，第244—248页；许新国：“青海考古的回顾与展望”，《考古》2002年第12期，第3—10页。

续表

青铜时代遗址地点	文化类型	出土的早期金属器物及其他	所处年代
西藏昌都市	贡觉县香贝石棺墓	铜刀2件；	战国至秦汉之际
	贡觉县城北石棺墓	铜耳坠2件；铁刀1件	战国至秦汉之际
	卡若遗址附近热底垄石棺墓	弧背铜刀1件	距今约2400年（战国）
西藏阿里地区	札达县皮央东噶墓葬	铜剑2件；铜片饰1件；铜环饰1对；铜双圆形泡饰8件；铜花形泡饰1件；铁件1件	前6—前2世纪（春秋战国）
	札达县格布赛鲁墓地	铜泡2件	距今2500—2000年（春秋战国至秦汉）
	噶尔县古如加木墓地	丝绸残片；黄金（小型面具）；镀金银片；铜釜、铜钵、铜容器等；铁矛、铁镞等兵器	公元3世纪（汉晋之际）
	札达县托林曲踏墓地	金箔面具；铜短剑；铁镞	公元5—6世纪（魏晋南北朝）
	日土县阿垄沟墓地	铁钩	约公元6—7世纪（隋唐）
西藏山南市	浪卡子县查家沟墓	金饰17件；铜饰47件；铁刀；铁剑；铁镞	距今约2000年（汉代）

藏区生产力发展水平很不平衡，与中原地区较为接近的青海、甘肃甘南、四川甘孜、云南迪庆等地在秦汉之前就明显进入了青铜时代，最早甚至可以追溯到夏末，这与中原“出现青铜文化的夏代发展为高度水准青铜器文化的商代”①，在时间上相差不大，受到中原的较大影响，但较中原的冶金技术低。甘青藏区的铜器多是红铜与青铜并用，使用红铜的时间较长，“红铜也称纯铜，质地软，不适于制作大型器物，只能制作小工具和装饰品”，红铜制品多“采用锻造工艺成型，而非铸造”。②而中原地区在商代已经出现了大量以大规模冶炼技术铸造的青铜器。位于青海省海西藏族自治州的诺木洪文化遗址

① 翦伯赞：《中国史纲（第一卷）之史前史、殷周史》，北京：商务印书馆，2012年版，第157页。
② 霍巍：“试论西藏发现的早期金属器和早期金属时代”，《考古学报》2014年第3期，第327—349页。

甚至发现了大量的炼铜用具残片和铜渣，表示当时当地已经有炼铜厂，排除了铜器均源于外地的猜测。当然，此时生活于此的居民主要是“羌人部落”，青藏高原腹地的“吐蕃人”还未渗透于此，但羌人也是藏族的重要族源。位于藏区腹地的曲贡遗址在距今3500年前的商代已经开始用青铜铸造兵器，如铜镞[①]，“曲贡遗址出土的铜镞，形态仿自扁平的骨镞，和曲贡遗址中出土的玉镞形态形似，表明铜镞为本地铸造”。[②]

虽然青藏高原腹地因高海拔而造成与中原地区的相对隔绝，但仍没有完全阻绝与中原的交流，甘青地区及川滇地区的金属时代文化都具有连接两者的中介作用。曲贡遗址中出土的铁器与铜器合体的铁柄铜镜，产生于距今约2700年的春秋时期，“铜镜带有中亚带柄风格，同时又显示出与中原、云南、四川、新疆等地青铜文化的诸多相似因素。”[③]西藏昌都的贡觉县和阿里地区的札达县遗址中也出土了制造于春秋战国时期的铁刀等铁器。众多藏文古籍，如《敦煌吐蕃手卷》《西藏王臣记》《汉藏史籍》等文献中均记载了铜器在各小邦的运用，铁器的使用也有提及。“止贡赞普之前，悉补野部没有刀剑，止贡赞普时期，有木司同母兄弟九人打造了刀剑，称吐蕃古司刀剑，九兄弟的徒弟分九支，吐蕃刀剑逐渐增多。”[④]止贡赞普要求臣民罗阿木达孜与其比武，并被后者杀害于娘若香波，之后，“赞普尸骸置于有盖能启的铜箧之中”，“殓入铜棺，铆以铁钉”。[⑤]止贡赞普的王妃与“亚拉香布山神的化身”之子茹拉杰为赞普报仇，攻下罗阿木达孜所在的娘若香波，“罗阿木的一百名男丁以红铜锅扣于脑际自尽，一百名女人怀抱铁锅于胸前逃逸”。茹拉杰迎立夏歧（止贡赞普的二儿子）为王，夏歧“令人支起三块锅石，安置铜锅，遂为人主”。[⑥]表明在小邦时代（具体说来，是雅砻部族进入布代贡杰时期[⑦]），藏族先民已开始大规模使用金属制造兵器，铜制品则出现了“铜棺”等大型器物。铁器已从中原传入藏区腹地，藏区与周边其他地区也有了一定的联系。

---

① 镞，即箭头。
② 霍巍：“试论西藏发现的早期金属器和早期金属时代”，《考古学报》2014年第3期，第336页。
③ 霍巍：“试论西藏发现的早期金属器和早期金属时代”，《考古学报》2014年第3期，第337页。
④ 达仓宗巴·班觉桑布：《汉藏史集》，陈庆英译，拉萨：西藏人民出版社，1986年版，第82页。
⑤ 五世达赖喇嘛：《西藏王臣记》，刘立千译注，北京：民族出版社2000年版，第10页。
⑥ 王尧、陈践（译注）：《敦煌本吐蕃历史文书》（增订本），北京：民族出版社，1992年版，第157页。
⑦ 巴卧·祖拉陈哇：“《贤者喜宴》摘译”，黄颢译，《西藏民族大学学报（哲学社会科学版）》1980年第4期，第33页。

到汉代以后，尤其公元3—5世纪的魏晋之后，铁镞、铁刀、铁剑、铁钩等铁制兵器已遍布藏区，表明藏族先民全面进入了铁器时代。史书记载，布代贡杰时期，茹拉杰及其子相继成为大相，并“驯化了野牛，将河水引入水渠，将平地开垦为农田，以木炭冶炼矿石，得到金、银、铜、铁等金属”①，“创兴挖渠灌溉，开荒种植，熔冶矿石，提取银、铜、铁三物，并修建桥梁”②，是藏区全面进入铁器时代的形象表述。综上可知，与中原地区一样，藏区的金属时代同样经历了从红铜，到青铜，最后到铁器的发展阶段。当然，红铜与青铜的并用，以及铁器出现后，红铜、青铜仍然并用的情况仍长期存在，因此，可统称为早期金属时代，但仍可将中原魏晋之际的公元3世纪，即布代贡杰时期，作为青铜时代与铁器时代的分水岭。

二、青稞等农作物的栽培种植

位于阿里地区西部札达县境内的丁东遗址，出土了众多农作物种子，被测定为距今2400—1900年（公元前400—公元100年）的“早期金属时代”遗存。遗址处共发现炭化大麦粒近百粒，经鉴定，其种属仅有单一的青稞，显示出青藏高原的农作物随着原始人群的扩散悄然发生变化。

青藏高原上发现的最早农作物是位于东部横断山区、距今5000年的昌都卡若旧石器遗址中发现的粟。③粟是起源于中国北方的物种，粟的驯化栽培发生在距今约8000年前的黄河中游地区，卡若遗址中出现的粟极有可能来自黄河上游甘青地区，而非卡若先民对野生粟类祖本进行驯化的产物。原始人群向青藏高原的扩散带来了农作物的传播，黄河中游地区的原始先民将野生粟类祖本驯化栽培为重要农作物，并将其扩散至藏区。在粟的栽培种植技术前后出现的，是藏族先民于早期金属时代早期对青稞的驯化和栽培种植。位于雅鲁藏布江中游地区、距今3300年的昌果沟遗址中也发现了栽培作物的遗

---

① 达仓宗巴·班觉桑布：《汉藏史集》，陈庆英译，拉萨：西藏人民出版社，1986年版，第84页。
② 五世达赖喇嘛：《西藏王臣记》，刘立千译注，北京：民族出版社2000年版，第10页。
③ 见本书第一章第三节“旧石器时代采集狩猎经济和新石器时代的农耕游牧经济”。

存，其中，“数量最多的是脱壳炭化粟，共279粒；其次是125粒大麦属的青稞，此外还有1粒小麦属的普通小麦、1粒裸燕麦、1粒豌豆，以及草本植物人参果的地下茎炭化物、几个似为青稞茎节部的炭化碎块、两个似为青稞茎秆的炭化筒等”。这表明，距今3300年左右，粟已经从高原东部的横断山区传播到高原南部的雅鲁藏布江中游地区，并且出现了青稞，与粟形成交汇分布的状态。

青稞属麦类植物，麦类植物原产于中亚高原和西亚两河流域山前地带，后逐步东传。考古资料显示，中亚克什米尔、南亚印度等地在新石器时代已经出现了麦类作物的种子。青稞很有可能是麦类作物传入藏区后，由吐蕃先民根据青藏高原特殊的气候地质环境驯化而成。距今2400—1900年前（公元前400—公元100年）的阿里札达县丁东遗址，出土了大量农作物遗存，全部为大麦属的青稞，无其他。可以推测，从中亚传入的麦类作物首先在阿里地区被驯化为青稞，且驯化时间不仅在2400年前（阿里札达县丁东遗址发现的青稞遗存），而且远在3300年前（雅鲁藏布江中游昌果沟遗址发现的青稞遗存）。由于青稞生长周期短[①]、耐寒、抗旱、耐瘠且易于食用，因此迅速向青藏高原其他适农区扩展，直至覆盖整个藏区。以其对高原农业生态的高度适应性，青稞迅速在雅鲁藏布江流域确立，并向高原东北部传播，逐步取代粟，演变为藏民族的传统主食，是藏族先民制作食品糌粑、酿造青稞酒的主要原料；富含蛋白质的青稞秸秆，则成为供牲畜防寒过冬食用的主要饲料。与青稞相对，不仅“粟类作物分布的最西界”停留在了高原南部的雅鲁藏布江中游地区[②]，而且作为一种远古历史作物在青藏高原，尤其是西藏地区逐步濒于灭绝，仅存于史前考古遗迹当中。除了逐渐占据主要地位的青稞和逐步濒临灭绝的粟，距今3500年前的雅鲁藏布江流域，小麦、裸燕麦、豌豆等也开始当作作物进行栽培，只不过种植面积较小。[③]

① 青稞一般每年3—5月播种，7—9月收割。次旺多布杰等：《西藏农牧业科技发展史》，北京：中国农业出版社，2015年版，第31页。
② 张云、石硕：《西藏通史——早期卷》，北京：中国藏学出版社，2015年版，第113—114页。
③ 次旺多布杰等：《西藏农牧业科技发展史》，北京：中国农业出版社，2015年版，第13页。

三、牦牛等牲畜的驯化放养

与农作物的栽培同时进行的还有对野生动物的驯养，在拉萨曲贡和昌都卡若新石器时代遗址中已经发现有牦牛、绵羊、狗等家养动物的骨骼，[①]表明藏民对牦牛的驯养可以追溯到“距今3700年以前”，“曲贡遗址出土的牦牛标本是迄今为止有关家养牦牛时代最早的考古实物资料”。[②]羊也已经成为藏族先民当时饲养的主要家畜，狗则是具有典型意义的驯养动物。狗与马、牛、羊等家畜不同，是用来协助人类保护、管理牲畜及家产，甚至协助人类进行狩猎的特殊物种，藏獒便是藏族先民驯养而成的忠勇家畜。藏獒原是一种猛兽，以草食动物为食物，与狼相似，又比狼更凶猛，藏族先民最终将其驯服为守家、御盗、保护人畜的得力家犬。

进入到“早期金属时代”，放牧从定居农业中分离，游牧生产方式出现，牦牛成为游牧业的主要放牧畜种。牦牛是藏区特有的家畜品种，是藏族先民在经过长期原始采集狩猎生活后，逐步认识和驯养出来的，历来被作为研究藏族畜牧业起源和发展的“活化石”。主要分布于藏北那曲地区和藏东昌都地区，其他藏区也有一定量的分布，放牧高度在海拔2500—5500米。对野牦牛的驯服甚至成为各小邦成为首领的重要条件，表明牦牛对藏族先民的重要地位。

考古遗迹、文献资料与现代生物进化论的研究结果显示，现代家牦牛和野牦牛的直接祖先是生活在更新世时期（距今200万年前）的原始牦牛，原始牦牛则由生活在距今700万年前的原始牛演变而来，来自亚洲的原始牛是高原牦牛和中原黄牛的共同祖先。野牦牛由原始牦牛发展而来，家牦牛又由野牦牛驯养而来。据考证，在距今4000多年公元前2500年前后（殷周之前），藏族先民便将野牦牛驯服为乳、肉、毛、皮兼用的主要家畜。因此，牦牛的驯养与农作物的栽培种植几乎出现于同一时期，都是藏族先民从采集狩猎生产方式向定居种植畜牧业过渡的体现。《史记·西南夷列传》提及“有巴蜀西南外蛮夷，秦灭汉兴之时，巴蜀民或窃出商贾，取其筰马、僰僮、髦牛，

---

① 见第一章第三节“旧石器时代采集狩猎经济和新石器时代的农耕游牧经济”。

② 张云、石硕：《西藏通史——早期卷》，北京：中国藏学出版社，2015年版，第115页。

以此巴、蜀殷富”。[1]表明，远在秦汉之前，牦牛确已被藏族先民（古羌人）所驯服。西羌部落西迁至藏北草原之时，当地也早已有众多牧人放牧大批牦牛。悉补野王室第一代赞普聂赤赞普就是六大牦牛部的首领。《五部遗教》等古藏文文献中甚至有“驯服凶猛的野牦牛曾是古代小邦之王主要从事活动之一”的记载。[2]

根据藏北早期岩画反映，最早可能采取的是圈禁方式进行牦牛的强制性驯化，经过长期圈禁喂养，逐渐改变了野牦牛对人的抵触情绪，以至即使将它们放开也不再散逃。进入“早期金属时代”，放牧从定居农业中分离，游牧生产方式出现，牦牛也就成为游牧业的主要放牧畜种，且是成群被放养，并出现了“领牧”“散牧”“赶牧”等相传至今的游牧方式。如在藏北加林山岩画中描绘了骑马牧人对牦牛群的“领牧”，藏西革吉盐湖岩画中出现骑马牧人居于牦牛群之间的“散牧”，还有藏西日土那布龙地点岩画中出现徒步牧人跟随在牦牛群之后的“赶牧”。以牦牛群为主要游牧对象，以骑马放牧为主要方式的游牧业，成为藏族人民最重要的生产方式之一。因适应高寒环境及其高生产性能，公牛可用于耕地、驮运；母牛可用于产奶，提炼酥油；牦牛肉则是藏民主要的肉食来源；牛皮可制作革，牛毛可搓绳、织帐篷。牦牛逐渐成为藏族人民无可取代的牲畜，在藏区被大量饲养和放牧，成为藏族畜牧业的支柱。

四、早期金属时代的剩余劳动及社会分工

早期金属时代所代表的生产力是能够产生剩余劳动，使社会内部的一部分人从生产领域中脱离出来，成为不劳而获的统治者，即完成社会最初的大分裂，从而藏族先民能够从原始氏族社会向奴隶制部族社会转变的基础。铁器的发明与应用毫无疑义地推进了社会生产力的进步，使人的生产能力和私人占有迅速发展，因而可以急速破坏公社生产关系，加速社会内部的分化和阶级的产生，而中国的商代、古埃及、古代美索不达米亚、北高加索

---

① [西汉] 司马迁：《史记》卷116《西南夷列传·第五十六》。

② 次旺多布杰等：《西藏农牧业科技发展史》，北京：中国农业出版社，2015年版，第15页。

等地[①]都在青铜器时代进入阶级社会，表明青铜器时代同样可以产生阶级社会。因此，无论是铜器的大量使用还是铁器的出现，藏族考古学上的“早期金属时代”及其所属的小邦时代都是藏族先民进入奴隶制社会的必经阶段。从各项文献记载及考古发现的众多墓葬中，可以确认小邦时代的生产力水平已经可以生产出一定的剩余产品。

早在止贡赞普之间，起源于象雄的雍仲本教已经成为众多小邦共同信仰的“外道”[②]，在宗教仪式上常“以酒肉供奉鬼怪”[③]，已经表明当时信仰本教的众多小邦已出现剩余产品，不仅有肉食，还有酒，而酒的出现则代表酿酒的原料——粮食或马奶等也已出现了剩余。大量早期金属时代的墓葬中都有众多铜制品作为陪葬品，则进一步表明剩余劳动的存在。另外，公元3世纪之后，山南、阿里等地还出现了众多作为高级奢侈品的金银制品，如黄金面具、黄金饰品等，表明小邦时代的藏族先民已经开始重视黄金等贵金属。藏文史籍中多次提及的茹拉杰以符合条件的小女孩赎回赞普尸体事件中，“姑娘的父亲要一些黄金”[④]作为茹拉杰购买此女的条件，表明黄金在当时的藏区可能已经具备了作为金属货币的职能，金属货币的出现则代表了经济交换和分工的日趋发达，而分工和交换的出现必是人类劳动生产力产生超出生产者直接生活需要的结果。

剩余产品的出现为奴隶制的出现提供了物质前提，但奴隶制的出现还需要“取决于农业劳动、工业劳动和商业劳动的经营方式（父权制、奴隶制、等级、阶级）”[⑤]，社会分工以及由此引起的社会分化成为奴隶制产生的另一前提。马克思曾指出，“各民族的内部结构取决于自己的生产以及自己内部和外部交往的发展程度。一个民族的生产力发展的水平，最明显地表现于该民族分工的发展程度。分工发展的各个不同阶段，同时也就是所有制的各种不同形式”。氏族公社所有制与生产的不发达阶段相适应，“当时人们靠狩猎、捕鱼、牧畜，或者最多靠耕作为生。在后一种情况下，它是以有大量未开垦的土地为前提的。在这个阶段，分工还很不发达，仅限于家庭中现有的自然形

① 翦伯赞：《中国史纲（第一卷）之史前史、殷周史》，北京：商务印书馆，2012年版，第170页。
② 藏族教法史《贤者喜宴》中，将佛教传入之前，流行于藏区的本教称为“外道邪说”。巴卧·祖拉陈哇：“《贤者喜宴》摘译”，黄颢译，《西藏民族大学学报（哲学社会科学版）》1980年第4期，第32页。
③ 巴卧·祖拉陈哇：“《贤者喜宴》摘译”，黄颢译，《西藏民族大学学报（哲学社会科学版）》1980年第4期，第33页。
④ 达仓宗巴·班觉桑布：《汉藏史集》，陈庆英译，拉萨：西藏人民出版社，1986年版，第83页。
⑤ 马克思：《德意志意识形态》，载《马克思恩格斯选集》（第1卷），北京：人民出版社，1975年版，第67页。

成的分工的进一步扩大”。随着人口和需求的增长，随着战争和交易这种外部交往的扩大，部族奴隶制逐渐发展起来，“这种所有制是由于几个部落通过契约或征服联合为一个城市而产生的。除公社所有制以外，动产私有制以及不动产私有制已经发展起来，但他们是作为一种从属于公社所有制的形式发展起来的。公民仅仅共同享有支配自己那些做工的奴隶的权力。他们面对着奴隶不得不保存这种自然形成的公社联合方式”[①]。随着私有制，特别是不动产私有制的发展，公社所有制和人民权利逐渐衰落，公社内部的分化逐渐扩大，直至产生城乡分离，阶级分化成为社会发展的重要趋势。

由于青藏高原自然环境差异很大，因此不同地区的藏族先民天然就依赖不同的生产方式，既有藏南谷地从采集渔猎发展而来的定居农业，又有从藏北高原游猎经济发展而来的游牧经济，还有两者兼有的半农半牧区。由于羌塘草原冬季寒冷，多雪灾、多兽害，因此，如若没有谷物种植和驯养的牧犬、供骑行的马匹，羌塘草原并不适合人类放牧。藏北草原地区游牧经济应该是在种植业有了一定发展，且藏南和藏北边缘地区的藏族先民成功驯养了大量羊群、牦牛等，并将马匹、藏獒等驯养为自己的助手之后才出现。草原上的畜群一旦出现，便很快形成了专门从事游牧的部落，农牧业的分工更加明确。但在小邦时代的初期，各小邦还处于氏族社会末期，各自分立，缺少交流和交换。不仅不同小邦之间的相互关系取决于每一个小邦的生产力、分工和内部交往的发展程度，而且各小邦本身的内部结构也取决于和外部交往的发展程度。

不断的征伐战争在一定程度上加强了不同部落之间的联系，促成各部落分工和交换的发展。藏区实现了第一次社会大分工，即农业和牧业的分工，主要表现为不同藏区之间农牧差别的巩固和交易常态化，游牧部落和农耕部落需要通过商品交换或战争掠夺的方式取得对方的劳动产品。而农牧业分工和金属时代的来临又进一步促进了第二次社会大分工，即农业内部和畜牧业内部进一步分工，制刀业、金属冶炼业、各种金属加工业，牧区的取皮熬胶等生产部门纷纷出现，甚至出现了专门修建桥梁的工种，各部分工甚至具有了传承性，出现了固定的产业，如制作吐蕃古司刀剑的九兄弟，其徒弟分九

① 马克思：《德意志意识形态》，载《马克思恩格斯选集》（第1卷），北京：人民出版社，1975年版，第67—69页。

支，专门负责吐蕃刀剑制造[①]；止贡赞普被杀后，其女“被罚作专门放马的马奴”[②]；罗阿木氏在被悉补野部族征服后，成为专门的“养马倌”[③]，等。

第一次社会分工，即农牧业分工促进了生产的专业化，从而推动劳动工具和农牧业技术的改善，劳动生产率提高，剩余产品增多，为一部分社会成员脱离劳动生产成为剥削者提供了可能；专业化的分工使得农牧部落之间的交换成为必然，最初的交换又是由氏族或部族首领进行的，这便为氏族或部族首领对氏族公共财产的私人占有提供了条件。因此，商品生产和分工的发展破坏了氏族社会内部的结构，贫富分化逐渐显现出来，私有制观念逐渐增强，氏族公有的财富被部族首领占为私有，进一步扩大了社会分化。拥有了剩余产品的贵族，便有条件将战争中抓到的俘虏作为奴隶。随着分工的发展，生产力进一步提高，奴隶所能提供的剩余产品更多，进一步推动着部族首领加大战争征伐，扩大奴隶的来源。因此，第一次大分工，即农业和畜牧业的分工，源于战争和交流带来的小共同体向大共同体的合类性发展，并伴随着大共同体内部的第一次大分裂，出现了奴隶主和奴隶的差别，战胜的氏族逐渐改变原来杀掉战俘的习惯，重视使用战俘作为奴隶，从而出现零散状态的奴隶、奴隶制的萌芽。第二次大分工以后，藏族先民已经具备了较为细致的农业、牧业、手工业内部的分工，这些不同生产部门需要更多的奴隶，于是“奴隶主阶级开始千方百计从战争俘虏和债务奴隶、犯罪奴隶中扩大奴隶来源，并将其安置在各种部门的劳动生产中，奴隶制不再是零散的，而是成为社会制度的一个本质组成部分”[④]。

小邦时代的早期金属文化表现出的劳动生产力和社会分工发展程度，无论在哪个部门都已经能够创造剩余产品，而且创造出了一部分依赖剩余劳动为生的剥削阶级，社会最初的分裂产生了，奴隶主与奴隶的对立成为小邦时代基本的社会矛盾。征伐战争与奴隶制互相促进，前者为后者提供奴隶的来源，依靠后者发展起来的生产力为前者提供必要的物质保障。然而兼并战争必然有发展到顶点的时刻，当为了掠夺奴隶而进行的兼并战争，无人可掠、无地可占时，奴隶制部族和部族联盟的丧钟就要敲响了。

①④ 保罗：“试论西藏奴隶制社会的上限问题”，《西藏民族学院学报（社科版）》1986年第4期，第35—44页。
② 达仓宗巴·班觉桑布：《汉藏史集》，陈庆英译，拉萨：西藏人民出版社，1986年版，第83页。
③ 曾丽容：“藏地史前‘十二小邦’考”，《西藏民族大学学报（哲社版）》2017年第2期，第16页。

第三章

吐蕃部族的起源：悉补野雅砻部族的经济演变

由悉补野雅砻部族建立的吐蕃王朝正式开启了藏族成为一个共同体的进程。吐蕃王朝曾试图掀起藏族先民的历史变革，无论变革的成效如何，对吐蕃政治、经济、文化等层面推行的系统革新都是不能否认的。这种变革绝非突如其来，而是悉补野雅砻部族长期发展的结果，因此，在系统论述吐蕃王朝的经济史之前，有必要对悉补野雅砻部族的崛起和演变过程做简单梳理，如此才不会将吐蕃王朝的建立和制度建构认作偶然，雅砻部族经历了从石器时代到早期金属时代，从氏族社会到部族奴隶制社会以至部盟封建制社会的历史过程。古象雄王国曾经因率先发展出游牧生产方式，并依托地理位置，发展出高度繁荣的商业经济，一度成为"包罗万邦"的藏区政权。起源于雅砻河谷的悉补野氏族，则因率先实现了农业革命，使定居农业较游牧经济的优势得以凸显，并最终在兼并扩张中，代象雄立吐蕃，吐蕃取代象雄的经济基础也是本章要解答的主要问题。

第一节 雅砻部族形成时期青藏高原的经济区域

悉补野雅砻部族何时形成，史籍上并没有明确记载，因而很难指出其准确年代。但出自敦煌石室，成书于吐蕃攻陷敦煌后（公元786—843年，唐代），以古藏文书写的手抄本《敦煌吐蕃历史文献》以及众多藏族古籍都详细梳理了雅砻悉补野氏的王统世系及吐蕃赞普的传记，对于我们了解悉补野氏的成长过程和雅砻部族的形成发展过程都有很大帮助。梳理悉补野王统世系是研究"悉补野吐蕃国"经济史的前提，是判断经济增长、制度变迁、社会进步、民族经济交往与融合等经济史内容的重要时代参考。

一、从悉补野氏王统世系推测雅砻部族的开端

"悉补野"为吐蕃王族之姓氏，这在汉文与藏文史籍均有提及。《通

典·吐蕃条》记载，“秃发利鹿孤有子樊尼，改姓为窣勃野。又或云：始祖赞普自言天神所生，号鹘堤悉补野，因以为姓。窣勃野与悉补野言讹，其实一也”。[①]《敦煌吐蕃历史文献》多次提及吐蕃王室“悉补野氏”：娘、韦二氏“归心于赞普悉补野氏”；娘、韦、农、蔡邦等氏盟誓“将悉补野氏搂于胸前”。[②]

吐蕃王朝建立后，为凸显悉补野氏族的独特性与其统治地位的合法性，吐蕃王室编纂了各种记录王室传承的族谱和历代赞普时期的事迹，对于我们了解雅砻部族的形成和崛起过程以及在此过程中雅砻部族的经济发展状况提供了参考。据赞普世系可以直接推测雅砻部族兴起的年代及藏族先民当时的生产生活状态。在记录悉补野王统世系时，不同文献对各个赞普的名号、排列次序都有很多不同之处，并且大都根据历代赞普名号等特点将其分为“天赤七王”“上丁二王”“地列六王”“八德王”“五赞”等序列。我们以《敦煌吐蕃历史文献》PT.1286之《赞普世系表》为主要依据，并参照《红史》《西藏王统记》《汉藏史集》《新红史》《贤者喜宴》《西藏王臣记》《新唐书·吐蕃传》等文献，可以推测悉补野王统世系及雅砻部族的开端（见表3-1）。

表3-1　吐蕃王朝建立前的悉补野王统世系[③]

序列	赞普名号	所在年代
	天墀七王	
1	聂墀赞普	公元前229年前后
2	木墀赞普	—
3	丁墀赞普	—
4	索墀赞普	—
5	美墀赞普	—
6	达墀赞普	—
7	塞墀赞普／墀白赞普	—

① [唐]杜佑：《通典》卷190《边防六·西戎二·吐蕃条》。
② 王尧、陈践（译注）：《敦煌本吐蕃历史文书》（增订本），北京：民族出版社，1992年版，第160页。
③ 资料来源：王尧、陈践（译注）：《敦煌本吐蕃历史文书》（增订本），北京：民族出版社，1992年版，第143—144、174—175页；蔡巴·贡嘎多吉：《红史》，陈庆英、周润年版译，拉萨：西藏人民出版社，1988年版，第30—32页；索南坚赞：《西藏王统记》，刘立千译注，北京：民族出版社，2000年版，第33—34页；达仓桑巴·班觉桑布：《汉藏史集》，陈庆英译，拉萨：西藏人民出版社，1986年版，第82页；班钦索南查巴：《新红史》，黄颢译，拉萨：西藏人民出版社，1984年版，第15页。巴卧·祖拉陈哇：“《贤者喜宴》摘译”，黄颢译，《西藏民族大学学报》1980年第4期，第32页；五世达赖喇嘛：《西藏王臣记》，刘立千译，北京：民族出版社2000年版，第10—14页。

续表

序列	赞普名号	所在年代
中丁二王/上丁二王		
8	止贡赞普	—
9	布代贡杰	—
地列六王/中列六王		
10	埃肖列／托列赞普	—
11	代肖列／肖列赞普	—
12	提肖列／高茹列赞普	—
13	古汝列／仲西列赞普	—
14	仲协列／梯肖列赞普	—
15	伊肖列/俄肖列／义肖列赞普	—
八德王/地代八王		
16	萨朗森德／萨南木森帝	—
17	德楚朗雄赞／岱处保南木雄赞	—
18	塞雷朗德／岱管	—
19	塞雷布德/色诺保代	—
20	德雷朗/代诺南木／南木岱诺南木	—
21	德雷布/代诺保／色诺保	—
22	德杰布/代甲保／岱甲吾	—
23	德振赞/代珍囊／甲森赞	—
五赞		
24	多日隆赞／甲多日龙赞	—
25	墀南木囊／墀赞南木	—
26	赤扎邦赞／墀扎邦赞	—
27	赤德托赞／墀脱赞／瘕悉董摩	公元？—431年
28	拉托托日年赞／佗土度	公元380—500年
松赞干布直前五代		
29	墀年松赞／墀聂松赞／揭利失若	公元471—？年
30	仲年代如／卓年岱如／勃弄若	—
31	达日宁塞/木龙衮巴扎／达布聂西／讵素若	公元483—522年
32	囊日伦赞/朗日松赞／伦赞龙南木/墀伦赞／论赞索	公元？—581年
33	松赞干布/墀松赞／弃宗弄赞/弃苏农	公元569—650年

雅砻部族形成之标志——悉补野氏族首领成为雅砻部族之赞普聂赤赞普的时间，应该在公元前229年前后，时当中原战国末期（秦始皇十八年），象雄王国已经成为青藏高原各小邦的领袖，且雍仲本教（出现于公元前4世纪）已经成为象雄王国乃至青藏高原地区的主导意识形态。中原地区的冶铁技术较春秋时期出现大幅度进步，铁器成为农业、手工业的主要生产工具。[①]经过春秋战国时期的诸侯争霸和秦王朝的废封建立郡县，到汉武帝时期，以儒家道统为核心的集权官僚制度已经取代封建领主制成为中原王朝的主导社会形态。西汉王朝击溃匈奴，势力已经延伸到西域、西羌等地，丝绸之路开通。中原地区的统一强盛和对外交流，必将对藏族先民产生重要影响，对崛起中的悉补野雅砻部族的经济技术、经济发展与社会变革，乃至政治制度的建构和宗教文化都产生一定的影响。

二、作为一种经济要素的固定农业与藏南渔猎农耕经济区

在公元前3世纪的战国末期（秦始皇十八年），悉补野氏族所在的雅砻河谷地区出现首位赞普。考古资料显示，此时的拉萨河谷地区、雅砻河谷地区、藏北阿里地区以及藏东高山河谷地区已经有铜器、铁器和金银饰品，但以铜制品为主，且阿里地区的工艺和种类都优于河谷地区[②]。结合石器时代之考古资料[③]，可以看出青藏高原自4000年前进入新时期时代之后，生产生活方式并未发生太大变化，金属制品的传入并未引起藏族先民生产方式的变革，而是仅仅以饰品和少量兵器装点了藏族先民的生产生活。青藏高原仍处漫长的石器时代：藏南谷地已经出现固定农业，但采集渔猎的氏族生活仍占主要地位，渔猎农耕构成该地区的经济生活方式，而社会存在形式则或为氏族林立，或已成为以征战兼并为特征的小邦。藏北草原已进入细石器时代，游牧经济成为主导经济部门，奴隶制游牧部族象雄王国的势力范围已涵盖西起克什米尔，

① 宁可：《中国经济发展史》（第1册），北京：中国经济出版社，1999年版，第81页。
② 见本书第二章表2–2。
③ 见本书第一章第三节“藏族先民从采集渔猎经济向农耕游牧经济的转变”。

沿喜马拉雅山向东南延伸至今印度、尼泊尔地区，东达多康，北邻和田的大部分藏区，象雄部族所在之藏北草原成为从藏南渔猎农耕区分化出来并与之对立的游牧经济区。

与之对应，在人类早期的采集狩猎时代，各地各族的生产生活方式并没有什么大的不同，远古时期的藏族先民，与其他早期人类一样，“有中采集”自然中存在的可食动植物。在经历了漫长的游民生活之后，各种不同的生产方式才逐渐发展起来。由于以种植农作物和饲养牲畜为内容的固定农业能够大大改变人类的进步速度，因而常被称作“第一次经济革命”。这种农业革命何时出现于何地，既有偶然性，又有必然性。无论是自外习得，还是内部发育，从采集狩猎向农耕畜牧的过渡，总是带有一定的偶然性。技术出现不代表生产方式的改变，固定农业作为一种新型经济要素出现，也并不意味着藏族先民的生产方式实现了从游民向农耕的转变，生产方式是否转变还需一定条件。道格拉斯·诺斯在其《经济史上的结构和变革》中，为说明“第一次经济革命”，建立了一个比较静态模型，用来解释农业革命的产生条件（见图3-1）。我们可以借鉴诺斯的分析方法，并在此基础上进一步解释，定居农业作为一种经济要素之于藏南渔猎农耕生产方式，以及河谷定居农业与草原游牧经济在不同时期的生产生存能力。

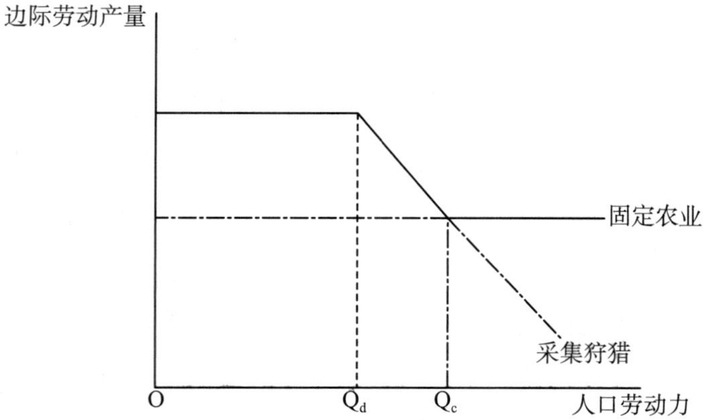

图3-1　从采集狩猎转向定居农业的条件[①]

① 道格拉斯·C.诺斯：《经济史上的结构和变革》，北京：商务印书馆，2016年版，第86页。

采集狩猎和定居农业的劳动边际产品决定了各个族群如何在两个部门之间分配其劳动：由于采集狩猎经济的资源存量由自然决定，因而在可供采集植物和可供渔猎的动物完全充足时，投入劳动增加，收获增大，边际产量不变；但当在采集狩猎部门投入的劳动量到达Q_d时，边际产量开始下降。假定土地足够，那么在固定农业部门，劳动单位增加而收益不变。实线部分所构成的曲线代表劳动的边际产值和可用劳动在两个部门之间的分配。若全部可用劳动没有到达Q_c，那么，人们不会选择将劳动转移到固定农业上。只有劳动人口增加到Q_c点，新增加的人口才会逐渐被分配于固定农业。也就是说，当渔猎劳动生产率下降到与农业生产率同等水平时，农耕经济才会产生；同时，农耕经济的出现并不意味着采集狩猎的消失，更不意味着固定农业取代渔猎经济成为主导。

考古资料显示，藏南谷地在4000年前的新石器时代就已经具有了固定农业，表明此时的青藏高原已经达到了产生固定农业的经济条件：随着劳动人口增加，采集狩猎经济生产率下降到了固定农业的生产率水平。但固定农业的出现并没有使其取代采集狩猎成为藏族先民的主导。“六牦牛部”联合而为雅砻部族，12位“放牧牲畜的少年”选择聂赤赞普“做他们的王”，诸如此类的传说都表明，虽然藏族先民在4000年前已经出现了固定农业，但直到公元前100年前后的西汉时期，初步形成的悉补野雅砻部族还以狩猎或放牧为主要生产方式。即到止贡赞普时期，作为狩猎或放牧重要因素的“当玛地方之母牦牛草场”“登列维尔湖水”仍然与“王畿地方之扎玛岩”[①]，共同构成雅砻部族最为关心的三大要素。因此，当雅砻部族形成之时，作为新增部门的农耕经济与其尚未完全取代的采集渔猎经济，共同构成了雅砻河谷经济生活的主要内容，形成藏南渔猎农耕区。固定农业作为一种新的经济要素出现，但其生产方式并未转向固定农业，而是从采集渔猎转向渔猎农耕生产方式。

① 王尧、陈践（译注）：《敦煌本吐蕃历史文书》（增订本），北京：民族出版社，1992年版，第167页。

三、作为一种生产方式的游牧经济与藏北游牧经济区

"狩猎劳动生产率下降，农业生产率上升，劳动力规模持续增长，这三种变化，单独或一起作用，导致人们从专一的猎人日渐转变为农民。"[1]有两种参数变动会改变固定农业产生的临界点，一是采集狩猎部门生产率普遍下降，边际劳动产量曲线左移（见图3-2），这种情况意味着族群生活水平的集体下降；二是固定农业生产率普遍上升，边际劳动产量曲线上移（见图3-2），意味着族群生活水平的提高。

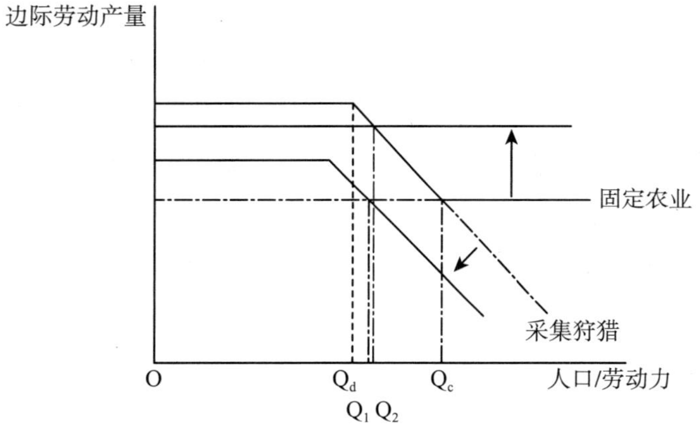

图3–2　不同条件下从采集狩猎经济向定居农业的转变

对于藏族先民来说，采集狩猎部门生产率普遍下降、固定农业生产率普遍上升的情况都没有率先出现，旧石器时代的河谷固定农业反而为他们向羌塘草原迁徙做好了准备。通过社会接触和人口迁徙，藏族先民把从藏南谷地定居农业区所驯养的牲畜、所形成的畜牧技术、所驯服的骑乘工具马匹，统统带进藏北草原，并因草原游牧和狩猎经济的需要，改进河谷农业区之旧石器为草原上的细石器，从而形成了生产率远超藏南早期河谷渔猎农耕的游牧生产方式。草原游牧业经济的劳动生产率出现大幅度提升，采集狩猎曲线上移（见图3-3）。

① 道格拉斯·C.诺斯：《经济史上的结构和变革》，北京：商务印书馆，2016年版，第88页。

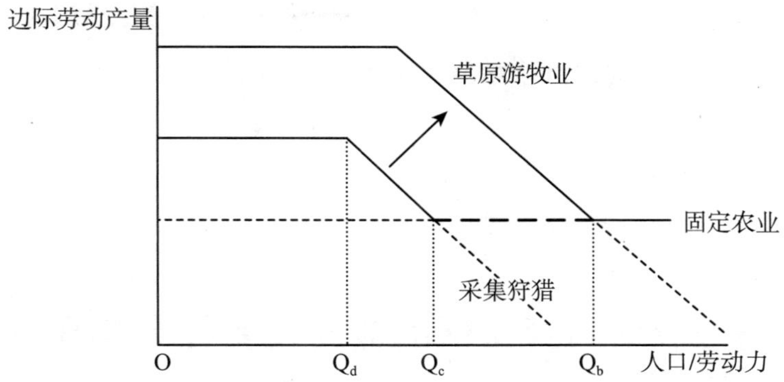

图3-3　游牧业生产率提高后可用劳动在两个部门之间的分配

在农业生产率不变的情况下，原本当劳动人口超过Q_c时，Q_c数量的劳动力会从事采集狩猎，总人口中除去Q_c之外的剩余人口则从游民转向定居农业。当人口足够多时，从事定居农业之人将超出从事采集狩猎之人，从而使定居农业逐渐占据主导地位。然而，事实上，早期定居农业的生产率水平往往达不到过量人口规模，狩猎经济也仍能保持相当高的劳动生产率，使定居农业虽然出现，但是很难占据主导地位。随着草原游牧业生产率上升，边际劳动产量曲线上移，原本Q_c之后的劳动力都会选择从事定居农业，现在Q_c—Q_b之间的劳动力又会选择从固定农业转向草原游牧业，而青藏高原上仅存的从事固定农业的人口仅仅在Q_b之外，这些人有多少很难判断。但游牧经济的出现及其较固定农业更高的生产率使得定居农业的吸引力更小却是肯定的。

在定居农业的生产率没有大幅提升的情形下，在广阔的藏北草原上，游牧经济的优势得以凸显。早期游牧部族象雄王国对青藏高原的首领地位表明，当时的河谷固定农业在生产力和综合实力上都难以与之较量，因为基于细石器文化的游牧经济是对基于旧石器文化的定居农业的进一步发展和在不同环境下的超越。因此，从生产方式的全面变革看来，青藏高原上的“第一次经济革命”不是由固定农业，而是由游牧经济来承担的。象雄部族所在的藏北游牧区形成了对于初期河谷固定农业具有绝对优势的劳动生产率。

然而，最终将青藏高原统一起来的并不是位于藏北游牧经济区的象雄部族，而是起家于雅砻河谷地区的悉补野雅砻部族。悉补野氏族从雅砻河流域的一个中心点，逐渐向外发展，先统一藏南适农区，进而兼并藏北草原游牧经济区。本章第二节旨在对此兼并过程进行系统梳理，第三节则旨在分析缘何位于藏南河谷区的雅砻部族承担起统一各部的任务。

第二节 雅砻部族对各经济区的兼并及其社会存在形式的演进过程

依照《敦煌吐蕃历史文献》《布敦佛教史》《红史》《西藏王统记》《西藏王臣记》《汉藏史集》《贤者喜宴》等古文献对各代吐蕃赞普的传说和事迹，辅之以考古成果，可粗略看到悉补野雅砻部族的历史全程。悉补野雅砻部族的形成得益于雅砻河谷的定居农业，随后统一藏南谷地的适农区，并将势力范围扩展至游牧地区。与对经济区的兼并过程同步进行的，是藏族先民合类性的发展过程，即社会存在形式的演进过程：从氏族联合体到雅砻部族，雅砻部族进一步扩展为吐蕃部族，进而发展为将象雄、苏毗纳为属部的部族联盟。这种演变过程以若干历史事件为标志和转折，可分为四个阶段：一是天赤七王时期，截止到止贡赞普被害，雅砻国灭，此阶段的雅砻部仅为一个带有母系氏族公社残余的氏族联合体，以渔猎农耕为生产方式；二是布代贡杰之后的悉补野吐蕃国时期，雅砻部族内部阶级关系确立，生产方式从渔猎农耕转向定居农业；三是达布聂西到松赞干布时期，统一吐蕃本部，雅砻部族拓展而为吐蕃部族；四是松赞干布征服象雄和苏毗等游牧部族，建立起兼具农耕和游牧生产方式的部族联盟。其中，布代贡杰及其大相茹拉杰时期，雅砻部族以金属工具的使用、河谷灌溉农业为内容的河谷定居农业生产方式，成为雅砻部族崛起并兼并各部统一吐蕃的关键。

一、悉补野雅砻部族：以悉补野氏族为核心的氏族联合体阶段

悉补野氏族在公元前100年前后的西汉早期，通过联合与兼并建立起雅

砻部族，悉补野氏族首领随之成为雅砻部族首位赞普。伏藏古籍《大王遗教》提到，“当四方国王各从一方向外扩张时，吐蕃尚无君主。在各处山岭和陡峭山崖建有保存衣物、食物、财宝的堡寨，但无法抵抗外来侵略。当时并没有统治者，如同缰绳松脱于马背”[①]。《敦煌吐蕃历史文献》则记载，聂赤赞普“降临雅砻地方，作雅砻大地之主”，是“来主宰吐蕃六牦牛部”。[②]因此，可推断雅砻部族最初是以六氏族的联合为基础而产生的，各氏族面对外来威胁，联合守卫衣物、食物、财宝，悉补野氏族的首领遂成为雅砻部族的赞普。《贤者喜宴》记载，聂赤赞普乃包括“洛、尼雅、穹、努、赛、波底”等“父民六族”在内的十二位本教智者“迎请而来为王”，说明聂赤赞普的产生很可能是十二氏族共同推选的结果，且十二氏族都有各自的本教。此时的雅砻颇具恩格斯所描述的美洲印第安人部落之特征，属于亲属氏族间的联盟。到止贡赞普时期，赞普所统领的氏族已经包括了“父王之属民所属‘父部九臣’，母后之属民所谓‘母部三支’”[③]。这与十二位智者迎请聂赤赞普为王的说法应该都源于早期雅砻部族由十二氏族共同构成的历史记忆。而且这种氏族联合体非常不稳定，乃至止贡赞普被杀，雅砻国灭。

早期雅砻部族甚至还带有很强的母系氏族公社残余特征，“天赤七王”（聂赤赞普——木赤赞普——丁赤赞普——索赤赞普——美赤赞普——达赤赞普——塞赤赞普）中，有六位赞普称号都冠以母亲名字。比如，木赤赞普的母亲为朗木木，丁赤赞普的母亲为萨丁丁，丁赤赞普与索陶陶之子为索赤赞普，索赤赞普与多美美之子为美赤赞普，美赤赞普与达季拉摩迦摩之子为达赤赞普，达赤赞普与塞季拉摩之子为塞赤赞普。[④]虽如此，父系的王位继承已经确立。正如马克思在《摩尔根〈古代社会〉一书摘要》中所说，“赋予氏族名称的祖先，就已经与时俱变了。当世系过渡到按男系计算以后或还早一些，动物的名称就不再用来标志氏族，而为个人的名字所取代。”因此，当该氏族以“悉补野”称呼本族时，从母系氏族向父系氏族的过渡已经完成或接

① 林冠群：《唐代吐蕃史研究》，台北：联经出版事业股份有限公司，2012年版，第174页。
② 王尧、陈践（译注）：《敦煌本吐蕃历史文书》（增订本），北京：民族出版社，1992年版，第173页。
③ 王尧、陈践（译注）：《敦煌本吐蕃历史文书》（增订本），北京：民族出版社，1992年版，第157页。
④ 五世达赖喇嘛：《西藏王臣记》，刘立千译，北京：民族出版社，2000年版第38页；巴卧·祖拉陈哇：“《贤者喜宴》摘译”，黄颢译，《西藏民族大学学报》1980年第4期，第10页。

近完成。只不过可能与其他氏族一样，悉补野氏族这一名称也“保存了其始祖的母亲的名称”。[①]甚至在经历了父系氏族公社进到雅砻部族之后，部族首领赞普之称号仍保留了以母亲名字命名的习惯。但无可否认，雅砻赞普世系遵循的是父系继承原则，并且，雅砻部族是由多个氏族共同构成的部族，而非单纯的父系氏族公社。

各种史籍中均有记载，止贡赞普喜欢令下属与之比武，并且“与‘父部九臣’和‘母部三支’皆成仇敌”，并被罗阿木达孜设计杀害于娘若香波，止贡赞普的尸体被抛到藏布大江之中，两个王子夏歧、聂歧也被流放于工布。后来，札氏之子茹拉杰寻回止贡赞普遗骸，去往工布寻找夏歧、聂歧，王弟聂歧是工布之王，负责祭祀先王遗骸；王兄夏歧则领兵三千三百而去，到达秦瓦堡寨后，声言“不居父王之地，地方龙均将逃逸散去；不住父王之故土，故土就如一蛀空的蟑螂虫”。后攻下罗阿木的娘若香波堡寨，关押了人众，劫走了牲畜。之后，返回秦瓦达堡寨，吟唱：“重来作父王故地之主矣！地方龙再不散矣！来到父王之古地矣，故土再不似蛀空之蟑螂虫矣！”夏歧因此重新成为雅砻之主，雅砻复国，国王夏歧，“在世时名为布代贡杰，逝世后名为章木南赛”。[②]说明当时雅砻部族的势力范围已经涵盖娘若香波、工布等地。止贡赞普被杀后，雅砻国灭，意味着原本被联合起来的“地方龙逃逸散去”，但是悉补野氏的势力并未完全消失，止贡赞普的两个儿子仍在工布掌握权力，且有一子为工布之王，因此，当时的雅砻政权确实只是一个很不稳定的氏族联合体，娘若香波的罗阿木达孜杀害止贡赞普后，并未取代他的位置成为新的赞普，而是使原属雅砻的各种氏族势力恢复到原来的分散局面。《汉藏史集》中提及，止贡赞普被罗阿木达孜杀害后，“以香都则古宫殿为首的国土都被罗阿木达孜占据”[③]，所以，也有可能罗阿木达孜取代了赞普的位置，罗阿木达孜被哈牙氏毒杀[④]后，雅砻部族才彻底解散。札氏作为悉补野氏的忠实

---

① 马克思：《摩尔根〈古代社会〉一书摘要》，北京：人民出版社，1978年版，第227页。

② 王尧、陈践（译注）：《敦煌本吐蕃历史文书》（增订本），北京：民族出版社，1992年版，第158页。

③ 达仓桑巴·班觉桑布：《汉藏史集》，陈庆英译，拉萨：西藏人民出版社，1986年版，第83页。

④《敦煌吐蕃历史文献》中有记载，哈牙氏设法将毛上涂有毒物的神犬遣送至罗阿木达孜近旁，达孜以手抚摸犬毛，于是毙命，止贡赞普之仇得报。后来又有札氏与哈牙氏交战的事情。因此，很有可能罗阿木氏、哈牙氏、札氏本都属于以悉补野氏为首领的雅砻部族，罗阿木达孜杀止贡赞普并取代其部族首领位置，罗阿木达孜有被哈牙氏杀害，雅砻部族陷入分裂混战的局面。后来札氏茹拉杰帮助悉补野氏复国。

盟友，或许二者具血缘或联姻关系的胞族也未可知，札氏之子茹拉杰帮助悉补野氏王子夏歧复国，使“地方龙不再散逸”，夏歧得以重新入主“父王之故地”，成为雅砻国王布代贡杰，茹拉杰也因此成为雅砻国之大相。

二、悉补野吐蕃国：农业革命及部族奴隶制

雅砻得名“吐蕃”或许源于布代贡杰时期。《汉藏史集》记载：“吐蕃，最初被称为有雪吐蕃之国；中间一段时期被神魔统治，被称为赭面之国；后来被称为悉补野吐蕃之国，是因为吐蕃之王止贡赞普的第二个儿子甲赤到了波窝扎托，作波窝之首领，后来他又被请回吐蕃地方，被委任为吐蕃之王，波窝地方也因此归入吐蕃管辖。悉补野吐蕃之国的称呼即由此而来。”[①]这与《敦煌吐蕃历史文献》中的记载有一定出入，但记载的明显是同一件事。被“流后放”到工布的止贡赞普之子夏歧（甲赤），后返回雅砻政权所在地，成为雅砻之主，工布正式归入吐蕃管辖。《汉藏史集》“吐蕃之王统”中又提到了止贡赞普有四子的说法：茹拉杰是止贡赞普被杀后才出生的小儿子，他的三个哥哥在止贡赞普被杀后一起逃亡工布。后来，长子夏赤成为工布地方的小王，被尊称为噶尔波；次子甲赤成为波窝扎托地方的小王，被尊称为布代贡杰；三子尼雅赤成为达布地方的小王，被尊称为尼雅尊王。茹拉杰想去寻回他们，但长子和次子都未接受邀请，只有二子甲赤接受迎请，成为吐蕃之王。之后有了悉补野吐蕃国的称呼。[②]如若茹拉杰也属悉补野氏，是止贡赞普之子，而被迎立为吐蕃之王的不必是长子的话，茹拉杰依托其寻回赞普遗体以及复国的功劳，本可以自己做赞普，没必要做大论，因此，四子说当不可信。不过，其中所体现出的，工布从此成为吐蕃一部分的说法以及复国后的国号为“悉补野吐蕃国”当可信。

被攻下的娘若香波正式归入吐蕃领地，并且原居娘若香波的罗阿木氏成员以及其他“能站立直行之人”成为吐蕃内部的集体奴隶，布代贡杰则成为

---

① 达仓宗巴·班觉桑布：《汉藏史集》，陈庆英译，拉萨：西藏人民出版社，1986年版，第14页。
② 达仓宗巴·班觉桑布：《汉藏史集》，陈庆英译，拉萨：西藏人民出版社，1986年版，第84页。

“站立直行之人众之主”[①]。“支起支锅石，安置铜锅”[②]以及“为王室筑墓”[③]，标志着悉补野氏在“吐蕃之国”的王权地位正式确立。如果说天赤七王时期的雅砻还仅是一个为了对抗外来入侵而联合而成的很不稳定的氏族联合体，那么，布代贡杰时期的雅砻当已成为具有明确君臣关系和主奴关系的部族，并取得了国号“悉补野吐蕃国”。悉补野氏成为稳定的王室家族；茹拉杰成为吐蕃国的第一位大相，札氏家族因茹拉杰及其子的大相地位而成为世袭贵族；以罗阿木氏为代表的奴隶阶级则成为吐蕃部族内部的重要组成部分。奴隶制部族政权，以王权和相权的分离以及固定化、世袭化为标志，在悉补野雅砻国正式确立。王权和显贵的世袭又促进了财产的积累和差距扩大，家族逐渐变成一种与氏族对立的力量，对社会形态产生反作用：“奴隶制起初虽然仅限于俘虏，但已开辟了奴役同部落人甚至同氏族人的前景；古代部落对部落的战争，逐渐蜕变为为攫取家畜、奴隶和财宝而不断进行的抢劫，变为一种正常的营生。”[④]

从上丁二王时代开始，更准确地说，是从布代贡杰时期开始，悉补野吐蕃国的部族奴隶制以及相应的奴隶制政权已经形成，此后，这一政权，即“这样一个机关，它不仅可以保障单个人新获得的财富不受氏族制度的共产制传统侵犯，不仅可以使以前被轻视的私有财产神圣化，并宣布这种神圣化是整个人类社会的最高目的，而且还会给不断加速的财富积累，盖上社会普遍承认的印章；它不仅可以使正在开始的社会划分为阶级的现象永久化，而且可以使有产阶级剥削无产者的权利以及前者对后者的统治永久化”[⑤]，逐渐完善。为巩固奴隶制部族政权及阶级统治，布代贡杰“输入辛饶之本教，修建青瓦达孜宫”；大相茹拉杰与其子拉茹果噶“创兴挖渠灌溉，开荒种植，熔冶矿石”。[⑥]悉补野吐蕃国基本完成了从与游牧、狩猎无本质区别的逐水草而居之游农向定居农业的转变，将固定农业从一种从属于渔猎经济的经济要素，上升为居主导地位的生产方式。雅砻部族也从一个松散的氏族联合体彻底进展为以雅砻河谷地域为纽带的雅砻部族，固定农业逐渐成为雅砻部族的主导经济部门。正是定居农业的先进性使得悉补野雅砻部族具备了能够统一青藏

①② 王尧、陈践（译注）：《敦煌本吐蕃历史文书》（增订本），北京：民族出版社，1992年版，第158页。
③ “为止贡赞普筑墓，是为筑墓之始。”引自《西藏王臣记》，第10页。
④⑤ 恩格斯：《家庭、私有制和国家的起源》，载《马克思恩格斯选集》（第4卷），北京：人民出版社，1995年版，第106页。
⑥ 五世达赖喇嘛：《西藏王臣记》，刘立千译，北京：民族出版社，2000年版，第10页。

高原的经济基础。有了定居农业就有了城邑，有了国家制度，有了文化积淀，从父系氏族社会向金属时代和国家的过渡完成了，此后数代都是这种基本制度的巩固和扩展。

三、吐蕃部族：对雅鲁藏布江流域河谷农业区的统一

随着经济实力的增强和部族内部的稳定，雅砻部族开始了向外扩张，当然，这种兼并扩张从聂赤赞普已经开始了。《汉藏史集》记载，聂赤赞普已经“征服松巴的并木波、阿龙杰”[①]，布代贡杰和茹拉杰在为止贡赞普复仇和雅砻复国的过程中，直接间接征服了娘若香波和工布，使其成为悉补野吐蕃国的直接辖土和附属臣部。但此时的征服和扩张带有很强的复仇和自卫性质，还没有变成“一种正常的营生”。然而，随着生产力的发展以及私有制和奴隶制的驱动，土地和人口对于各部族越发重要，各部族之间的兼并战争成为无可阻挡的趋势。小邦时代各杰琛的联合与兼并成为此一时代的主流。悉补野吐蕃国依托其王权相权体制，以“天神后代”的名义，在这种联合与兼并中逐渐崛起，成为青藏高原农耕区的主要势力。

在各小邦的征战与兼并过程中，许多小邦被消灭，许多小邦以联盟的形式附属于更强势力，许多小邦在兼并战争中相继崛起，成为青藏高原上的支配势力。就悉补野氏族来说，自布代贡杰时期（公元前65年前后）便剿灭娘若香波，收服工布，确立了“悉补野吐蕃之国”的势力范围，形成了围绕雅鲁藏布江南侧支流雅砻河流域的雅砻部族。到松赞干布之祖父达布聂西、之父朗日伦赞时期，“大相蒙·赤多日芒策布，征服并剿灭藏蕃之小王马尔门”[②]，后逐步收服同处雅鲁藏布江南岸的达布，[③]使其成为重要盟友。悉补野雅砻政权基本实现了对雅鲁藏布江南侧的统一。

与此同时，位于雅鲁藏布江北侧最大支流拉萨河流域，两小邦森波杰达

① 达仓桑巴·班觉桑布：《汉藏史集》，陈庆英译，拉萨：西藏人民出版社，1986年版，第82页。
② 王尧、陈践（译注）：《敦煌本吐蕃历史文书》（增订本），北京：民族出版社，1992年版，第159页。
③ 林冠群：《唐代吐蕃史研究》，台北：联经出版事业股份有限公司，2012年版，第158页。

甲吾和森波杰赤邦松在兼并其余各小邦的过程中逐渐发展壮大，随后，森波杰赤邦松统一拉萨河流域。至此，藏南谷地的农耕区，以雅鲁藏布江为界，仅余“悉补野吐蕃国”和“森波杰岩波国”[①]两大势力。因森波杰赤邦松处事不公，森波杰岩波国内部的娘氏、韦氏、农氏、蔡邦氏共同盟誓，决意“归心于雅鲁藏布江对岸的赞普悉补野氏”。悉补野吐蕃在处理与其他政权的关系时，一直奉行“一面联姻结好，一面又交兵征战”[②]的策略，这在与森波杰、与象雄的联姻中都有体现。当岩波之臣“娘氏、韦氏、农氏以蔡邦纳森为使者向悉补野达布聂西输诚”时，达布聂西正“有一妹，嫁在森波杰之侧”，达布聂西仍接受娘氏等的投诚，准备发兵攻打森波杰。不过“尚未发兵之际，达布聂西升遐”，统一雅鲁藏布江适农区的任务落到朗日松赞手中。朗日松赞不负所望，“亲率精兵万人”，远征并攻破森波杰岩波国，“改岩波之地名为彭域”，并获得“天山赞普”称号。[③]悉补野吐蕃国基本完成了对藏南谷地农耕区的兼并，实现了吐蕃本部的统一，通过“执划地界之鞭分勋臣”，将藏南谷地各个族群统一纳入悉补野吐蕃国直接管辖，从而将围绕雅鲁藏布江南侧支流雅砻河流域的雅砻部族扩展为以整个藏南谷地为地域纽带的吐蕃部族。因其地理环境和生产方式的差异，位于草原游牧地区的象雄和苏毗，则被视为异域异族。

四、初级吐蕃部族联盟：征服苏毗、象雄等游牧部族

朗日松赞时期（公元522—561年）的悉补野吐蕃国统一了藏南谷地的农耕区，并通过“执划地界之鞭分勋臣”，使吐蕃部族出现了从“慑服异部族，使其表示服从”转向“打破异部族，改立自己的人为首领”的封建部盟制因素。[④]不过，这种封建部盟制因素还仅仅是兼并过程的伴随现象，因此还不稳固。领土的扩张与制度改革的迟缓产生了巨大的矛盾，因领土扩张中不同氏族所做贡献不同，新旧贵族在分封土地和奴隶以及在吐蕃国任职官位分配

---

① 见第二章“表2-1 文献记载的吐蕃统一前各小邦”。
② 王尧、陈践（译注）：《敦煌本吐蕃历史文书》（增订本），北京：民族出版社，1992年版，第167页。
③ 王尧、陈践（译注）：《敦煌本吐蕃历史文书》（增订本），北京：民族出版社，1992年版，第159—161页。
④ 吕思勉：《中国通史》，北京：群言出版社，2015年版，第46页。

上出现分歧，"朗日伦赞被进毒遇弑而薨逝，王子松赞干布幼年亲政，父王所属民庶心怀怨望，母后所属民庶公开叛离"。[①]由于从氏族联合体向部族奴隶制的过渡已经完成，除了悉补野雅砻部族，并没有其他部族能够重新将分散在雅鲁藏布江流域的各氏族联合起来，而各氏族和小邦之间的矛盾并未因其叛离赞普悉补野而消除，悉补野氏族仍然是最强大的势力。松赞干布即位后，对进毒者进行了灭族，"叛离之民庶复归辖治之下"。虽然《敦煌吐蕃文献》中记载，在朗日松赞时期，吐蕃已经收服异族苏毗和象雄，朗日松赞被杀后，"外戚如象雄（羊同）、犛牛苏毗，聂尼达布、工布、娘布等均公开叛变"。但对苏毗和象雄等游牧部族的收服事业应当是在松赞干布时期完成的。以农耕区的人口和生产力优势为基础，依托藏南农耕区在青藏高原的交通区位、地缘政治优势，起家于雅砻河谷地区的悉补野吐蕃王国进一步向外扩张，并依次征服历来被散布于雅鲁藏布江流域小邦视为异域异族的游牧部族：苏毗和象雄。

首先是对苏毗的征服。苏毗，原本为十二小邦之一，后来在吐蕃王朝中地位显赫的朗氏家族就来源于苏毗。[②]从苏毗部族的崛起切断了中象雄（阿里地区）与外象雄（康区）的联系看来，未崛起之前苏毗部族与雅砻部族一样，原本归象雄王国统辖。随着兼并战争的进行，苏毗势力范围不断扩大。根据被吐蕃征服并设立的"孙波茹"覆盖范围看来，苏毗大体位于金沙江上游及唐古拉山两侧的高原地区，"西与羊同接壤，南隔念青唐古拉山与雅鲁藏布江支流拉萨河谷地区相望，东南及横断山脉，北接吐谷浑，东北与多弥[③]交界"[④]。《文献通考》中也提到了苏毗的势力范围，"东与多弥接，西距鹘莽硖，户三万"[⑤]。苏毗与象雄一道，覆盖了藏北草原牧场，是藏南河谷地区北出青海，东出康区的重要通道。悉补野吐蕃国征服拉萨河谷地带之森波杰岩波政权之后，必将展开与东北侧之苏毗国的较量。松赞干布即位后，"大相娘·莽布支尚囊受命收抚苏毗诸部，归于治下。"[⑥]吐蕃对苏毗的征服方式和对雅鲁藏

---

① 王尧、陈践（译注）：《敦煌本吐蕃历史文书》（增订本），北京：民族出版社，1992年版，第165页。
② 见第二章"表2-1 文献记载的吐蕃统一前各小邦"。
③ 多弥指黄河以西、金沙江以东的今青海玉树藏族自治州、果洛藏族自治州等区域。见才让：《吐蕃史稿》，兰州：甘肃人民出版社，2010年版，第25页。
④ 林冠群：《唐代吐蕃史研究》，台北：联经出版事业股份有限公司，2012年版，第157页。
⑤［宋元］马端临：《文献通考》卷335《四裔考·十二·苏毗》。
⑥ 王尧、陈践（译注）：《敦煌本吐蕃历史文书》（增订本），北京：民族出版社，1992年版，第159页。

布江谷地的征服方式不尽相同，如果说后者是“剿灭”式，那么前者就是“招安”式：“娘·莽布支尚囊以智谋使得人马均不受损伤而征抚敌部，征其赋税，有如种羊领群之方法，以舌剑唇枪抚服庶民百姓如同对本部民户”[①]。可见，悉补野吐蕃国对河谷地区取得了直接的统治权，而对苏毗等游牧部族则以属部对待，“征其赋税”而非令其为奴，这是部族形成稳定之后，吐蕃部族开始向部族联盟过渡的体现，这种统治方式在吐蕃王朝的制度改革中也得到了一定的保留。

苏毗的崛起不仅使本部族脱离象雄控制，并且切断了中象雄和外象雄的联系。悉补野吐蕃国崛起后，则进一步动摇了象雄延续数世纪的中心地位，使象雄成为吐蕃王朝的一个下属部族。在处理与象雄王国的关系时，吐蕃仍然奉行“一方面与象雄王子联姻结好，一方面又公开交兵征战”的策略。松赞干布之妹“赞蒙赛玛噶往象雄作李迷夏之王妃”，因赞蒙与李迷夏不合，松赞干布还遣使劝说其妹，“谓如此有碍政事”，不应如此。赞蒙不愿，并托使臣将所唱赞歌和礼物松耳石、女帽转达松赞干布。松赞干布了解了其中意谓：“若敢于攻打李迷夏，则佩戴松耳石；若不敢进击，则懦怯如妇人，着女帽可也。”松赞干布于是下令发兵，攻打象雄之王，统揽其国政，将象雄部众均收为编氓，归于吐蕃治下。[②]从这段记载看来，当时的吐蕃在名义上应当还以象雄为尊，归象雄统治。象雄王李迷夏公然对吐蕃赞普妹妹赞蒙不公，仅钟爱“墟格妃”，而对赞蒙不加理睬；虽如此，松赞干布也只能去劝说其妹不能气愤，而要“钟爱李迷夏王，为其整治内务，并养育子女”，以换取吐蕃“政事”的顺利；赞蒙的回礼则暗示了松赞干布必须有足够的勇气才敢攻打李迷夏。据此看来，松赞干布时期的悉补野吐蕃国虽已足够强大，但在名义上仍然以象雄为首领，这在一定程度上也证实了象雄势力范围早已覆盖青藏高原的设想。松赞干布灭象雄王室李迷夏后，象雄部族沦为吐蕃部族的附属。自此，吐蕃取代了象雄，将其势力范围扩展到了青藏高原全区，甚至进一步向南、向北、向西“征服天竺、突厥以及西方尼雅秀等诸王”。[③]形成了以雅砻河谷、拉萨河谷为政治经济中心，涵盖藏北象雄草原、苏毗草原等游牧地区的强大部族联盟。

---

① 王尧、陈践（译注）：《敦煌本吐蕃历史文书》（增订本），北京：民族出版社，1992年版，第159页。
② 王尧、陈践（译注）：《敦煌本吐蕃历史文书》（增订本），北京：民族出版社，1992年版，第167页。
③ 巴卧·祖拉陈哇：“《贤者喜宴》摘译”，黄颢译，《西藏民族大学学报》1980年第4期，第48页。

五、吐蕃部族的本教兴衰

佛教传入藏区之前，藏族先民普遍信奉本教。作为藏地先民的原始宗教，本教在本质上是一种对万物的图腾意识或诸神崇拜。本教作为沟通人类和诸神的中介，成为人们崇拜和敬重的对象。聂赤赞普时期，悉补野部就从象雄等地迎请本教上师并以本教立国，而聂赤赞普被奉为赞普的过程本身就体现了本教徒的作用。“尽管各藏文史籍对聂赤赞普身世来历之记载各不相同，但它们在记述聂赤赞普被十二位本教徒（或曰‘智者’）抬于肩上迎奉为王这一情节上却表现了非常惊人的一致。”[①]无论是作为吐蕃六牦牛部，即赞普“父民六族”之联合，还是作为“父部九臣”与“母部三支”的十二氏族联合，聂赤赞普都是在十二位本教智者的迎请和拥戴下登上赞普之位的，因此，本教神权不仅在联合为雅砻部族之前的六氏族或十二氏族中已经取得支配地位，即成为诸神崇拜中被各氏族神化的首领，并且雅砻部族及其赞普王权的产生仍然受到本教观念和本教徒的支配，将悉补野赞普描述为“天神之子”，更像是多神中的一神被赋予某种更高的神圣性，但这种神圣性是由其他诸神共同赋予的，因此，其对其他诸神的依赖性远多于支配性，这与当时不稳定的氏族联合体形态是统一的。天赤七王时期的史料记载都显示了赞普王权与本教神权的高度结合，以本教治国，广建本教神堂，甚至出现“辛本同治”，乃至“将辛置于王者之上”等本教支配赞普王权的情况。[②]

止贡赞普与“父部九臣”和“母部三支”，即部族首领与各氏族首领的矛盾，在雅砻部族打压本教事件中得到集中爆发。本教法师的地位在止贡赞普时期急剧上升，从而进一步威胁赞普王权，出现了“未有辛言词，国王不降旨，未有辛歌舞，王臣不受歌舞”[③]的局面，因此止贡赞普下令灭本。灭本的举措不仅是对本教的打击，更是对各氏族势力的打击，止贡赞普与“父部九臣”和“母部三支”皆成仇敌与其灭本应该有直接关系。洛昂达孜也很有可

---

① 石硕：《吐蕃政教关系史》，成都：四川人民出版社，2000年版，第37页。
② 辛，赞普身边的本教法师。石硕：《吐蕃政教关系史》，成都：四川人民出版社，2000年版，第49页。
③ 恰白·次旦平措等：《西藏通史——松石宝串》，陈庆英等译，拉萨：西藏古籍出版社，1996年版，第28页。

能是在本教支持下杀死止贡赞普并夺权的。止贡赞普时期的灭本行动在很大程度上体现的是雅砻部族首领与各氏族首领矛盾的集中爆发。

布代贡杰时期，由于铁器的使用和定居农业的发展，雅砻社会取得了的很大进步，王权与相权的结合，使本教的神权从支配甚至控制王权的地位，下降为被王权用来凝聚部族的工具。这在赞普死后出路的差异上表现明显，《西藏王臣记》《西藏王统记》等史籍都重点详细记录了从止贡赞普开始的赞普陵墓地点。天赤七王时期，“赞普具有发光的天绳，当儿子能够骑马时，父王就用天绳返回天空，不留遗骸在人间”[①]。这在一方面体现了本教神权赋予赞普王权的神圣性，另一方面又表现出王权对本教神权的依赖以及神权对王权的控制，只要儿子能够骑马（一般是13岁），父亲就要按照本教教义“飞升天界”，这样就很容易造成辛本控制政权的局面。止贡赞普与洛昂达孜决斗“将天绳砍断，将天梯放倒”[②]，可看作其灭本行为，也可看作本教徒因其灭本而否认其神圣性。止贡赞普尸体被抛到藏布大江之中，后被茹杰拉寻回，并建造陵墓将其安葬，“天赤七王无有坟墓，中定二王时期有了坟墓”，之后各代赞普的陵墓更加隆重，从“状如帐篷、没有装饰的平土堆”逐渐发展到“有装饰和祭祀所用的建筑”[③]，说明了王权相对神权的提高。对祖先的崇拜融入本教之中，虽然本教法师仍然负责祭祀、葬礼等活动的主持，但已经不是王权的主导，而成为王权的辅助了。布代贡杰时期从象雄引入的雍仲本教符合这种趋势，相对原始本教的众神平等而言，“教义更为严密、体系更为完整、仪轨礼制更加趋于制度化”[④]的雍仲本教，将各种图腾或诸神都纳入同一体系当中，显然更有利于凸显赞普王权对氏族的统领作用和优越性。随着雅砻部族扩张为吐蕃部族联盟，悉补野王室之天神，相对于其他部族或氏族之神，始终具有中心地位。因此，虽然史籍称“从聂赤赞普至囊日松赞三十一代均以本教之国”[⑤]，然而，本教内容的演变却是鲜明的，本教的发展过程反映的正是从氏族联合体向雅砻部族演变，从雅砻部族扩展为吐蕃部族联盟，以及吐蕃王室权力不断增强的合类性发展过程。

---

① 达仓桑巴·班觉桑布:《汉藏史集》，陈庆英译，拉萨：西藏人民出版社，1986年版，第82页。
② 王尧、陈践（译注）:《敦煌本吐蕃历史文书》（增订本），北京：民族出版社，1992年版，第157页。
③ 五世达赖喇嘛:《西藏王臣记》，刘立千译，北京：民族出版社，2000年版，第10—11页。
④ 霍巍:“论古代象雄与象雄文明”，《西藏研究》1997年第3期，52页。
⑤ 石硕:《吐蕃政教关系史》，成都：四川人民出版社，2000年版，第83页。

第三节
河谷定居农业是吐蕃部族统一青藏高原的经济实力基础

悉补野氏族首先将雅砻河流域的诸氏族联合起来，形成雅砻河流域之氏族联合体；后将雅砻河流域的其他氏族或小部族兼并，并将雅砻东侧之工布、娘布、达布收为属部，从而统一雅砻河流域，形成悉补野雅砻部族；随后向西兼并年楚河流域的娘若等部，从而基本统一了雅鲁藏布江南岸，然后渡过雅鲁藏布江，攻破拉萨河流域之森波杰岩波，实现了雅鲁藏布江流域适农区的统一，将雅垄部族拓展为吐蕃部族；之后，向东向北扩张，收服苏毗国，向西向北扩张，攻破象雄国，从而将青藏高原之北方游牧地区纳入辖域，形成吐蕃部族联盟；如此，基本实现了青藏高原之统一。随后吐蕃王国继续扩大自己的边界，逐渐兼并或收服多弥、党项、白兰等部族，并与西北的突厥、南部的天竺，尤其是东北的中原王朝进行更直接的交流。在相当长的时间内，与中原王朝争夺位于高原东北侧之河湟谷地，成为吐蕃军事扩张的重点，吐谷浑因而成为两方势力较量的焦点。在悉补野雅砻部族崛起和扩张的过程中，始终有河谷农业区，或者为其军事扩张提供充足的粮草和兵源，或者成为其进一步争夺的目标；与之相对，比悉补野雅砻部族兴起更早、势力范围更广的象雄、苏毗等部，最后只能“为吐蕃所并”。究其原因，河谷农业区在青藏高原上的独特区位优势和河谷定居农业相对于游牧部族的财富积累和人口积累能力，共同成就了起源于雅砻河谷之吐蕃部族。

一、雅鲁藏布江流域的地理区位与经济区位优势

位于中国西南部的青藏高原在中国边疆之中独具特性，以其高原和高山

将中国和印度分隔开来，而独特的地形地貌和海拔又使得青藏高原成为一个相对独立的地理单元。当处原始社会之时，各地氏族和小邦各自为政，相互之间鲜有交流。各地游民顺江而动，寻求适宜生存发展的地域。随着生产能力的提高以及与外界交流的增加，以采集狩猎为生的游民总会在恰当的时机转向定居农牧业生活，从而进入以地域为纽带的小邦时代。人类要维持生存，必须和自然斗争，一个人的力量总是不够的，因此要某个族群合力分工进行。范围越大，分工越容易发展，人们所得利益也会随之增加，因此，族群的范围必然会逐渐扩大。为了扩大范围，敌对战争的状态就难以避免。分立各地的族群就从原来的无关系进展到有关系，各地之间的融合与交流逐渐扩大，这是青藏高原实现统一的第一步。而小邦之间的征战兼并，开疆拓土，则使青藏高原的统一进入第二步。谁能最终实现这种统一，则需要具备一定的条件，谁能占据适合作为中心的地带，并具备充足的国力以提供战争所需要的粮草和兵源，谁才有可能完成这统一的第三步。

对于古代社会变动中统一分裂力量的来源问题，最经典的作品，依然是1936年冀朝鼎的《中国历史上基本经济区与水利事业的发展》[①]。作者通过对中国古代水利事业发展过程的考察，确立了“基本经济区”这一概念，并以此为基础解释中国古代封建大一统和中央集权的形成和稳固问题。[②]雅砻部族崛起并统一青藏高原、建立吐蕃王朝的原因，在一定程度上符合这种解释，但又有其显著特点。

按照地理环境和地域特点，可以将青藏高原划分为藏南谷地、藏北高原、藏东高山河谷三大经济地理区域，最后成功将青藏高原统一起来的是来自藏南谷地的悉补野雅砻部族。藏北高原占据了青藏高原的大部，名为高原，实则是群山及由群山包围和切割的原地，由于雨水被阻挡在四周的群山之外，因此寒冷干燥，不适宜农耕，但广阔的羌塘草原为放牧和游猎提供了可能。然而，“羌塘草原很少有能与蒙古相比的草原，其每一片草地几乎都可以由一条或数条切开西藏边缘山地的河谷进入”[③]。与之相反，蒙古草原在面对定居农

---

① 冀朝鼎：《中国历史上的基本经济区与水利事业的发展》，朱诗鳌译，北京：中国社会科学出版社，1998年版。
② 王耕今、高山：“中国历史上的基本经济区和水利”，《读书》，1982年第8期，第29—35页。
③ 拉铁摩尔：《中国的亚洲内陆边疆》，南京：江苏人民出版社，2005年版，第143页。

业已经高度发展的中原地区时，选择发展了可以与中原灌溉农业区分庭抗礼的草原畜牧经济。自从在黄河中游地带发展出超越原始游农的定居农业，华夏族的祖先就以此为中心向黄土高原和华北平原扩展，这种扩展更多是一种生产方式的同化，而大片的黄土高原和华北平原都允许这种生产方式的同化，使一切适宜定居灌溉农业的地区，都从原始的采集渔猎等游农式生产方式，过渡为定居灌溉农业。虽然适农区和非适农区的差异很大，但并没有明显的界限，游牧民族与农耕民族得以在中间地带长期争夺拉锯，但在中间地带的两侧，却是鲜明的草原游牧社会和定居农业社会的分立。

羌塘草原完全不同于蒙古草原。由于被群山不断切割成块，他们自身很难形成一个完整的社会；由于被众多河谷纵深切入，藏南谷地、藏东高山河谷乃至中原王朝，甚至印度，都可以通过河谷，分别与之接触。散布在羌塘高原的小部落，有可能会臣服于同一个强大政权，比如早期的象雄或者后来的吐蕃王朝；一当小邦之间的兼并扩张战争开始，高原上隔山、隔谷的部落之间联合与兼并的可能性远远小于他们分别与各河谷定居区联合的机会。因此，羌塘高原虽然广阔，但很难形成统一青藏高原的势力，因为他们自身都很难实现统一。对象雄的臣服并未使高原内部产生实质性的联系，反而维持了各自为政的局面；苏毗将象雄从中切断为大羊同和小羊同，也可以看作草原部族依旧松散的例证。起源于金沙江上游及唐古拉山两侧的苏毗游牧部族，虽然与羌塘草原连成一片，但其地域范围更多集中在藏东高山河谷地区的北部山地高原，其崛起只是将象雄势力范围从中切断，但它自身并没有能力，也没有条件，向西翻山跨谷，消灭象雄王国，统一藏北草原游牧世界。这种统一必须由河谷地区的力量来完成。

青藏高原上可供农耕的土地集中于高山河谷地带，他们很少成片，而是散布于雅鲁藏布江流域的藏南谷地和雅鲁藏布江东侧尾端的横断山区，从而形成一个弧形，镶嵌在青藏高原的南部和东部。这种散落在高山之间的河谷农业区，与中原王朝的定居农耕区有很大不同。美国汉学家欧文·拉铁摩尔在《中国的亚洲内陆边疆》中，将藏区的河谷农业区描述为“一种被山岭而不是沙漠包围的绿洲”[①]，是比较恰当的。正如沙漠中的绿洲一样，由于独特的

① 拉铁摩尔：《中国的亚洲内陆边疆》，南京：江苏人民出版社，2005年版，第146页。

地形地貌和地理位置，藏南河谷的地理区位逐渐转化为经济区位，形成了青藏高原上的河谷农业区对草原游牧区的明显经济优势。而且，“藏区的大部分河谷，比中亚开阔的绿洲更易于抵御游牧民族的攻击，因此，河谷成为权力与财富的中心，其北部和西部的游牧部落不可能脱离河谷部落而成为独立的草原势力，而只能在他们手下放牧牲畜。只有黄河上游的果洛族具有这种独立性质，但他们对于藏区河谷的独立，还是靠着与已经转型定居农耕生产方式的甘肃撒拉族的同盟”①。

同时，青藏高原的河谷农业区与草原游牧区又不同于沙漠中或沙漠周围的绿洲。与新疆中部的盆地及其周围的绿洲相比，青藏高原中部隆起的高地及其周围的河谷更具联络性和流动性，虽然“在藏区交通线上的移动极为缓慢”，但并不妨碍河谷农业区拥有附属性的游牧部落，而“边缘上的游牧经济，一方面使在各个河谷聚集的定居经济产生各自的差异，另一方面又维持着其间的交通”。与中亚被沙漠包围的开阔绿洲相比，“藏区各个分离的社会在内部结构上并不统一，除了因农业以外的畜牧副业造成的差异，灌溉及非灌溉农业之间也存在若干差异，即在拉萨河谷，两种农业也是交错分布的。”这种比沙漠周围的绿洲更具联络性，比沙漠中心的绿洲更具分散性的独特地理特征，使拉萨河谷地区有了无可替代的作用。如果需要某个中心将青藏高原上的草原游牧地区与河谷农业区统一起来，这个中心只能是拉萨河谷：“拉萨地区便于与许多农业地区联系，它又处在农业集中区与外围牧场之间，更重要的是，他是北面的中原内地与西部阿里高原的转接点，所以成为整个藏区的重心”②。

因此，青藏高原要么处于各自为政的分散局面；若要统一，或者有一个更高的政权想将其作为一个统一的行政区，这个中心只能是拉萨河谷农业区。无论是内部力量还是更高的外部力量介入，只有能够掌控拉萨河谷或者占领拉萨河谷者才有可能实现统一青藏高原的历史任务，吐蕃王朝的建立者，悉补野氏族与再次统一吐蕃全境的蒙古族都符合这一原则。吐蕃王朝建立后所设四茹之伍茹（今拉萨市辖区）、腰茹（今山南地区）合称“卫（指中央、中

①② 拉铁摩尔：《中国的亚洲内陆边疆》，南京：江苏人民出版社，2005年版，第146页。

心）"，也表明了拉萨河谷的这种中心地位。总之，谁占据了拉萨河谷，谁才有可能统一青藏高原。

然而，在河谷农业区之悉补野雅砻部族统一吐蕃之前，是其都城位于阿里地区的游牧部族象雄王国率先实现了对青藏高原的形式统一。在悉补野雅砻部族占领拉萨之前，也已有森波杰岩波国统一了拉萨河流域。可是最后胜出是悉补野吐蕃国，原因何在？

二、初期河谷适农区在青藏高原的经济地位

藏文史籍中多次提到的森波杰达甲吾、森波杰墀邦松以及悉补野吐蕃国的较量中，谁能获胜在很大程度上取决于各个大家氏族的支持。森波杰达甲吾的无道使得众多家臣对其不满，大家臣念氏的背离并转而支持森波杰墀邦松的行为，直接瓦解了森波杰达甲吾政权，以森波杰墀邦松为首领的森波杰岩波国于是统一拉萨河流域。森波杰墀邦松的家臣娘氏、韦氏等背离森波杰墀邦松转而效忠悉补野赞普并助其灭森波杰岩波国，又直接导致了悉补野雅砻国统一藏南谷地。因此，家臣氏族的支持是当时取胜的关键。这一时期的雅鲁藏布江流域，已从小邦奴隶制进入类似西欧中世纪的封建领主制阶段，家臣氏族通过盟誓的方式向王室宣誓效忠，只不过没有西欧封建领主制那种层层领主，只有王室和家臣氏族两层，王室家族和家臣氏族都有自己的领地和军队。与家臣氏族相比，王室家族只不过是拥有更多领地和更强势力的领主，在处理战争、行政等事宜时，须有家臣氏族的支持。因此，此时王室的品行作风都有可能威胁此部族联盟的存在。森波杰达甲吾、森波杰墀邦松都因行事无道和处事不公被家臣背弃，从而瓦解了以其为首领的部族联盟，而悉补野吐蕃国，历届赞普都赏罚分明，又以"天神下凡"名义统领各族，因此受到拥戴。

军事斗争的胜利，绝不仅仅取决于王室的德行与其他大家氏族的配合，悉补野雅砻部的自身实力才是根本。这种实力首先就体现在兵力上，悉补野雅砻部族在远征森波杰岩波国之时，除了"弟伦果尔与母东宗二人驻守本土"的士兵，赞普朗日松赞还"亲率精兵万人"，这对于当时的各族各邦来说已是

非常强大的势力。在中原地区，“春秋时，各国用兵不过数万”[①]，到了战国时期，尤其秦国商鞅变法后，封建领主制向中央集权官僚制过渡时，集权国家才有了较多兵力及不同兵种。为了远征，除了充足的兵力，还需要足够的粮草供给。在还未到达森波杰岩波，尚不能就地劫掠之前，士兵和战马的粮草都需要雅砻部族自给。因此，是否能够形成为其提供兵源和粮草的生产力，是远征得以成功的必要保障。统一藏南谷地之后，继续征服游牧部族仍然需要人口和财富。灌溉农业是这一时期最有利于人口和财富积累的生产方式，没有灌溉农业的地区，特别是在雨量稀少且不稳定的地区，能够形成的只能是比较分散的经济和人口。

虽然象雄王国远在公元前就已建立奴隶制部族王国，但那仅仅是因为“内象雄”克什米尔的灌溉农业为其提供了充足的人口和军粮，更重要的是，那时的藏南谷地还没有发展出与其同水平的灌溉农业。在上丁二王时代之前，藏南谷地虽已具有固定农业，但以石器为生产工具的固定农业并未取代采集狩猎成为藏族先民的主导。这在一定程度上说明，当时依靠农耕经济之生产率所获得的产品还远未超过渔猎经济，当时的藏南谷地虽为适农区，但还远非河谷定居农业区，而仅仅是渔猎农耕经济区。更重要的是，以定居农业为出发点，以细石器为主要工具，运用并超越定居农业区之农牧业技术的草原游牧经济，将狩猎转向游牧，从而取得了不仅超越农耕经济，而且远超采集狩猎的生产率。因之，象雄部族所在的藏北游牧区，形成了对河谷适农区的绝对优势。无论是劳动生产能力、财富积累能力，还是对劳动力人口的吸引能力，当时游牧经济区都远在河谷适农区之上。因此，与散布在雅鲁藏布江流域各个小邦相比，被视为异域异族的游牧势力象雄部族，率先实现了对青藏高原的形式统一。悉补野雅砻部族则直到攻破象雄，还在形式上以象雄为首领。

三、布代贡杰时代的农业革命引发游牧部族与农耕部族经济实力的消长

必须在定居农业区有一场生产率的极大提高，才有可能打破定居农业的

① 吕思勉：《中国通史》，北京：群言出版社，2015年版，第145页。

从属地位，使定居农业的先进性得以凸显。对于青藏高原来说，这场农业生产率的极大提高，空间在悉补野雅砻部族，时间于布代贡杰时代。

虽然考古资料显示，在公元前10世纪，金属器具已经传入藏区，但在当时，金属器具多用于饰品或武器制造，并未用于生产工具的制造，也未出现大范围的冶炼金属。到了布代贡杰时代（公元前65年之后），悉补野雅砻部族的首位大相茹拉杰及其子拉茹果噶，“以木炭冶炼矿石，得到金、银、铜、铁等金属”①。“耕垦熟地、开辟荒地、开沟做渠”②等不同形制的农业工具逐渐产生。金属冶炼技术，尤其是冶铁技术的出现，无疑代表了雅砻部族生产力的重大进步：铁的出现在人类历史上是一件大事，“它是在历史上起过革命作用的各种原料中最后的和最重要的一种原料。……铁使更大面积的田野耕作，广阔的森林地区的开垦，成为可能”③。铁制农具，尤其铁犁的使用，极利于开垦荒地和精耕细作，因此冶铁技术出现后，雅砻地区“大量草滩被开垦为农田，大部平川都得到开垦”④。《西藏王统记》中记有赞歌：“钻木为孔作轭犁，合二牛轭开荒原，导入湖水入沟渠，灌溉农田作种植。”⑤

冶铁业的出现带来了雅砻部族农业生产工具与耕作方式的重大变化，为日后吐蕃社会的农业发展奠定了基础。首先就是生产工具的变革，表现为以铁犁为代表的铁制生产工具已经出现，并得到广泛利用。由于铁器代替木石工具，柄、器结合的农具制作工艺也逐渐发展起来，锄头、镰刀等农业生产和收割工具得以出现。生产工具的变革带来了耕作方式的变化，不仅出现了人力耦耕，而且进一步发展出利用畜力进行犁耕的耕作方式。对黄牛的驯化，为使用牛耕提供了便利。达日年塞时期，雅砻部族已经开始使用铁犁等农业生产工具，并广泛掌握了柄、器结合的农具制作工艺和牛耕技术。《汉藏史集》载，布代贡杰时期的大相茹拉杰，“驯养了黄牛、牦牛、山羊、绵羊”，达日年塞时期的大相孟氏之子墀多日朗察，“在木头上钻孔，做成犁耙和牛轭，使用犏牛、黄牛进行耦耕”。⑥

---

① 才让：《吐蕃史稿》，兰州：甘肃人民出版社，2010年版，第17页。
② 杨宽：“我国历史上铁农具的改革及其作用”，《历史研究》1980年第5期，第92页。
③ 恩格斯：《家庭、私有制和国家的起源》，载《马克思恩格斯选集》（第4卷），北京：人民出版社，1972年版，第162页。
④⑥ 达仓桑巴·班觉桑布：《汉藏史集》，陈庆英译，拉萨：西藏人民出版社，1986年版，第136页。
⑤ 索南坚赞：《西藏王统记》，刘立千译注，北京：民族出版社，2000年版，第36页。

与冶铁技术的出现同步的，还有水利工程的建设和农田灌溉的发展。“水利工程是铁器时代到来的产物。”[①]交通运河、防洪引流、农田灌溉等都可以作为兴修水利的目的，但水利工程的主要功用还在便利灌溉。在兴修水利之前，雅砻部族已经学会以池塘、湖水灌溉。早在止贡赞普时期，“登列维尔湖水是否干涸”[②]就是悉补野雅砻部族异常关注之事；茹拉杰之子拉茹果噶时期开始“有了水浇地，在此之前，吐蕃是没有用水浇地的”。水利灌溉工程的出现则是自然限制的进一步退却，大大促进了雅砻部族的农业发展。上丁二王之前，雅砻部族乃至整个青藏高原都是没有水利工程的，布代贡杰时期的雅砻部族开始“开沟做渠……将河水引入水渠……蓄集湖水使水流入水渠中，将溪涧的水引入池塘”。并且开始“在河上架桥”，极大方便了雅砻部族内部的交通。[③]

除了农耕能力的提高，布代贡杰时代的家畜饲养水平和技术也得到很大提高。柄、器结合的镰刀等铁制农具，不仅能收割庄稼，还为家畜饲养提供了割草工具，从而极大地促进了雅砻部族的家畜饲养水平。茹拉杰时期的藏族先民学会了储草过冬和杂交技术，出现了“在夏天将草割下成捆收藏以备冬天饲养牲畜”的习惯和“犏牛、骡子等杂交牲畜”[④]。茹拉杰之子拉布果噶则“制定了统计牲畜数量和测量土地的单位”。达日年塞时期，雅砻部族进一步将驯化的牲畜用于运输，“在此以前，吐蕃没有驮畜和运价，这时开始有了驮运”[⑤]。

无论是引水灌溉的农耕技术，还是储草过冬的饲养技术，都表明自然限制逐渐退却，雅砻部族开始“逆天而行”，实现从消极运用自然条件到积极创造条件的转变。正是由于在定居农业方面的重要贡献，茹拉杰和拉茹果噶父子二人均被列入吐蕃“七贤臣”。铁器时代的到来及其带来的农业生产工具与耕作方式的重大变化，水利工程的建设和农田灌溉的发展，以及畜牧业技术的提高，极大地促进了雅砻部族农业、畜牧业、手工业和社会经济的迅速发

① 宁可：《中国经济发展史》（第1册），北京：中国经济出版社，1999年版，第92页。
② 王尧、陈践（译注）：《敦煌本吐蕃历史文书》（增订本），北京：民族出版社，1992年版，第157页。
③ 达仓桑巴·班觉桑布：《汉藏史集》，陈庆英译，拉萨：西藏人民出版社，1986年版，第84、136页。
④《藏族简史》编写组：《藏族简史》，拉萨：西藏人民出版社，2006年版，第19页。
⑤ 达仓桑巴·班觉桑布：《汉藏史集》，陈庆英译，拉萨：西藏人民出版社，1986年版，第136页。

展，成为雅砻部族居于领先地位进而统一青藏高原的经济基础。

布代贡杰时代金属冶炼技术的发展、铁制农具的出现及所带来的灌溉农业和储草过冬，无疑促成了悉补野雅砻部族农业经济的变革。随着定居农业生产率上升，边际劳动产量曲线上移（见图3-4）。原本Q_c—Q_b之间选择草原游牧业的劳动力，现在又会被固定农业所吸引，农业部门劳动生产率已经开始吸引原草原游牧经济的劳动力。更重要的是，越来越多新增人口会涌入定居农业，定居农业又比采集狩猎和游牧经济更稳定而利于人口增加，定居农业生产方式具备了游牧生产方式难以企及的财富和人口优势。

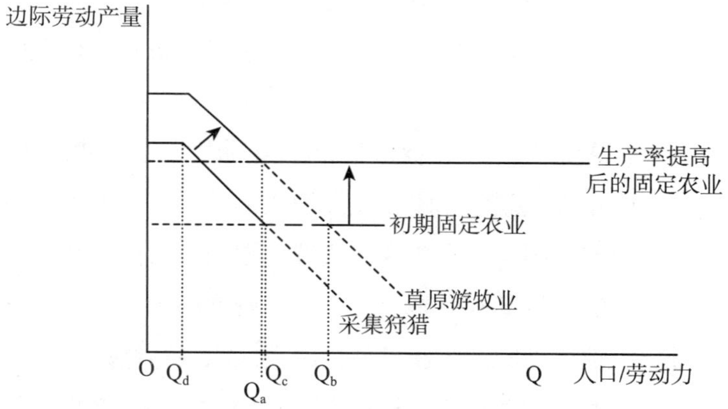

图3-4　定居农业生产率提高后可用劳动在两个部门之间的分配

“蕃（Bod）即农业”，悉补野雅砻部族获“悉补野吐蕃国”称号，证实了定居农业在雅砻部族经济中主导地位的确立，也在一定程度上说明，雅砻部族是最早以定居农业为主导部门的势力。雅砻部族在定居农业领域的变革，在整个青藏高原都是最早的，否则代表农业的“蕃（Bod）”，就不会成为悉补野雅砻部族的独有称号。

一旦定居农业占据了主导地位，其在经济社会生活中的优越性就不仅表现于雅砻部族，而且展现于整个青藏高原，游牧经济的优势逐渐丧失。初期定居农业从附属部门上升为雅砻部族的主导经济部门，且因生产率的提到带来的财富和人口增加，使具备定居农业生产条件的地区，逐渐从草原游牧部族的附属地位，上升为草原游牧部族的主导。原来对象雄王国、苏毗王国等游牧部族不足为道的河谷农业势力逐渐崛起，首领和属部地位发生历史性颠倒。因此，政治和军事上的兼并，并不是政治本身真有多大的力量，而是对经济力量消长的反映。

定居农业部族对游牧部族的兼并，反映了定居农业自身生产率提高并对游牧经济取得优势的经济规律，这种优势内蕴含着分工与合作的发展。人类分工从氏族内部发展到氏族、部族之间，各部族互相联系加深。作为农牧分工区之藏北草原和藏南谷地，逐渐形成了“盐粱交换”的传统。牧区缺少谷物，农区缺盐，于是“吐蕃牧民或者于秋天高原盐湖即将结冰之际，或者于春天藏北高原盐湖即将融冰之际，驱赶牦牛群或羊群前往藏北高原盐湖採盐，然后由畜群驮回，待夏季驮往农区，与农区交换青稞”。通过“盐粱交换”，青藏高原上之农牧区形成了依存互补的共生状态，雅砻部族也借以实现了以农统牧。

从氏族、氏族联合体，发展为雅砻部族，扩张为吐蕃部族，乃至将象雄、苏毗包容其中的吐蕃部族联盟，藏族先民的族群范围不断扩大，为藏民族的最终形成奠定了地域范围和基本族源。族群范围的不断扩大及其社会存在方式的演变必有一定的经济基础，是分工与合作发展的体现。人类分工从氏族内部发展到氏族、部族之间，各族群互相联系加深。通过使用对方的产品或学习对方的生产技术，不同团体又不可避免地互相效仿，“各地风俗亦趋于一致。民族的同化作用，即缘此而进行。政治上的统一，不过是顺着这种趋势推进，即完成统一的方法”[①]。因此，无论是部族之间的兼并行为本身，还是雅砻部族兼并其他河谷农业部族，进而兼并游牧部族，都是一定的经济规律在政治和军事上的反映，这种雅砻部族兼并其余各部，从小共同体向大共同体发展的趋势又内蕴含着定居农业自身生产率提高并对游牧经济取得优势的经济规律。

青藏高原的统一为吐蕃王朝之部盟农奴制经济确定了地域范围，这一地域长期以来的封闭和分立局面被打破，与中原王朝的碰撞和交流日益增加。松赞干布通过政治、经济、文化全方位的社会变革，塑造起一个空前强大又蕴含威胁的吐蕃王朝，对藏民族的形成和藏族经济史产生了深远影响。

---

① 吕思勉：《中国通史》，北京：群言出版社，2015年版，第145页。

第四章

唐代吐蕃部盟之封建农奴制经济

公元7世纪初，对青藏高原的统一基本完成，松赞干布建立起强大的吐蕃部族联盟。为维护部族联盟，消除原有奴隶制部族等地方性势力对吐蕃王朝的分裂作用，自松赞干布起，吐蕃王朝便着手建构封建农奴制。通过迁都拉萨、创制藏文，广泛吸收邻族经验，健全王朝军政制度，并引入佛教，加强与周边政权交往，促进农业、牧业、手工业、商业的发展，推动了吐蕃社会经济的进步和藏族先民的融合。即便吐蕃王朝解体后，割据政权在很大程度上仍保留了众多王朝时期的封建农奴制因素，并探索出经济与宗教统一的新形式，从而维持了不同政权并存的封建部盟制。直至元明清三代，由于中央王朝力量的介入和整合，藏民族正式形成，政教合一等新因素不断加入，封建农奴制仍是藏族的基本社会制度。可以说，吐蕃王朝时期的封建农奴制建设为元明清时期藏民族的形成奠定了共同的地域基础、语言文字基础和宗教基础。正是在王朝时期，吐蕃与中原建立起密切的政治经济联系。以大唐的安定开放及丝绸之路的重新繁荣为前提，吐蕃不仅建立起与唐朝的互补互促关系，而且依托“丝路吐蕃道”迅速崛起，使唐代吐蕃经济史成为藏族经济史的高峰，为今天藏族经济的发展提供了历史的启示。

第一节 部盟封建制吐蕃王朝的建立

由于被征服部族和大家氏族不甘沦为吐蕃附属，或者新旧贵族之间在经济和官职等利益方面存在分歧与矛盾，松赞干布之父朗日松赞因这些矛盾被毒害身亡，并直接导致各附属部族的叛离和部族联盟的解体。松赞干布继位后，将毒害朗日松赞以及叛离吐蕃王室之家臣氏族尽行灭族，将离散诸部重新收服，进而征服吐蕃东北部之“牦牛苏毗”，从而实现了对各部族的重新联合。然而，新旧贵族之间、王室与被联合部族之间、各部族之间的矛盾并未得到解决。为避免重蹈覆辙，松赞干布首先迁都逻娑（又译逻些，指今拉萨），“在红山修建庄严宫殿，君臣、将士迁居这里，建立了统治全蕃的核心。”[①]迁都之后，“剿除恃功而骄、桀骜不驯的家族”[②]，“平等对待和保护每一个部落”，并分别与各大家族盟誓，重新界定王室与各大家族之间的君臣关系和君臣义务，恢复王室权威与部族联盟秩序。随后，收服象雄王国，“收编象雄一切部众为属民”，同时，逐渐占领并吞并东南部的绛地（南诏），将东北部的“吐谷浑人收归辖下”，甚至迫使部分边地唐人“岁入贡赋”[③]，从而在公元7世纪初的唐代早期，完成了统一吐蕃全境的大业，建立起空前强大的吐蕃部族联盟。但以盟誓为纽带所形成之吐蕃王室与各氏族呈“放射状形态”[④]的部族联盟并不稳固，吐蕃王朝需要一种新的制度建构。

一、制定王朝大法

从松赞干布开始，吐蕃历代赞普将形成于止贡赞普时期的王权相权制度进一步系统化，不断吸收中原王朝之中央集权官僚制因素，并从印度和唐朝引入佛教，通过联姻加强与邻族，尤其是中原王朝的联系，进行了一系列政治、经济、军事等方面的制度建设，建立起具有鲜明封建性质的吐蕃王朝，为吐蕃经济社会的发展提供了有利条件。《敦煌吐蕃历史文书》有载：

吐蕃古昔并无文字，乃于此王（松赞干布）之时出现也。吐蕃典籍律例诏册，论、相品级官阶，权势大小，职位高低，为善者予以奖赏，作恶者予以惩治。农田耦耕一天之亩数，牧场一件皮褐所需之皮张数，笼区长度均作统一划定，乃至升、合、斤等一切量度，举凡吐蕃一切纯良风俗、法制典章、贤明政事，均在此时出现。[⑤]

统一全境后，境内一切土地和民众尽归吐蕃赞普所有。为显示这种所有

① 恰白·次旦平措等：《西藏通史——松石宝串》，陈庆英等译，拉萨：西藏古籍出版社，1996年版，第44页。
② 林冠群：《唐代吐蕃史研究》，台北：联经出版事业股份有限公司，2012年版，第207页。
③ 王尧、陈践（译注）：《敦煌本吐蕃历史文书》（增订本），北京：民族出版社，1992年版，第165页。
④ 日本藏学家山口瑞凤将吐蕃王朝前、后的吐蕃社会状态描述为“放射状形态”与“同心圆社会阶层”。见［日］山口瑞凤：《吐蕃王国成立史研究》，东京：岩波出版社，1983年版，第464页。转引自林冠群：《唐代吐蕃史研究》，台北：联经出版事业股份有限公司，2012年版，第527页。
⑤ 王尧、陈践（译注）：《敦煌本吐蕃历史文书》（增订本），北京：民族出版社，1992年版，第157页。

权以及巩固统治，吐蕃赞普开始划分军政区域，派官行政，并对从征的赞普亲属、功臣以及服从赞普的旧部族首领进行了大规模分封。藏文的创制和使用，为以文字形式固定规章制度提供了可能。松赞干布宣布制定王朝大法，将吐蕃王朝包括设官与封建在内的行政、军事、司法、农牧、度量衡、道德规范等以文字形式予以规定，史称“钦定六大法”或“六类大法典”。王朝大法确定的吐蕃基础管理体制称“基础三十六制”。《贤者喜宴》载：

（松赞干布说：）现在我要制定王朝大法。往昔，因无法律，以致众小邦离散。况且，若无法律则犯罪猖獗，我之众属民亦将沦于苦难之中，故此，应当制定法律。后，遂即制订法律。所定法律为“六类大法典（bkav yi khrims yig chen po rnam drug）”。[①]

“六大类法典”为：(1)“以万当十万之法/顶上王座与十万部众之法/斯巴和科顿巴之法（Khri rtse vbum bzher gyi khi）”。该法规定了赞普与官员、百姓的关系，赞普据此任命官员，进行施政，为确定吐蕃制度的基本法，其中又对六项内容做了具体规定，包括吐蕃五翼、十八采邑、六十一桂东岱、训奴臣仆内部的划分、三尚论总理中央事务、戍边三军。(2)“十万金顶具鹿之法/度量衡标准法（vBum gser thog sha ba can gyi khrims）”。主要针对经济方面，包括收取课税、百姓赋税、制定度量衡之法，统一了粮食、酥油、金、银等的衡量标准，规定了升（bre）、合（phul）、两（srang）、勺（khyor）、钱（zho）、分（nam）、厘（se）、毫（sran）等重量和长度单位。(3)“王朝准则之法/王国裁定判决之法（rGyal khams dper blangs kyi khrims）”，为司法审判根据，“规定了应该做的事和不应该做的事”。(4)“权威决断之总法/裁决本部附属藩国之一般法令（dBang chen bcas kyi spyi khrims）”。吐蕃本部境内保留众多附属藩国，如工布、娘布，该法主要针对本部附属藩国，体现出附属藩国的相对自主性。(5)“扼要决断之法/裁决安多地区官员呈文之特殊法（mDo lon zhu bcas kyi khrims）”。该法针对的是比吐蕃本部之附属藩国更具独立性的距吐蕃本部较远之被征服属部，是管辖象雄、安多等地区的特别立法。(6)“内府内法（Khab so nang pavi

① 巴卧·祖拉陈哇：“《贤者喜宴》摘译（二）”，黄颢译，《西藏民族大学学报》1981年第1期，第6页。

khrims)”，该法主要针对王室及宫廷内部。[①]

“钦定六大法”从松赞干布统一吐蕃全境后开始制定，直到公元655年，其孙芒松芒赞在位时，由大相噶尔氏家族之禄东赞完成。后经多代赞普和大相修补完善，范围包含王室、王朝、本部附属藩国、外围附属藩国等；领域囊括政治、经济、军事、司法、行政区划等各方面，为吐蕃封建部盟制经济社会发展奠定了制度框架。统一度量衡有效加强了吐蕃内部的经济联系，对于日后藏民族的形成具有重要意义。原本松散的部族联盟在形式和内容上更加统一于吐蕃王室，原本受吐蕃王室慑服而表示服从的固有诸小邦在也获得了从吐蕃王室受封的形式，作为兼并过程伴随现象的封建制上升为吐蕃社会性质的主要方面。

二、设官治民与职官系统

隋唐大一统结束了中原长期分裂割据的局面，隋唐王朝改进秦汉以来的中央集权制度，在中央设三省六部，地方设州县，且有中央派官如巡按使、按察使等直接督察或掌管地方军政、财政、行政事务，形成了比较完备的中央—地方官僚系统。根据“钦定六大法”，尤其基本法“以万当十万之法”，封建部盟制吐蕃王朝的建立过程带有强烈的中央集权制色彩。

吐蕃原有军事组织“茹”，即军事上的“翼”，共六茹：伍茹、腰茹、叶茹、茹拉、苏毗茹、象雄茹。原由赞普及属下各大将直接统领的为吐蕃本部四翼，其中伍茹、腰茹合称“卫”，指中央、中心，叶茹、茹拉合称“藏”，指后方、深处。后增加苏毗茹，称吐蕃五翼；收服象雄后，增加象雄茹，共六茹。“茹”下设“东岱”或“桂东岱”，即“千户”或“豪奴千户”，各茹均设10个东岱，苏毗茹则拥有11个东岱。这样就形成了吐蕃地方行政系统所依据之六茹六十一东岱。吐蕃仿照隋唐三省六部制，并结合自身特点，在原有的军事组织和部落组织基础上，设立了带有浓厚吐蕃特色的中央—地方职官系统，“茹”和“东岱”均被纳入中央—地方职官系统之中。

① 巴卧·祖拉陈哇：“《贤者喜宴》摘译（二）”，黄颢译，《西藏民族大学学报》1981年第1期，第6页；林冠群：《唐代吐蕃史研究》，台北：联经出版事业股份有限公司，2012年版，第211—212页。

吐蕃王朝在中央设三论七部，地方设六茹六十一东岱。中央的三大系统为：（1）贡论系统，负责一切外部事务，包括对外交流与布置战争，有大、中、小三位贡论和众多辅助大臣，其中大贡论是吐蕃王朝的最高行政官员，又称大相，《新唐书》称“论茝”，执掌吐蕃王朝的政治、法律、外交、军事等各方面事务，有战事时，大相一般为统兵元帅；（2）曩论系统，或称内论系统，负责内政管理，如集财守库、关心百姓生计、赞普保卫、王廷事务以及王室饮食起居等事务，有上、中、下三位曩论，也有众多辅助大臣；（3）喻寒波系统，或称噶论系统，负责监察、司法与执法，包括起草王令、奖善惩恶，设上、中、下三噶论，作为“执法的诰命大臣”，《新唐书》将其译为“刑部尚书”，另有众多辅助大臣。三大系统的首领统称九大尚论或九政务大臣，是吐蕃中央系统的主要负责人，于三大系统任职、辅助九大尚论的大臣统称高等官。

九大尚论下设办理政府事务的七类官员/七个部门：（1）玛本（军官），受命领兵，各大茹的将领茹本、各东岱的指挥千户长、小千户长、近卫千户长、大五百长等均属此类。王朝体制确立后，茹本、千户长及千户长下设的百户长等从单纯的军官转变为兼司地方行政事务的军政官员，负责各自辖域内的军政民政事务，其中，茹本是地方最高军政长官，但仍归中央之贡论统领。（2）域本（地方官），各茹内设置的专职地方官，负责以法规治理本地区政务。据《弟吴宗教源流》记载，吐蕃本部四茹中，每茹设16位域本，各有专门管辖地域，负责“保护政府属民，征收政府赋税”，从而将军事区域就地转化为行政区域，且直属吐蕃中央政府而非领主管辖。（3）齐本（司马官），负责管理君臣的坐骑、军马、安营设帐等，无论赞普去往何处，必须随行。（4）岸本/恩本（度支官），负责掌管粮食与金银财物等财政收支。（5）楚本，管理牧业和牧区牲畜繁殖饲养等事务的专职官员。（6）昌本/章本（法官），行使审判等职责。（7）岱本（酋长），处理俗人之事，各部落酋长必须处理本村落的社会事务。除此之外，还设有兴本（农业官）、会计、税官等各级专职官员。[①]

被政府、官员治理之属民包含“桂（豪奴）”“庸（训奴）”与农牧奴，他

---

① 巴卧·祖拉陈哇：“《贤者喜宴》摘译（二）”，黄颢译，《西藏民族大学学报》1981年第1期，第9—10页；陈庆英、高淑芬：《西藏通史》，郑州：中州古籍出版社，2003年版，第30页；恰白·次旦平措等：《西藏通史——松石宝串》，陈庆英等译，拉萨：西藏古籍出版社，1996年版，第59—61页。

们有向政府承担差役和赋税的义务。“豪奴”，从事生产并承担兵役。“训奴”，虽不参与军事任务，但承担政府其他差役，如管理政府所经营的牲畜，从事政府经营的手工业，承办政府的商业贸易等，他们由楚本、岸本以及香本等官员进行管理。另有大量散布在各地、从政府直接领受土地和牲畜的农牧奴，他们是域本的主要治理对象，在域本治理下向政府缴纳赋税。

如此，境内一切事务，包括地方事务，均收归以赞普为最高权力的中央政府。赞普设官治民，各级各类职官代表赞普治理属民，这些被治属民既包括直属政府的“训奴”，也包括承担兵役的“豪奴”，甚至包括众多负有承担差税义务的领主。吐蕃的三论七部制及中央官员对地方官员的直接控制，借鉴了唐朝集权官僚制之三省六部和地方州县相结合的制度设计，有很强的中央集权色彩。

三、分封与领主

除了直接设官治民，吐蕃王朝还“广建屏藩，以固王室”。在全境范围内进行了大规模的分封，将各茹划分为不同势力范围，封赏给领主贵族。生产力水平的提高为“封建”国家之赋税制度提供了可能，领主作为赞普臣民，承担赋税差役，吐蕃王朝的封建性得以凸显。但凡社会制度的变革皆需逐渐推进，吐蕃王朝初期对于受封各地采取的制度并非完全一致。由于被联合的各氏族、部族，错综复杂，地域环境、生产方式、生活习惯乃至社会组织、宗教信仰、与吐蕃王室的关系均不相同，因此很难施行划一的制度。对于赞普亲属、王朝功臣、固有氏族部族、臣服吐蕃王室不生反抗之部族等不同势力，吐蕃王朝皆依实际情况，斟酌损益封建。根据吐蕃王室对其支配能力的大小，封地大体可分四类，一为赞普直辖之地，二为赞普分封给政府、臣工、亲属、功臣及其他贵族的领地，三为“因地就封”的旧部族领地，四为远离吐蕃本部的附属藩国。其中，吐蕃本部四茹内有31个封地，分属赞普、赞普亲属、王朝功臣等25位领主。《贤者喜宴》记载了部分相关封地、领主：

伍茹雪钦为赞普君王之地，波昌乃彻为赞普王臣之地，雅砻素卡为库氏、聂氏封地，羊卓为康钦古仁五部封地，青昂青域为桂氏、努氏封地，恰吾地域为五昌父王封地，柴及雄巴为那囊氏封地，上下查荣为蔡邦氏封地，上藏下藏为没卢氏、琼波氏封地，隆雪囊波为竹氏封地以及牧区之地，彭域东岱为卓氏、玛氏封地，娘若仲巴为芝氏、杰氏封地，香、来为齐日氏、来氏封地，大小雍瓦为阐卡氏之地，夏康三部为大臣贝氏之地，囊日恰贡为珍氏、恰氏之地，当雪噶莫为恰氏、热氏之地，多康、多钦为"八桂东岱"之地。[①]

从《贤者喜宴》所记载吐蕃本部四茹内的封地和领主看来，隆雪囊波的一部分为专属牧区，应当是由楚本管理、由相关牧奴为具体劳动力的政府直属牧业区域。其余封地都有领主，有的领主是某个人、家族或氏族，如赞普、库氏、聂氏等，他们自身作为领主不从事农牧或手工等劳动，领地内的奴隶或农牧奴是主要劳力。有的领主为某集体，如赞普王臣、康钦古仁五部、"八桂东岱"。赞普王臣自身不是本领地的劳动者，而是作为集体领主或机构领主，领地内必有农牧奴从事生产，为王臣提供剩余产品。康钦古仁五部的内部关系很难判明，可能内部有领主和农牧奴之分；也可能均为自由民，羊卓封地为其集体领地；甚至可能是为政府劳作的集体奴隶，羊卓封地为其耕作区域。"八桂东岱"作为集体领主，在非承担军事任务的平时，需要"从事农牧业生产"，由此看来，多康、多钦等"八桂东岱"封地的性质类似清朝"圈拨旗地"，属于养兵田，养活承担主要兵役的豪奴，从事农牧业生产的则既有豪奴自身，也有豪奴的奴隶。至于以上封地内部的行政权是在政府手中，还是领主手中，殊难判断。如若行政权在政府手中，那么上述封建就有些类似商鞅变法后的"封君制"，即"封而不建"，那么这些领主具有的仅是类似地主的经济权利，当然，由于封地内的劳动力与封地挂钩、从属于他们，为其提供剩余产品或剩余劳动的仍是农牧奴。如果行政权也在领主手中，那么，这种封建性质与下述"因地就封"的采邑制颇相类似。

除了上述赞普直辖之地以及分封给赞普亲属、功臣、兵士的封地，吐蕃王朝还"因地就封"了九个地方性旧部族或"九小邦"[②]：努氏王巴斯、洛氏王

---

① 巴卧·祖拉陈哇："《贤者喜宴》摘译（二）"，黄颢译，《西藏民族大学学报》1981年第1期，第9—10页；恰白·次旦平措等：《西藏通史——松石宝串》，陈庆英等译，拉萨：西藏古籍出版社，1996年版，第53—54页。

② 也有记载为"十八小邦"之"十八小王"。见：《西藏通史——松石宝串》，第53页。

朗巴、列氏王朗巴、琛氏王尚巴、聂氏王恰巴、绛阿·桂巴、却乃·泽巴、协乌·琼巴、索·切巴。他们虽被收编为赞普属民，但各自拥有土地、牲畜、奴隶等相应权利。其领地称为“采邑境界（地方势力范围）”，在拥护吐蕃统一、服从赞普敕令、承担差税前提下，九王“继续作为土地、牲畜、奴隶的领主”。[①]

除吐蕃本部，即“四茹”内部的封建，吐蕃还分封了“远离吐蕃本部的四方王：纳木巴岱王（象雄）、尼泊尔铜王（尼泊尔）、苏毗铁王（青海和中康）、门地则王（六巴部族）”[②]。

无论作为赞普亲属或功臣的领主，还是“因地就封”的旧部族首领，乃至远离吐蕃本部的四王，都“必须遵循赞普律令，按照规定定期向赞普缴纳赋税，供献礼品，承担差役”[③]，因此，他们与豪奴、训奴等政府管辖属民一样，都是赞普的属民，但在权利和地位上又各不相同，由此形成不同的阶级成分。

设官治民及具备中央集权形式的职官系统，使吐蕃王朝带上了强烈的集权官僚制色彩，但即便最具集权官僚制形式的域本（专职地方官），其主要职能也仅集中于征收赋税，而赋税的最大来源并非直属政府的自耕农或自由牧民，而是各级领主。随着吐蕃王朝的继续扩张和占领唐朝边地，直接向政府纳税服役的农民增加，但并未改变整体情况，这与吐蕃王朝大规模分封以及承担赋税之“属民”范围有关。与王朝大法的制定一样，中央—地方职官体系的建构，同样只是使得原本松散的部族联盟更为紧密地统辖于吐蕃王室，推动封建领主农奴制逐渐上升为吐蕃社会性质的主要方面。

四、多康藏族的初步形成

原始社会时期，藏族先民有色、木、冬、东四大氏族，其中冬氏在采集狩猎中迁移到了多康各地，并与当地游民结合和定居，成为“古羌人”一部分。吐蕃王朝建立后，通过分封、设官与军队占领等方式，包括封建领主贵族、封建农牧奴、桂之军户等众多卫藏地区的吐蕃人，向多康地区迁移和定

① 恰白·次旦平措等：《西藏通史——松石宝串》，陈庆英等译，拉萨：西藏古籍出版社，1996年版，第53、57页。
② 恰白·次旦平措等：《西藏通史——松石宝串》，陈庆英等译，拉萨：西藏古籍出版社，1996年版，第58页。
③ 恰白·次旦平措等：《西藏通史——松石宝串》，陈庆英等译，拉萨：西藏古籍出版社，1996年版，第57页。

居，他们与当地居民融合成为多康藏族先民。公元13世纪，忽必烈率军入康区，17世纪固始汗丹增却杰又领兵入康，大量蒙古人进入康区，与卫藏吐蕃人进入后的融合一样，南下的蒙古人继续与多康先民融合，逐步形成了如今定居在青海、甘肃、四川、云南等地的安多藏族和康巴藏族。

安多草场优良，利于放牧，生产方式以牧业为主，农牧结合，是藏族先民的“马区”，为吐蕃提供战马，并成为与唐朝互市的重要产品。由于牧业发展迅速，特别是马、羊、骡、犏牛、猪等畜种的培育，不进促进了农业生产，而且活跃了商贸市场，以牲畜向卫藏地区换取粮食，以牲畜向唐朝换取物资，成为安多的重要经济活动。手工业以民间农牧产品加工和生产工具制造为主，有鞣皮、纺毛线、织毛毡、毛毯、做帐篷、酿酒等。

康巴藏区地处金沙江、澜沧江、大渡河、雅砻江的河谷地带，水利资源丰富，灌溉农业发达，青稞、小麦、大麦、玉米、豆类、麻类、粟类等农作物均有种植，家禽家畜如鸡、驴、黄牛、狗等的繁育和饲养也较为发达；加之气候温和，多产蔬菜和瓜果。康区北部有宜牧的高寒草场，出产牦牛、犏牛、黄牛、马、驴、骡、猪、山羊、绵羊等牲畜。另外，高山森林地带，仍有大量藏族先民以狩猎为生。

安多藏区是吐蕃东出大唐的重要通道，又有“丝绸之路青海道”穿过其中，因此，安多地区商业贸易较为发达，成为日后“茶马古道”的重要参与者。康区作为吐蕃东出南诏和大唐的另一重要通道，成为“唐蕃古道”的重要支线，有力促进了唐蕃交流和康区自身商贸经济的发展。①

五、引入和推广佛教

佛教传入藏区前，藏族先民普遍信奉本教，本教是原始氏族的图腾意识或小邦时代的诸神崇拜。本教的突出特点在于通过“杀牲献祭”的方式表达对诸神的敬畏、感恩、祈求。聂赤赞普的出现及雅砻部族的形成得益于代表各氏族势力之本教的支持，因此雅砻部自始以本教立国。上丁二王时期，雅

① 得荣·泽仁邓珠：《藏族通史——吉祥宝瓶》，拉萨：西藏人民出版社，2001年版，第409—410页。

砻部从象雄引入雍仲本教。相对原始本教的众神平等而言，雍仲本教将诸图腾或神都纳入一个有秩序的体系当中，凸显了作为天神之子的悉补野赞普对各氏族、部族的统领作用和优越性。然而，将众多已经存在的神放入一个体系当中，虽然尊卑有序，但这些神仍然各管一方，因此，雍仲本教始终是多神教，没有出现能够取代多神的一神。更重要的是，赞普虽贵为“天神之子，入主人间”，但在本教教义中，赞普与众贵族同为天神种姓。“赞普为居中的天神后裔，贵族则是环侍其周的天神后裔。代表赞普的天神，只不过在天神众家兄弟中排行老大，并无绝对性权威。”[①]《朗氏家族史》即有“天神种姓潘波切·朗氏世系源于塞琼惹”[②]的说法。靠武力征服青藏高原的吐蕃王朝，为巩固以吐蕃王室为首的部族联盟，不仅推行了带有隋唐中央集权官僚制色彩的封建制变革，而且需要一种新的意识形态来调节社会秩序。本教显然不适应封建农奴制变革的要求，而此时在印度和唐朝已经得到充分发展的佛教中有些观念则与吐蕃社会变革有相呼应之处。基于此，松赞干布极为重视并大力支持佛教的引入和传播：译佛经、迎佛像、建佛寺，甚至依据佛法制定了《十善法》。

第一，引入和翻译佛经。据藏文史籍记载，佛经最早传入吐蕃是在拉托托日宁赞时期。传“当此王在位时，天空降下《诸佛菩萨名称经》、黄金宝塔、《宝箧经》、心要六字大明咒等”，但由于当时吐蕃没有文字，也不识天竺梵文，“不能解斯义，只能奉为神物，藏内库中”，须过五代后（松赞干布），有能解斯义者出世。[③]因此，佛经虽在拉托托日年赞时期已传入吐蕃，但因不解其意，未产生影响。直到松赞干布时期，吐蕃“七贤臣”之一的屯米桑布扎，去往天竺学习文字和佛经，后“携大乘佛典等返回吐蕃”[④]，并以梵文为基础创制了藏文，使当时的佛经得以识别。松赞干布积极推动对王室珍藏及从天竺带回之佛法经典的翻译，译出《宝云经》《宝箧经》《十万颂般若经》等二十一部佛经，“消除了吐蕃之愚昧黑暗，以政教造益于吐蕃”[⑤]。

① 林冠群：《唐代吐蕃宰相制度之研究》，台北：联经出版事业股份有限公司，2015年版，第78页。
② 大司徒·绛求坚赞：《朗氏家族史》，赞拉·阿旺、佘万治译，拉萨：西藏人民出版社，1989年版，第6页。
③ 五世达赖喇嘛：《西藏王臣记》，刘立千译，北京：民族出版社，2000年版，第12页；巴卧·祖拉陈哇：“《贤者喜宴》摘译”，黄颢译，《西藏民族大学学报》1980年第4期，第36页；达仓桑巴·班觉桑布：《汉藏史集》，陈庆英译，拉萨：西藏人民出版社，1986年版，第86页。
④ 巴卧·祖拉陈哇：“《贤者喜宴》摘译（二）”，黄颢译，《西藏民族大学学报》1981年第1期，第3页。
⑤ 巴卧·祖拉陈哇：“《贤者喜宴》摘译（二）”，黄颢译，《西藏民族大学学报》1981年第1期，第5页。《贤者喜宴》《西藏王统记》《西藏王臣记》等史籍均记载了所译二十一部佛经。

第二，迎佛像，建佛寺。“为了在吐蕃发展大乘佛教，吐蕃从尼泊尔召来工匠，塑建11面千手千眼圣观世音菩萨药泥像，称为‘天成五位一体’，建成后供放在王宫。”后通过与赤尊公主、文成公主的联姻，“从尼泊尔和汉地迎请释迦牟尼8岁和12岁等身像”，以及“不动金刚佛像、弥勒法轮像、旃檀救度母像”，并修建大昭寺、小昭寺以及边压寺、再压寺、四压肢寺、昌珠寺、叶尔巴崖三所依等寺庙供放佛像。[①]赤松德赞（公元798—815年）在位时，于拉萨河对岸“噶迥多吉英”佛寺建造的盟誓碑文中记载：“圣神赞普先祖赤松赞（弃宗弄赞/松赞干布）之世，始行圆觉正法，建逻些大昭寺及诸神殿，立三宝之所依处。”[②]

第三，参照佛法，制定“十善之法”。为使王朝有章可循，吐蕃制定了以《钦定六大法》为基础的一系列规章制度。其中，屯米桑布扎等大臣制定了“十善之法”，以之作为吐蕃道德行为标准：“皈依三宝，恭敬诚信；孝顺父母，报答慈仁；以德报德，承顺上流者和贵族人之意志；行事宜以正人为楷范；读经书，学文字，明其义理；深信业报因果；对纯不善品，应有所忌惮；助汝亲友及邻里，不为损恼；酒食有节，知耻存礼……”[③]。《贤者喜宴》中则将“不准杀生之法、不授则不取之法、勿淫之法、禁狂言之法、饮酒节制之法”等佛教五根本法，加上“奴隶不准造反”，以及“皈依三宝且信仰敬奉、对待父母之法、以德报德之法”等内容均归于“十善之法”，“十善之法，坚固威严，安乐犹如天庭”。[④]“十善之法”带有明显佛教痕迹和大量佛教言辞，虽然仍带有很浓的部落奴隶制习惯法残余，但仍可视为吐蕃以佛教支撑和重构意识形态的重要尝试。

当然，松赞干布时期，佛教只是被引入吐蕃，还未真正在藏区发生决定性作用并与本教发生激烈冲突，直到赤德祖赞和赤松德赞时期，佛本之争方趋激烈。然而，正是从松赞干布时期开始引入的佛教，逐渐成为与本教抗衡的主要宗教势力，并在与本教的相互影响和同化过程中，形成了中国特有、通行于藏、蒙古、满等游牧民族的“藏传佛教”，对王朝时期、王朝解体后的割据时期、元明清时期乃至现代藏族的社会经济文化产生了深远影响。

---

① 巴卧·祖拉陈哇：“《贤者喜宴》摘译（三）”，黄颢译，《西藏民族大学学报》1981年第2期，第27—28页；恰白·次旦平措等：《西藏通史——松石宝串》，陈庆英等译，拉萨：西藏古籍出版社，1996年版，第87—88页。

② 王尧：《吐蕃金石录》之《桑耶寺兴佛证盟碑》，北京：文物出版社，1982年版，第160页。

③ 索南坚赞：《西藏王统记》，刘立千译注，北京：民族出版社，2000年版，第47页。

④ 巴卧·祖拉陈哇：“《贤者喜宴》摘译（三）”，黄颢译，《西藏民族大学学报》1981年第2期，第16—17页。

第二节 吐蕃封建农奴制社会生产关系

为进一步打破旧的部族分立，吐蕃通过设官、封建及引入佛教，试图将松散的部族联盟进一步联合为大一统的吐蕃王朝。中原地区第一个中央集权大一统王朝——秦朝，建构在其已具备消灭其他六国的能力基础之上。之前，无论是商代奴隶制政权，还是周代封建制政权，都只是周边部族的首领，即在春秋时期，最强的诸侯国也只能是霸主，而不可能实现大一统。与中原地区相比，由奴隶制部族小邦通过兼并征战形成的吐蕃部族联盟，显然并不具备形成中央集权大一统王朝的能力。因此，虽然吐蕃的政治建构在很大程度上借鉴了隋唐中央集权官僚体系，但并未顺利实现从部族奴隶制向集权官僚制的直接过渡。初级部族联盟要想实现更有效的联合，变奴隶制为封建领主制更为现实，吐蕃王朝的大规模分封则适应了这种趋势，由此形成了集中央集权职官制、封建领主制、奴隶制三种因素为一身的吐蕃王朝初期的社会制度。

一、建立在奴隶制经济基础上的“形官实封制”

在吐蕃王朝分封和设官过程中，传统的部族奴隶制因素在很大程度上得到保留，由此形成了将中央集权职官制、封建领主制、奴隶制，作为三种因素集于一身的吐蕃经济社会制度。集权制和封建制都是新的经济制度因素，与之对应，奴隶制则是传统的制度因素，吐蕃王朝的构建就是要在旧制度基础上建立起新制度。然而，凡社会经济制度的变革并非一蹴而就，无论设官治民，还是大规模分封，均为政治举措，吐蕃经济基础仍然是奴隶制：生产力水平的提高确为“封建”国家之赋税制度提供了可能性，但奴隶制生产关系并未随之改变。由于经济的基础地位，吐蕃王朝初期的社会性质仍然以奴隶制为主要方面：王朝初期的被统治阶级，即被政府官员和各级领主治理之劳动者，在本质上没有改变，多为自由民和下层奴隶；王朝初期的统治阶级，无论是从中央到地方的各类职官，还是先后被分封的大小领主，仍是旧的奴隶主贵族。

要改变奴隶制生产关系，需要一定的政治经济变革，设官和封建就是吐蕃王朝主动发起的制度变革。集权制和封建制作为新的经济制度因素发挥了越来越重要的作用，一方面，虽然在经济基础和人员构成上，仍是传统贵族以奴隶主资格支配所属奴隶阶级；另一方面，传统奴隶主贵族开始以王朝官员或封土领主资格统治领地内之公社自由民。政治制度变革带来经济关系演变，官僚制和封建制经济关系开始出现。问题在于制度变革的主导因素是设官，还是封建？

吐蕃欲图将部族联盟发展为中央集权制，首先就要具备消灭其他部族的能力，这种能力既需要生产力和生产关系的积累，也需要建构在经济基础之上的人口、物质、军事乃至文化凝聚力等综合实力。秦国经商鞅变法开始了这一积累过程，最终灭六国实现统一，并以郡县制取代封建制。由奴隶制部族小邦，通过兼并征战形成的吐蕃部族联盟，并不具备形成中央集权大一统王朝的实力。为巩固和发展部族联盟，在原有的地域联合基础上，吐蕃王朝只能变部族奴隶制为封建领主制。然而，受周围环境尤其唐朝中央集权官僚制的影响，吐蕃王朝将设官与分封统一进行。与隋唐中央集权官僚制的官僚选拔和任命机制不同，吐蕃官职均掌握在旧的部族奴隶主贵族和新兴封建领主手中，各级官员的选定均照各氏族、家族的等级高低，各级官位基本都掌握在相应等级的贵族甚至特定家族、氏族手中，所设之官，为“父死子代，绝嗣即近亲袭焉”[①]，使其官职取得带有很强的“宗法”特征，而“封建与宗法为相因而生、相辅而行之制度”[②]。由此观之，从始至终，集权官僚制因素都仅为贵族集团等级化的手段和形式。秦汉开创，隋唐承继的集权官僚制，实现了从“爵本位”向“官本位”的转化，其官僚系统是“品位”与“职位”的统一。[③]然而，由于奴隶制和初期部族联盟演变的趋势只能是封建领主制，吐

① ［唐］杜佑：《通典》卷190《边防六·吐蕃条》。
② 李剑农：《中国古代经济史稿（上·先秦两汉）》，武汉：武汉大学出版社，2011年版，第24页。
③ 阎步克：《从爵本位到官本位：秦汉官僚品位结构研究 》，北京：三联书店，2009年版。

蕃王朝建构中所吸收的只不过是“品位”等级，是将集权官僚制之官职和官品，用于对领主爵位等级的划分，因此，设官从来从属于分封，官僚制从来仅为封建制的形式。

综上，吐蕃王朝早期的社会性质可以规定为建立在奴隶制经济基础上的“形官实封制”。封建制的确立无疑推动了经济关系的变革：旧奴隶主贵族甚至政府机构演变为封建领主，自由民和奴隶演变为农奴，这一封建农奴制经济关系的深化，伴随整个吐蕃王朝时期。吐蕃王朝的建立虽带有浓厚集权官僚制外观和部族奴隶制残余，但封建化，即自由民和奴隶的农奴化，与职官和奴隶主的领主化，才是吐蕃鲜明而居主导地位的趋势，领主与农奴的矛盾构成吐蕃社会的主要矛盾。

二、吐蕃上层官爵合一、等级分明的领主贵族

在“形官实封制”下，吐蕃社会形成了等级分明的社会阶层。吐蕃境内一切土地和民众尽归赞普所有，赞普将土地与人民（不管是自由民，还是农牧奴，甚或奴隶）分封给领主，领主一方面成为政治上的统治阶级，另一方面又成为经济上的土地支配者，赞普所有的土地于是成为领主的私产。除赞普直辖的土地外，其余土地、人民分授于臣仆，归臣仆所有。理论上说，作为所有者的领主可以继续将其地其民分授于各自臣仆，以为采邑或食邑，领受食邑、采邑之臣仆，又成为下层领主。于是，领主与臣仆便有了等级之别，形成一种“层累的连环性阶级状态”，唯有实行劳作的农奴、牧奴、工奴等为最下层臣仆。“凡臣仆对于领主，其义务为矢忠服从，供应赋役，听其政教号令；其权利为保持土地之收益权或耕作权。领主对臣仆，其权利义务，则是而反之。”[①]无论中国西周，还是欧洲中世纪的封建制度，由封君—封臣或领主—奴仆层层累积而成的社会等级大抵如此，吐蕃亦不例外，但有显著特点。

吐蕃模仿唐制，设置官僚系统并实行告身制度：“按官品与职司授于不同质

① 李剑农：《中国古代经济史稿（上·先秦两汉部分）》，武汉：武汉大学出版社，2011年版，第31页。

地之告身，后世之奖札功牌亦曰告身。”[①]官僚系统的设置及告身制度的形成，将作为统治阶级的封建贵族明确划分为等级分明的不同阶层。《新唐书》《通典》等汉文典籍对吐蕃告身等级制有记载：“其官章饰有五等：一谓瑟瑟，二谓金，三谓金饰银上，四谓银，五谓熟铜。各以方圆三寸，褐上装之，安膊前，以辨贵贱。”[②]《贤者喜宴》不仅记载了六种十二类告身：金、玉、银、颇罗弥、铜、铁六种，每种分大小两类，总共十二级，更进一步将官品与告身作如下划分：

贡论系统之大贡论，赐以大玉文字告身；

次贡论、囊论系统大囊论，赐以小玉文字告身；

低级贡论、次囊论、喻寒波系统之大噶论，赐以大金文字告身；

低级内相、次噶论，赐以小金文字告身；

低级噶论，赐以颇罗弥告身；

中央系统高等官以及寺院之阿闍黎、持咒者，赐以大银文字告身；

王廷御前侍卫、司马官风水官等低等官、边境牧首以及本教等，均授以小银文字告身；

父民六族等，授以青铜告身；

茹本、岱本，授以铜文字告身；

作战勇士，赐以铁文字告身；

一般平民，授以刻有水纹的白色木质告身。[③]

上述各级告身中，除各级官员，还有父民六族、本教徒等贵族集团，以及作战勇士、一般平民等平民集团，初步显示出告身等级与贵族等级的对应性，即告身不仅显示做官之人的等级，也显示该做官之人所在家族或氏族的等级地位。《敦煌古藏文写卷》P.T.1071号《狩猎商人赔偿律》则进一步显示出告身等级与贵族等级制的统一：从大玉文字告身到铜文字告身，不仅相应告身、官员本人，而且其祖、其父也享有同等身份地位，其子侄、叔伯昆仲、继母、儿媳、妾媵、未婚之妹等则享有次一等身份地位。[④]

---

① 王尧：《吐蕃金石录》之《恩兰·达札路恭纪功碑》，北京：文物出版社，1982年版，第86页。

②［唐］杜佑：《通典》卷190《边防六·吐蕃条》。《新唐书》中相关记载为“其官之章饰，最上瑟瑟，金次之，金涂银又次之，银次之，最下至铜止，差大小，缀臂前以辨贵贱”。［北宋］欧阳修等：《新唐书》卷216《列传》141《吐蕃上》。

③ 巴卧·祖拉陈哇：“《贤者喜宴》摘译（二）”，黄颢译，《西藏民族大学学报》1981年第1期，第11页。

④ 王尧、陈践（译注）：《敦煌吐蕃文献选》，成都：四川民族出版社，1983年版，第7—19页。

这样就将告身制度与吐蕃不同氏族的等级结合起来。告身，既表示官员品级，更表示吐蕃各氏族的等级。相应等级的氏族成员会被选拔至相应官职任官，并获得相应告身；因立功或做官而获得相应告身之人，其所在氏族会取得相应封地，获得相应等级地位。如，与大玉文字告身享有同等身份地位的还有“赞普舅氏任平章政事之职者以及其祖、其父”[①]，表明与赞普有联姻关系之氏族享有崇高地位，在众多与赞普联姻的氏族中，能够在中央担任“平章政事”之氏族又比其他舅氏地位更为崇高。如此一来，吐蕃上层贵族便形成一种类似中国西周与欧洲中世纪封建制度般“层累的连环性阶级状态”。如果说在王朝建立之前，吐蕃部族联盟是一种以赞普王室为中心的放射状形态，即各氏族首领通过盟誓，直接与赞普王室形成效忠关系，而它们各自之间毫无关系、毫无规章，顶多是通过联姻等方式结为盟友，共同效忠赞普王室；那么，通过官僚体系与告身制度的设立，吐蕃王朝转变成为一个以赞普王室为中心的同心圆阶层社会，原本均直接与赞普王室发生关系的不同氏族集团，均按照等级高低被划归不同等级的隶属关系。

“赞普与属民有区别”，一切等级的贵族、平民都是赞普的属民，同时，各级贵族又分别有自己的封地和属民，形成了一种类似西周宗法制的等级关系。赞普相当于形式上的大宗，各封建领主则为小宗，同时又是自己领地内的大宗。无论官位，还是封地财产，均实行“长子继承制”，“若有子多人，则按长幼顺序继承，幼子则出家，若无子者，则可为女儿招赘”。[②]如此，以宗法制为纽带的封建部盟制取代了以盟誓为纽带的松散部盟制。

三、吐蕃下层“桂”与“庸”

与铜字告身以上贵族均以家族或氏族为单位不同，铁字告身、木质告身的作战勇士和一般平民共同构成了吐蕃社会的平民阶层，他们没有氏族或家族门望，以户为生产生活单位，或由赞普直辖，或依附于封建领主。平民可

---

① 王尧、陈践（译注）：《敦煌吐蕃文献选》，成都：四川民族出版社，1983年版，第8页。

② O rgyan gling pa：Padma bkav thang（《莲花遗教》），成都：四川民族出版社，1987年版，第398页。转引自：林冠群：《唐代吐蕃史研究》，台北：联经出版事业股份有限公司，2012年版，第543页。

分“桂（rgod）”“庸（g—yung）”两个等级。《敦煌吐蕃古藏文手卷》载：“及至虎年（公元654年），大论东赞为大料集（即征发户丁、粮草劳役等），而始作户口清查，并区分‘桂’‘庸’。”①

“桂”，是吐蕃从事军务者之高等属民，意为“豪奴”或“武士”②，“是臣民中拥有奴隶和财产、能组织参加战争之壮士”③。吐蕃军政组织“六茹六十一东岱”之“东岱（千户）”，就是由“豪奴”构成，因此，“东岱”有时又称“桂东岱（豪奴千户）”。“豪奴”阶层是属民中参与“完成诛业战争之事者”，由于“桂”本身就拥有奴隶和财产，因此他们在参加军事任务时，“举凡作战所需武器马匹和粮草等，一律由自己负责”。④桂东岱有属于自己的封地，也拥有众多随身奴仆，但农牧业生产主要由自身完成，“他们平时从事农牧业生产，并承担大量兵役，被赋予军事任务（如哨兵、守卫边境乃至对外战争）时作为军人，出现土匪时还担负剿匪任务”。⑤除服兵役，“桂”较“庸”所需承担的差税少，社会地位也较“庸”高。

“庸”，是吐蕃服徭役者之低等属民，意为“训奴”或“贱民”⑥。常以“庸之民户（g—yung gi mi sde）”与“桂之军户（rgod kyi stong sde）”相对出现，前者属于依附封建领主、纳税服役的下层平民阶层，后者则是具有相对人身自由的自由民阶层。吐蕃王朝后期（赤祖德赞时期，公元815—836年），又出现了依附寺院领主的“寺属民户及产业（lha ris gyi vbangs dang）”，对于此类民户及产业“不征赋税、不征徭役，不取租庸”。⑦因“桂之军户”相对较少且仅服兵役，“庸之民户”便成为吐蕃社会的主要劳动者。

由于部族奴隶制的残留，kheng（为主人办事之人）与bran（奴隶）、khol（沦为集体奴隶的氏族称呼）、g—yog（奴仆）等均带有奴隶、奴仆的意思，有时甚至将除悉补野王室以外之人均称作奴隶，以表示隶属关系。⑧因此，吐蕃王朝对“奴隶（kheng、bran、g—yog）”，“奴隶的奴隶（yang

① 王尧、陈践（译注）：《敦煌本吐蕃历史文书》（增订本），北京：民族出版社，1992年版，第145页。
② 巴卧·祖拉陈哇：“《贤者喜宴》摘译（二）”，黄颢译，《西藏民族大学学报》1981年第1期，第9、21页。
③ 恰白·次旦平措等：《西藏通史——松石宝串》，陈庆英等译，拉萨：西藏古籍出版社，1996年版，第54页。
④ 林冠群：《唐代吐蕃史研究》，台北：联经出版事业股份有限公司，2012年版，第548页。
⑤ 恰白·次旦平措等：《西藏通史——松石宝串》，陈庆英等译，拉萨：西藏古籍出版社，1996年版，第55—56页。
⑥ 见第二章第二节“奴隶制社会形态”。
⑦ 王尧：《吐蕃金石录》，北京：文物出版社，1982年版，第180页。
⑧ 见第二章第二节“奴隶制社会形态”。

kheng、yang bran)”以及“奴下奴之奴（nying kheng、nying bran、nying g—yog)”等奴隶等级的确认本身就表明了层层隶属的封建等级状态。然而，这种划分方式毕竟将处于吐蕃上层的封建领主也包括在内，因此只能看作部族奴隶制的名称残留。对于上层封建领主贵族来说，处于下层的平民阶层就只有“桂（豪奴)”与“庸（训奴)”。据《贤者喜宴》，“庸之民户”又称“更（kheng)”，可划分为“更（kheng)”“扬更（yang kheng)”及“宁更（nying kheng)”三个等级：

努王巴斯等等“九王”，洛昂牧马等等“七牧者”，卡容马鞍匠等等“六匠人”，经营汉地之茶商等等“五商贾”，执掌立帐篷之达氏等等“三执事”，上述这些人均可划归“更（kheng)”“扬更（yang kheng)”及“宁更（nying kheng)”。囊巴财库王、尼婆罗铜王、苏毗铁王、门地娱乐王等四方面王，他们收集赋税上献，因此，亦属属民。[①]

由于“因地就封”的九王是“土地、牲畜、奴隶的领主”，因此，不在庸之列，“收集赋税上献”的四方面王也是封建领主，且在各自采邑内实行“包税制”都有可能。因此“九王”和“四方面王”应当都是属民，但非庸户。而“七牧者”“六匠人”“五商贾”“三执事”等当是“庸之民户”无疑。《吐蕃律例文献》显示，“王室一切庸之民户，尚论、百姓之耕奴，蛮貊、囚犯”享有同等身份地位。[②]就此看来，“庸”当指自身没有封地，在王室、封建领主以及尚论管理下提供商业、手工业、牧业、服务等劳动的属民，他们与没有封地、在王室或封建领主的封地耕作的“耕奴”享有同等权利。

从事农耕的耕奴（bran rkya)，从事放牧劳动的牧奴（rdzi dbun)、牧马奴（rta g—yog)，从事手工业生产的匠奴（mkhan drug)，服侍“富室”的奴从（yang kheng）等，均属吐蕃社会的最底层，他们都是“庸”，即封建农奴，只是从事具体劳动不同。

“庸”，作为吐蕃社会的主要劳动者，不仅与作为统治者的封建领主贵族有阶级差别，而且与作为被统治者之“桂”有着严格的阶层差别。无论

---

① 巴卧·祖拉陈哇：“《贤者喜宴》摘译（二)”，黄颢译，《西藏民族大学学报》1981年第1期，第10页。

② 王尧、陈践（译注)：《敦煌吐蕃文献选》之P.T.1071号《吐蕃律例文献》，成都：四川民族出版社，1983年版，第25页。“耕奴，专门从事农业大田生产的奴隶，在奴隶中处于最下层地位；蛮貊，吐蕃当时对边鄙地区的蔑称，原意为南方尼婆罗人；囚徒，可能指被俘虏的其他民族成员，虽已取得吐蕃部落成员身份，但仍有某种程度差别。”见王尧、陈践（译注)：《敦煌吐蕃文献选》，成都：四川民族出版社，1983年版，第39页，注释⑤⑧⑨。

“桂”，还是“庸”，乃至最下层的奴隶，都遵循只许降不许升的身份限制。作为兵丁来源的“桂之军户”，若因犯罪、丧失土地及生活来源，会沦为“庸”或奴隶，但没有上升为贵族的可能，“贵族立有战功者，其告身等级可获高升；同立战功，作为平民的‘桂’，却只能获赏‘勇者之章’，身份无法上升”。[①]奴隶和“庸”也无论如何不能上升为“桂”，更别说是领主贵族了，吐蕃甚至专门制定了“抑制庸之民户变桂之军户”[②]的律令。

与作为“军户”之“桂”相同，“庸之民户”也以户作为征收赋税徭役的单位存在，说明“庸”已经有了私人经济，且有了组织家庭的权利，因此，他们不再是奴隶，而是附属于领主的农奴。

四、封建领主与“桂”“庸”的对立统一

“庸之民户”与兼具生产、军事功能的“桂之军户”共同构成了吐蕃社会的主要劳动阶层。当然，吐蕃社会中仍然存在大量奴隶，这是“扬更”“宁更”的存在基础。随着封建领主制关系的深化，奴隶不再是吐蕃社会的主要劳动力，奴隶主与奴隶的矛盾让位于封建领主与农奴的矛盾，“桂”作为封建领主贵族施行统治的工具，维护统治秩序，维护私有田园财产制度，由此形成吐蕃社会的基本形态。《贤者喜宴》载：

> 供养王者，献纳赋税，“桂”行使镇压职能，使“扬更”所有依恃，“更”不能派作“桂”，女不得参政。保卫边境之属民，驰马不得穿越田园，克敌保民，行十善，杜绝十不善。[③]

“形官实封制”的推行，使大量旧奴隶主贵族转变为封建领主，填充于集权官僚系统中的官僚，一部分本就是新兴封建领主，一部分则从旧奴隶主贵族演变为封建领主。吐蕃的封建领主，包括赞普王室、赞普亲属、功臣、寺院之阿闍黎持咒者、本教及从旧部族首领转化而来的各级领主，他们是政治上的统治阶级，享有各项特权并成为吐蕃社会上层之贵族；是经济上的所有者阶级，

---

① 林冠群：《唐代吐蕃史研究》，台北：联经出版事业股份有限公司，2012年版，第555页。
②③ 巴卧·祖拉陈哇：“《贤者喜宴》摘译（二）”，黄颢译，《西藏民族大学学报》1981年第1期，第11页。

占有土地、牧场和农奴；依靠政治权力和对生产资料的所有权、农奴劳动力的部分所有权，无偿占有农奴的大部分剩余产品，并要求农奴为他们进行无偿劳役。与之相应，作为被统治阶级的奴隶逐渐演变为依附于封建领主的农奴，大量训奴、耕奴、牧奴等农奴依附于吐蕃政府、赞普王室、佛本寺院等各级封建领主。作为农奴，他们或者保有部分私人经济，“种子、耕牛、农具都由领主提供，产品留少量口粮”[①]，剩下的则全部归公；除提供剩余产品，还要利用生产间隙服差役。如依附寺院的“寺户农奴”有“纸匠、泥匠、酒户、毡匠、皮匠、木匠”等，所服劳役包括“修佛、修仓、洒扫、打钟、剉草、刈稻、舂稻、看园”等[②]。有的农奴将自己的劳动全部用于从事牲畜放牧、手工业劳作、商业贸易等政府差役，并以从政府或领主处所得“薪俸”，如“小米、青稞、食用糌粑、油料、胡麻”[③]等为生活资料。随着吐蕃王朝对各部土地、牧场和牲畜的占有，越来越多农牧奴从政府直接领受土地和牲畜，向政府承担赋税差役，但如此造就的不是集权官僚制下的自耕农，而是越来越多的“庸（训奴）”和耕奴、牧奴等农奴，是政府机构自身越来越领主化，是封建农奴制生产关系的深化。

吐蕃王朝的建立及其掀起的政治变革，是经济变革的先导。无论吐蕃王室，还是被分封的领主贵族，都有了相对固定的领地和农奴。青藏高原的统一使吐蕃王朝向外扩张达于顶峰，因而那种依靠对外战争获得奴隶、土地和战利品的可能性减小了，吐蕃统治阶级必须将获得剩余产品的希望寄托于治下的劳动者。随着吐蕃的扩张，吐蕃本部成员分散各地，或者作为“桂之军户”，维护吐蕃统治和扩张；甚或上升为封建领主，拥有封地和农牧奴；被纳入吐蕃王朝管辖的外围部族，如吐谷浑、唐朝边地则由于早已废除奴隶制且农业生产率较吐蕃本部更高，因此，也不再被掠夺作为本部奴隶，而是就地转化为农奴，以赋税、劳役甚至兵役为统治目的；小邦时代遗留下来的大部分奴隶在吐蕃王朝的建立与封建化中转化为农奴。农奴在获得较奴隶相对自由的人身权利和经济权利之后，劳动积极性提高，从而为封建领主贵族无偿提供更多的劳役和剩余产品。吐蕃王朝在封建领主、桂之军户与庸之民户的对立统一中走向繁荣。

---

① 黄万纶：《西藏经济概论》，拉萨：西藏人民出版社，1986年版，第64页。
② 黄颢：“论吐番奴隶及其演变”，《西北民族研究》1988年第1期，第48页。
③ 王尧、陈践（译注）：《敦煌吐蕃文献选》P.T.1097号《薪俸支出粮食清册》，成都：四川民族出版社，1983年版，第52页。

第三节 吐蕃王朝农牧业的发展

吐蕃王朝的建立与封建领主制改革，为吐蕃经济的迅速发展提供了有利条件。在小邦征战的部族奴隶制时代，各小邦为了掠夺战利品、为了占有更好的土地并以俘虏充做奴隶，将主要精力用于兼并战争。军事扩张所需的人力、物力、财力在一定程度上促进了各部族主观发展经济的努力，无论古象雄王国对商业和交通的推动，还是悉补野雅砻部族在布代贡杰时代的农业变革，乃至吐蕃王朝建立后养马业的发展，都在一定程度上反映了政治力量对经济发展的促进作用。吐蕃王朝更是通过设置职官的方式加强农业、游牧业、手工业、商业的管理，在以增加赋税和剩余产品为管理目的的同时，极大地推动了吐蕃经济的繁荣，并在对外经济交往尤其与唐王朝的经济交往中，发挥和发展了吐蕃经济的比较优势。唐蕃经济因互补而交往，交往又反过来强化了分工与互补性。文成公主入藏后，还积极推广汉族的先进耕作方法，使吐蕃粮食产量不断提高；令汉族工匠在落水处为藏民安置水磨，节省了大量劳动；教会藏族妇女纺织刺绣，使吐蕃家庭手工业得到发展，吐蕃王朝的封建农奴制经济走向顶峰。

一、农业区的扩展与水利建设

为更好地发展农业，吐蕃在律法中加入了保护农业生产的内容：“守卫边界者，不践民禾；镇守四方者，不可在百姓耕种的农田中放牧驰骋。”[①]同时，在各农耕区设置职官“兴本”，专管农业生产和农业技术推广。在吐蕃本土之

① 恰白·次旦平措等：《西藏通史——松石宝串》，陈庆英等译，拉萨：西藏古籍出版社，1996年版，第70页。

外的占领区，如西域、敦煌等地专设“田官”，负责禄田、职田的分配和地租、赋税、劳役的征发。这种自上而下的农业生产管理机构的设置，表明农业已经成为吐蕃重要的经济部门，由进一步促进了农业的发展。

从布岱贡杰时代的农业变革开始，雅砻河流域便发展出较发达的定居农业，且提倡“开拓荒地，垦草原平滩为田亩”[①]，扩大农业区域。拉萨河谷的森波杰部族被吞并后，雅鲁藏布江中游两岸的拉萨河谷和雅砻河谷地带成为早期吐蕃的主要农业区，藏北和藏东之阿里、安多和康区，则以草原游牧和森林狩猎为主要生产方式。随着王朝扩张，传统游牧、狩猎区周边的宜农地区相继成为吐蕃的领土，传统的汉族农业区青海河湟谷地、新疆南部、唐朝河西陇右等地也逐渐被吐蕃占领，那些靠近汉族、易于接触先进农业生产方式的地区，如青海、甘肃、四川、云南等地，顺理成章地被设立为吐蕃农业区，农耕成分大大增加。吐蕃王朝积极推动“开田畴阡陌”[②]，作为吐蕃“七贤臣”之一的赤桑雅顿还“将山上的居民全部迁到河谷平地，使农民在田地边盖房定居，开垦平地为良田”[③]。大量藏族先民的生产生活方式从森林狩猎和草原游牧转向了定居农业。唐诗《凉州行》之“蕃人旧日不耕犁，相学如今种禾黍”[④]，反映的便是与中原临近的吐蕃传统游牧、狩猎区转为农耕区的状况。

“施行大规模之水利工程，以求农田之推广”[⑤]，历来是农业文明的重要特征。吐蕃同样以大规模的整治河坝、兴修水利推进农业和畜牧业的发展。不仅“开沟作渠，谷水蓄为池沼，滩水导入沟渠”[⑥]，还修堤建坝，调节洪涝，“天旱时则灌，雨涝时则排”。拉萨河谷的整治便发生于松赞干布时期。因拉萨河季节性河水涨落，河谷地带原本遍布沼泽，且夏季河水横溢，危及农牧民生活。迁都拉萨后，吐蕃决心整治拉萨河，在北岸修筑大堤，在南岸挖土溢流，以其土回填北堤，修成“觉沃热卡堤”，从而将拉萨河床南移，遏制河水北流，史称“挖南填北”。在整治拉萨河谷的同时，吐蕃还组织群臣百姓挖

① 巴卧·祖拉陈哇：“《贤者喜宴》摘译”，黄颢译，《西藏民族大学学报》1980年第4期，第34页。
②⑥ 索南坚赞：《西藏王统记》，刘立千译注，拉萨：西藏人民出版社，1985年版，第47页。
③ 巴卧·祖拉陈哇：“《贤者喜宴》摘译（二）”，黄颢译，《西藏民族大学学报》1981年第1期，第6页。
④［唐］王建：《凉州行》。
⑤ 李剑农：《中国古代经济史稿（上·先秦两汉）》，武汉：武汉大学出版社，2011年版，第55页。

渠引水，将“夏普”“多普”“雅拉普”等河之水引入拉萨附近的牧场，方便畜牧业用水。[①]这些大型水利工程非吐蕃王朝之强大的人力、物力动员能力难以建成。拉萨河道的整治与护城大堤的修筑，使拉萨逐渐成为吐蕃农牧业条件最为优越的地区，为城镇建设和社会进步提供了稳定的条件，拉萨居民逐渐增多，建立起大昭寺、小昭寺，围绕大昭寺盖起了朝拜者的旅社，形成了八角街市场。

二、农业生产技术的进步与农作物品种、农用工具的多样化

藏族先民在氏族社会时期的原始农业阶段，经历了刀耕、耜耕（锄耕）、犁耕等耕作方法的演变，耕作工具以石器和木器为主。到雅砻部族时期，藏族先民更加注意改进农业生产技术，创制和使用铁制犁，采用畜力耕作，以杂交品种——犏牛为主要耕畜，在耕作方法上采用“耦耕法”，即“二牛抬杠”式犁耕法，[②]藏语称之为“突岱（dor bsdes）”，意为双牛耕地。耦耕法甚至成为吐蕃土地面积的计量单位，即以二牛耦耕一日之面积为“突（dor）”，约等于唐制五亩。[③]但是吐蕃早期的定居农业，无论在耕作技术，还是在播种方式上，都较为原始，休耕及撒播等方式仍占主要地位，因此，收获量并不大。通过商业交流、边境接触以及与唐和亲，藏汉先民交往更为密切，中原先进的农业技术及作物品种、生产工具传入吐蕃，极大地促进了吐蕃农业的发展。

吐蕃早期的定居农业，不知使用肥料，多采用焚烧草木、引水浸灌的方式开垦荒地，因此，地力很难恢复，当地力用尽时，不得不另寻荒地开垦；再加上河水季节性泛滥，水患不时威胁农牧民生存，迁徙成为很难规避的选择。吐蕃王朝建立后，修河堤，建水利，免除了水患。中原地区在西周时期

---

① 次旺多布杰等：《西藏农牧业科技发展史》，北京：中国农业出版社，2015年版，第29页。

② 将一木制横杠的两端分别系于并列的二牛牛角上，犁架于横杠联结，以牛角曳犁。

③ 陈庆英、高淑芬：《西藏通史》，郑州：中州古籍出版社，2003年版，第59页。

已经懂得施肥和休耕，两汉时期的休耕之法则从“莱田休耕”进展为“甽田代处”，甚至发展出轮种法。[①]吐蕃人在与中原的交往中学会老“甽田代处”，开始“挖畦沟、薅草、施肥、轮作等。”因“甽田代处”而引申的挖畦沟还在一定程度改进了播种技术。吐蕃原本采用撒播法，不便于耘耨[②]，苗根入土浅，不耐风旱。“甽田代处”后，撒播法发展为田甽种法，即“播种于甽中，苗生叶以上，每耨辄隤土以附根，陇尽根深，故能风与旱”[③]。从而提高了产量。

吐蕃学会施肥、轮作，保留焚烧草木的垦地方式，“岁焚宿草，是每年常事”[④]，以此作为农田灭草和草木灰肥田之术。在长期的生产实践中，吐蕃还在经验中归纳出物候的变化，并据此划分季节。《新唐书》载，“其四时，以麦（青稞）熟为岁首”[⑤]，麦熟时举办祭祀，便于安排农事[⑥]，现代藏族仍保持了每年六七月份行祭的遗俗。早在小邦时代早期，藏族先民就开始了对青稞的栽培种植。在距今3300年左右，作为粟类作物最西界的雅鲁藏布江中游地区，已经形成青稞与粟交汇分布的状态。[⑦]另外，吐蕃还种植了大量小麦、荞麦等农作物以及桑树、百合等作物品种。《旧唐书》载，“其地气候大寒，不生杭稻，有青稞麦、褁豆、小麦、荞麦”。[⑧]随着与唐朝的接触和交流，吐蕃从中原地区引进了许多新的品种。《贤者喜宴》记载，文成公主入蕃前，曾问噶尔：“吐蕃有无蔓青、瓷土、马兰草、虫石子？”噶尔回，“其他均有，唯无蔓青”，文成公主隧携蔓青籽种入蕃。[⑨]藏歌中有“汉族地区来的文成公主带来3800种粮食品种”[⑩]的说法，虽言过其实，但反映了藏族先民从汉地引入了

① 以一岁一休或二岁一休之法，将整块儿土地休息不耕，以待地力恢复，谓之莱田。随着人口增加，可供休耕之莱田越发缺乏，汉武帝时期，行以“甽田代处”法，即“一亩三甽岁代处”，今年版播种于此甽，明年版各甽易位，一亩之中岁岁有休耕之部分。后来更是发展出轮种法或季节易种法。见：李剑农：《中国古代经济史稿（上·先秦两汉部分）》，武汉：武汉大学出版社，2011年版，第187页。

② 耘耨，是一种中耕措施。清代陈确《瞽言·原教》有“犹知五谷，虽云美种，然不耕植，不耘耨，亦无以见其美。”

③ 李剑农：《中国古代经济史稿（上·先秦两汉）》，武汉：武汉大学出版社，2011年版，第188页。

④［唐］白居易：《代忠亮答吐蕃东道节度使论结都离等书》，《钦定全唐文》卷674《白居易十九》。

⑤［北宋］欧阳修等：《新唐书》卷216《列传》141《吐蕃上》。《旧唐书》《通典》“吐蕃，不知节候，以麦熟为岁首”的记载。吐蕃麦熟之时大约相当于汉地农历六月下旬，直到现在，藏族在六、七月份还要举行宗教祭祀活动。

⑥ 次旺多布杰等：《西藏农牧业科技发展史》，北京：中国农业出版社，2015年版，第30页。

⑦ 见第二章第三节“二、青稞等农作物的栽培种植”。

⑧［后晋］刘昫等：《旧唐书》卷196《列传》146《吐蕃上》。《新唐书·吐蕃传》也有“其稼有小麦、青稞麦、荞麦、䒷豆。”

⑨ 巴卧·祖拉陈哇：“《贤者喜宴》摘译（三）”，黄颢译，《西藏民族大学学报》1981年第2期，第22页。

⑩ 次旺多布杰等：《西藏农牧业科技发展史》，北京：中国农业出版社，2015年版，第31页。

多种农作物，丰富了吐蕃人的饮食结构。

随着农业生产技术的进步和作物品种的丰富，吐蕃时期的农业生产工具呈现出体系化特点。犁，耕播的主要农具，由二牛牵引，犁身上端有把柄，把柄上拴绳，绳直接连在牛轭两端。牛轭是两头耕牛颈上与犁链接的横木。牛轭上直接连犁杠，介于两牛之间。一般情况下，犁身、犁杠为木制，犁铧为铁制，绳用山羊毛或牛毛搓成，犁身缠绕牛皮条，牛颈处有毡子。犁地时，犁铧入地，与地面形成一定交角。耙，用于耙地的主要农具，耙地可达到平土、碎土的作用，耙身和耙齿一般为木制。用牦牛头部的皮毛或扫帚草制成的播种筐，春播时筐内放种子，使用者将筐绳挂在左肩，筐斜抱在怀中，右手撒种。镰刀，收割庄稼和割草的主要农具，一般镰刀把为木制，刀为铁制。另外，吐蕃时期还从汉引入了多齿耙、多股叉、扫帚等，均为木制，多齿耙专门用于秋收时耙谷穗，多股叉专门用于秋收扬场时叉草和青稞穗，扫帚则用于打谷晒谷场清场。[①]犁、耙、镰刀、叉、播种筐等农具已覆盖从耕到收的整个农业生产过程，形成农具体系。

三、畜牧业技术的发展与牧业管理

与中原地区相比，畜牧业是吐蕃最为重要的生产部门，尤其吐蕃的马匹，一度成为唐朝战马的主要来源。即使作为吐蕃主要农业区的雅鲁藏布江河谷，仍保持“有城郭庐舍不肯处，联毳帐以居”[②]的畜牧业生活习惯。吐蕃王朝建立后，在鼓励发展农业、扩大农业区的同时，也积极推进牧业发展。

吐蕃牲畜种类繁多，从旧石器时代和细石器时代开始，已经有牛、马、藏獒、羊、猪、驴等牲畜被驯化。牦牛作为藏区特有的牲畜品种，在4000多

① 次旺多布杰等：《西藏农牧业科技发展史》，北京：中国农业出版社，2015年版，第31—32页。
② ［北宋］欧阳修等：《新唐书》卷216《列传》141《吐蕃上》。

年前得到驯化。[①]雅砻部族时期，通过杂交技术，吐蕃先民培育出了牦牛、黄牛的杂种——犏牛，成为主耕畜。《旧唐书》载："畜多牦牛猪犬羊马。又有天鼠，状如雀鼠，其大如猫，皮可为裘。"[②]《新唐书》载："其兽，牦牛、名马、犬、羊、彘，天鼠之皮可为裘，独峰驼日驰千里。"[③]可知，在唐代吐蕃时期，牦牛、猪、犬、羊、马、驼等成为吐蕃的主要畜种。吐蕃的畜产品丰富多彩，皮革、毛类、肉类、酥油、乳类等除了自用，还是对外经济交往的重要内容。战争需要与中原市场共同推动了吐蕃养马业的发展，吐蕃发展出调教、训练、喂食、阉割等成体系的养马技术，以及良马挑选、优种马集驯等技术。"蕃马"一度闻名四海，既作为向外扩张的战争工具，又作为唐蕃互市的主要商品。

吐蕃实行畜牧业和农业发展的专项发展政策。公元746年（唐玄宗天宝五年），"制定治理四茹农牧区之法令"，次年，宣布"划分农牧区之各项制度"[④]。不仅"划分农田、牧场"，而且分设农牧业职官进行管理。在各农耕区设置职官"兴本"和地方"田官"；对牧业的管理则直属中央政府，中央设"楚本"，专管畜牧业；还设齐本（司马官），负责管理君臣的坐骑、军马、安营设帐等；在各牧区则设"七牧者"，专司放牧管理和畜牧技术的改良。在"储草过冬"技术的基础上，吐蕃发展出"半游牧半定居"的放牧方式，即春夏两季仍逐水草而居，秋冬季则在固定牧场畜牧。为此，吐蕃王朝"制定草料场、放牧场制度"，并多次"划定夏季牧场与冬季牧场。"[⑤]另外，吐蕃还注重清查牲畜数量，将从官府领受或清点时的牲畜实有数、病死或食用的数量、羊皮数量等登记造册，作为牧业税税基。

农牧业在发展，吐蕃的狩猎经济也未消失。吐蕃具有包括黄羊、岩羊、羚羊、野牦牛、鹿群、狼群等丰富的野生动物资源，狩猎仍然是吐蕃人重要的经济补充，设有猎官、猎人百夫长等管理者。但更多意义上，狩猎变成吐蕃王室和领主贵族的一种娱乐和练兵项目。

---

① 见第二章第三节"三、牦牛等牲畜的驯化放养"。
② [后晋] 刘昫等：《旧唐书》卷196《列传·吐蕃上》。
③ [北宋] 欧阳修等：《新唐书》卷216《列传》141《吐蕃上》。
④ 黄布帆、马德：《敦煌藏文吐蕃史文献译注》，兰州：甘肃教育出版社，2000年版，第54页。
⑤ 次旺多布杰等：《西藏农牧业科技发展史》，北京：中国农业出版社，2015年版，第34页。

第四节 以兵器与佛教用品制造为主的官营手工业

《周书》曰："农不出则乏其食，工不出则乏其事，商不出则三宝绝，虞不出则财匮少。"[①]但在人类社会早期，分工尚未固定成为专门职业，而以兼业形式出现。从事农耕之人，在农闲时兼事狩猎，种植作物和饲养家畜相辅相成，为了满足采集渔猎的生产需要，工具制造不可缺少。随着合类性的增长，族群范围扩大，交换和分工有了可能性，不同领域或环节的具体劳动由专门的劳动者从事，就变为专门的职业。交换促成了分工的职业化，分工又成为增进劳动生产力的必要方式，畜牧业从农业中分离，手工业又从农牧业中分离，随着交换发展，商业部门也分离出来。

一、手工业的内部分工与官营手工业

藏族先民在小邦时代已经完成了农牧业分离以及手工业、商业从农牧业中的分离。手工业较其他部门更利于分工的进步，"农业上的种种劳动，随季节推移而巡回，要指定一个人只从事一种劳动，事实上绝不可能"[②]。所以农牧业的分离完成后，农牧业部门内部很难推动继续分工。闲暇时间从事手工业作为补充、自给自足为主、商品交换为辅的"自然经济"成为农业社会主要特征。与之对应，手工业内部分工的细化不仅可能，而且成为现实。自从手工业独立后，部门内部又分化出不同门类。

小邦时代的手工业内部以铸剑业最为突出。到吐蕃王朝时期，由于族群

① [西汉] 司马迁：《史记》卷129《货殖列传》。
② 亚当·斯密：《国民财富的性质和原因的研究》(上)，北京：商务印书馆，2012年版，第7页。

范围扩大，对外交流增加，以及战争和宗教需要，陶器制造业、金属制造业、纺织业、皮革业、酿酒业、建筑业、采盐业等手工业部门迅速发展起来，手工业者也有了木工、石工、铁匠、冶金工、制鞍匠等专门分工。不过，由于吐蕃脱胎于奴隶制，大量手工工匠要么直接从俘虏而来，要么由原来的奴隶承袭，最发达的手工制造业均服务上层、宗教生活或对外战争，民间又很难形成能够提供足够生产资料的私人所有者，因此，吐蕃与中原王朝自商周开始实行的“工商食官”制度一样，手工业大多由官营，即百工都由政府控制和豢养，成为附属于官府的官奴。

吐蕃时期得到空前发展的手工业部门集中于武器制作和佛教器具。与管理农业的“兴本”、管理畜牧业的“楚本”相应，设立职官“孜本”，管理手工业，开设手工作坊，为封建贵族和对外战争的需要进行生产。吐蕃还根据辖域内自然环境和生产传统的差异，划分出四个定点生产基地[①]：尼泊尔为铜器生产基地（当时尼泊尔归属吐蕃）；安多西部为铠甲武器生产基地和良马饲养基地；门域（今山南地区）为木材、竹器生产基地；象雄及周边地区为香料、玉石、金银生产基地。吐蕃官营的金属冶炼、皮革加工、建筑雕塑等手工业部门，一定程度上具备了商品经营性质，客观上利于满足吐蕃民众的生产生活需要。

吐蕃王朝解体后，手工业的官营性质开始淡化，要么由分散各地的封建领主组织进行，要么由商业化的民间私有者经营。从元朝被纳入中央政权开始，吐蕃手工业的官营性质又开始恢复，并形成了官营性质的“行会组织体系”[②]。这种行会组织，不同于中世纪西欧的手工业行业协会组织，后者是从业者联合起来对抗封建领主势力，防范进入城市的农奴竞争，以保护和维持自身利益的组织。前者并非自发性的组织，而是属于政府机构，主要负责接受和完成政府的支差任务，收派差税，调解纠纷，因此，虽名“手工业行会组织”，实则与吐蕃王朝时期的职官“孜本”相似，是吐蕃官营手工业在分散化状态下的延续。

---

① 得荣·泽仁邓珠：《藏族通史——吉祥宝瓶》，拉萨：西藏人民出版社，2001年版，第406页。
② 扎嘎：《西藏传统手工业五金工匠的历史、行会组织及其社会地位》，《中国藏学》1992年特刊，第91页。

二、佛教影响下的黄金制作工艺

在吐蕃官营手工业中，最重要的是金属开采和加工业，又因吐蕃时期的各种工艺进步多起于宫廷、寺庙等封建贵族的奢侈品制作，因此，黄金制造业繁荣，黄金开采、冶炼、制作等均取得显著成就。吐蕃王朝建立前，藏族先民就有采金用金的传统，但采金技术并不发达，主要从地下（河滩、山坡等地）直接挖掘而得，一般不淘选、不冶炼，有古藏文卜辞“巍巍北山上，发掘万宝藏，挖掘见黄金，欣然攫而取，凛藏于怀中”[①]，对吐蕃王朝前的采金方式进行了描述。此种采金方式只能采得较大金块、金粒，细小的金砂、金屑得不到利用。

吐蕃王朝时期，对黄金需求增加，唐朝的淘金技术和炼金技术以书籍和工匠为载体传入吐蕃，吐蕃学会了汉地之“溜槽淘金法”：在地上挖一斜槽或者用大石块砌成阶梯状的斜槽，在槽底铺上草皮或羊皮作为筛孔；将含金的砂土倒入槽中，然后引水冲入槽内，让水冲走泥沙，金粒因比重大而沉积在草皮中；如此反复冲洗后，取出草皮，抖出留下的颗粒；颗粒中除了金粒，还杂有一些砂石，将全部颗粒倒在尖底的钵盆中，在水中涤荡，排除砂石，留下的就是黄金。这种采金方式与中原地区已经十分相似，只不过中原的采金槽均以木工细作而成。[②]中原的黄金提炼技术随着和亲和其他方式传入吐蕃，吐蕃学会了利用水银炼金的“混汞法”[③]；在制作“金汁”和黄金药物等制品时，还采用加入含氰植物矿物来溶解金的“氰化法”。直到今天，藏药的制作过程中还保留了此种炼金技术，如水银在藏药中称“甘露”，由水银炼制而成的“佐太”是配制珍宝类藏药“七十味珍珠丸”“仁青芒觉”“仁青常觉”“坐珠达西”等的重要成分。

除采金和炼金，吐蕃时期的镏金技术也达到了很高水平，并广泛运用于

---

① 陈崇凯：《西藏地方经济史》，兰州：甘肃人民出版社，2008年版，第125页。

② 陈崇凯：《西藏地方经济史》，兰州：甘肃人民出版社，2008年版，第126页。

③ 借助于液体汞从矿石和精矿中提取贵金属的过程叫作混汞。混汞时，将磨碎的含金物料与汞接触，金粒被汞润湿，并聚集在汞中，形成汞齐。围岩矿物、有色金属和铁不易被汞润湿，不形成汞齐。由于汞齐本身密度大，从而与废石分离开来。汞齐经加热蒸发去汞，即获得贵金属或其合金。由于冶炼过程中，会出现大量剧毒水银蒸汽，操作者须有一套避毒方法，故只能有专门手工业生产部门进行。

寺庙的金顶、佛像、法器及民间工艺品。后弘期开始，藏传佛教将镏金技术纳入“小五明”之“工巧明”，作为藏传佛教工艺学的重要组成部分，在寺庙中代代传授，一直流传至今，被称作“藏族绝技”。在先进的淘金、冶金、镏金等工艺水平之上，吐蕃产生了大量精巧的黄金制品。如宗教类的镀金聚宝瓶，金制法轮、法幢，金鹿、金马浮雕，金石像等；军用类的金箭、金箭筒、金缕剑、金甲、金枷、金鞍、金账等；用于宗教祭祀和向唐献礼的金盘、金碗、金瓮、金鹅（酒器）、金冠、金宝带、镀金铜体、金盏、金盎、金皿、金链等生活装饰用具；另有金鼎、金印、金牌告身、金城、金颇罗等社会用品。汉文史籍多次记载了吐蕃献于朝廷的精美金属制品。《旧唐书》载：“太宗伐辽东还，遣禄东赞来贺。作金鹅奉献。其鹅黄金铸成，其高七尺，中可实酒三斛。”“开元二十四年（736年）正月，吐蕃遣使贡方物金银器玩数百事，皆形制奇异。上令列于提象门外，以示百僚。”[①]《册府元龟》载，吐蕃向唐请婚时，“献金城，城上有狮子、象、驰马、原羝等，献金瓮、金颇罗等”。[②]足见吐蕃黄金制作工艺的精进，反映出吐蕃上层社会的奢靡，佛教的出现非但没有降低反而加强了这种奢靡。

三、兵器制造及其带动下的金属冶炼业和皮革制造业

吐蕃在不断的军事斗争中建立起来，大规模的向外扩张不仅促进了养马业，也促进了武器制造业。制剑、剑袋、刀、矛、盾牌、士兵服饰、马鞍等武器装备均有专门匠人制作，其中刀剑制造和皮革加工分工细致，相当发达。

吐蕃刀剑分尚玛、索波、呼拍、古司、甲热五大类，其中尚玛又分尚玛和尚杰，索波分索波和索孜、呼拍分呼拍和呼若，古司分古司和古达，甲热分甲热和甲嘉，共十小类。尚玛类刀剑，源于汉地，刀剑背部厚重；索波类刀剑，源于索波地方，其刃锋利；呼拍类刀剑，源于蒙古，有刀鞘，“能一下砍断六只野牛角”；古司类刀剑，源于吐蕃本土，止贡赞普时期兴起，由古司

① ［后晋］刘昫等：《旧唐书》卷196《列传》146《吐蕃上》。
② ［北宋］王钦若等：《册府元龟》卷968《外臣部·朝贡》。

九兄弟开始打造，有银色刀纹；甲热类刀剑，源于南方门地区，削铁如泥。[①]可见吐蕃对刀剑研究的系统性，在一定程度上说明了吐蕃刀剑制造业的发达。兵器制作技术和工艺的发展带动了整个冶铁产业的进步。四川甘孜州炉霍县的呷拉宗遗址发现了吐蕃时期“不同于中原系的自然抽风冶炼技术及竖井式炉型”[②]，显示出吐蕃相当高的冶炼水平。锻打技术和铸造技术不仅运用于兵器制造，而且运用于生产工具和生活用具的制造，铁犁、铁斧等农具得到大规模使用，促进吐蕃农业进步。

因战争需要及畜牧业的发达，吐蕃发展出重要的皮革制造业，马鞍、马笼头、缰绳、肚带等马具，防身武器铠甲、箭囊、弓弦等皮革制品均用于战争和狩猎。《贤者喜宴》等古藏文文献中记载了“卡容马鞍匠等六匠人”[③]，可见制鞍匠已为一个独立职业，说明吐蕃对兵器制造的讲究。《新唐书》还记载了吐蕃精良的铠甲：“其铠胄精良，衣之周身，窍两目，劲弓利刃不能甚伤。”[④]表现出吐蕃皮革制造业的技术水准。皮革加工作为吐蕃传统手工业，不仅加工军用品，更服务于藏族先民的生产生活之需。吐蕃王朝之前，藏族先民就将羊皮加工后缝制成衣帽、鞋靴等，吐蕃简牍中记载了“山羊皮披风、羚羊皮披肩、羚羊皮上衣、锦缎裘袍”[⑤]等名贵服饰，“裘服”则为吐蕃人最普遍的衣着，足见皮革为吐蕃人的必需品。吐蕃时期，皮靴、皮张等均成为在市场出售的商品，有“彭布靴钱青稞四克，皮张之钱青稞一克”[⑥]的记载。

吐蕃人不仅善于运用皮革，也用羊毛、牛毛进行纺织，主要织品有褐、毯、毡等。毛褐是用羊毛、牛毛等纺织而成的粗布，是制作衣物的重要材料，吐蕃人向来有“夏褐冬裘”的着衣习惯。毛毯、毛毡是游牧民制作帐篷的重要材料。由于需求量较大，毛线、毛褐、毛毡等均是吐蕃社会的重要商品。汉文史籍记载了吐蕃从中原请蚕种的历史，《旧唐书》曰：“因请蚕种及

① 达仓桑巴·班觉桑布：《汉藏史集》，陈庆英译，拉萨：西藏人民出版社，1986年版，第138—140页。
② 李映福：“四川炉霍县呷拉宗吐蕃时期炼铁炉研究”，《四川大学学报（哲学社会科学版）》2014年第1期，第5页。
③ 巴卧·祖拉陈哇：“《贤者喜宴》摘译（二）”，黄颢译，《西藏民族大学学报》1981年第1期，第10页。
④［北宋］欧阳修等：《新唐书》卷216《列传》141《吐蕃上》。
⑤ 才让：《吐蕃史稿》，兰州：甘肃人民出版社，2010年版，第248页。
⑥ 王尧、陈践：《吐蕃简牍综录》，北京：文物出版社，1986年版，第33页。

造酒、碾、硙、纸、墨之匠，并许焉。”[①]《新唐书》载：“请蚕种、酒人与碾硙等诸工，诏许。”[②]但吐蕃并没有养蚕织丝的记载，反倒经常从唐王朝取得丝织品。

四、瓷器烧制与建筑用陶

由于吐蕃游牧经济从农耕经济中分离，农区保持了畜牧业传统，因此，适于定居农业生活的陶器制造技术并不发达，不过与其他地区的农业居民一样，吐蕃先民毕竟在新时期时期已经能够制作陶器。昌都卡若遗址中发掘了大量陶罐、陶碗、陶盆。[③]吐蕃王朝建立后，定居人口增加，对日用品需求上升，陶器作为当时使用最普遍的日用品，烧制技术和产量都有所提高。林芝出土的吐蕃陶器中就有“泥制灰陶、夹砂红陶、褐陶”[④]等品种。文成公主和金城公主入藏时，将中原地区的陶瓷技术和工匠带入吐蕃，吐蕃的制陶业上升了一个台阶，在原来烧制日用陶器的基础上，吐蕃从瓷器制作最为先进的唐朝引入制瓷技术。《汉藏史集》中记载：都松芒保杰在位时（公元676—704年），曾派使臣前往汉地索要一种叫作“碗”的器具。唐朝皇帝没有将碗赠送给吐蕃，而是派遣一名制造碗的工匠，利用吐蕃自有原料制作。工匠在赞普的支持下，造出了包括“汉地也没有兴盛过的兴寿碗”在内的六种碗。[⑤]说明唐朝的制瓷技术传入吐蕃，且吐蕃利用本土原料制造出了具有吐蕃特色的瓷碗。

吐蕃不仅开始烧制瓷器，而且开始烧制并运用砖瓦等建筑用陶。修建大昭寺、桑耶寺等寺庙时，建筑用陶已得到广泛使用。“大昭寺主殿的所有墙都是由一肘多长的五色砖砌成，质地坚硬，工艺精细。”[⑥]桑耶寺的修建大规模使

---

① [后晋]刘昫等：《旧唐书》卷196《列传》146《吐蕃上》。
② [北宋]欧阳修等：《新唐书》卷216《列传》141《吐蕃上》。
③ 见第一章第三节“二、新石器时代农耕游牧经济为主、采集渔猎经济为辅的经济形态”。
④ 西藏自治区文物管理委员会：“西藏考古工作的回顾——为西藏自治区成立二十周年版而作”，《文物》1985年第9期，第7页。
⑤ 达仓桑巴·班觉桑布：《汉藏史集》，陈庆英译，拉萨：西藏人民出版社，1986年版，第106—107页。
⑥ 屠舜耕：“吐蕃王朝前后的西藏建筑”，《文物》1994年第5期，第28页。

用了陶制砖瓦，其中古砖有“梯形砖、长方形砖、薄方砖等，一般在砖面施有绿釉”，瓦有“板瓦、筒瓦、瓦当种类，也皆施有绿釉”[①]。建筑所用砖瓦都是“以拉萨地区红土作为原料在桑耶附近建窑”[②]，且“很有可能是用文成公主进藏时传入的制砖工艺烧造成。”[③]

中原先进的造纸术、酿酒技术也传入吐蕃，吐蕃学会了纸张制作，“吐蕃造纸技术与中原传统造纸法基本相同”，先制浆，再捞纸，制作的纸张主要用于书写政府公文、会盟书、经卷等。因天寒地冻，藏族嗜好饮酒以抵御风寒，吐蕃时期建立起官营、寺营和私营的酿酒业，以粟米、青稞、麦为主要酿酒材料。石磨也在吐蕃王朝时期传入藏区，成为吐蕃的面粉加工工具。吐蕃人普遍将青稞、小麦等用石磨磨成粉，然后再加工成各种食品，糌粑、馍馍、锅魁、锅圈子、饺子、面片之类的面食，丰富了藏族先民的主食结构。另外，采盐业、木器制造业等行业也继续得到发展。[④]

吐蕃广泛吸收邻族经验技术，尤其是从中原地区引进的生产技术，极大地促进了吐蕃农业、手工业的发展水平，社会分工越发细致，手工业劳动者逐渐增多，虽然他们是政府的“官奴”，但仍然为吐蕃社会经济的发展做出了巨大贡献。

第五节 吐蕃的商业与商人

在与外界尤其中原的交流中，吐蕃的农牧业和手工业技术都有了显著提升，产品的产量和种类逐渐增加，为商品交换和商业发展提供了物质基础。

① 霍巍：“吐蕃王朝时期的佛寺遗存与汉地文化影响”，《西藏民族学院学报》2015年第3期，第4页。
② 陈崇凯：《西藏地方经济史》，兰州：甘肃人民出版社，2008年版，第137页。
③ 屠舜耕：“吐蕃王朝前后的西藏建筑”，《文物》1994年第5期，第28页。
④ 陈崇凯：《西藏地方经济史》，兰州：甘肃人民出版社，2008年版，第138、145、149页；才让：《吐蕃史稿》，兰州：甘肃人民出版社，2010年版，第248—250页。

上至拉萨，中到各东岱，下到各村落，均形成了定期或不定期的市场，专门从事商业的商人阶层逐渐扩大。依靠和亲、战争等方式，吐蕃与唐朝建立了紧密联系，通过贡赐、采购、互市等方式实现了与唐朝的经济交往。吐蕃人还依托与唐朝的经济联系和对丝绸之路的控制，形成了四通八达的交通要道，逐渐建立起与南亚、中亚乃至西亚等各国的对外贸易，使吐蕃商业出现了前所未有的繁荣。

一、吐蕃交换活动的扩大

原始氏族时代的藏族先民过着采集渔猎的游民生活，虽然有合作，但没有私有制，也就没有交换，为了防卫和守护氏族财产，氏族联合体开始出现，并构成了“小邦”的雏形。在氏族和氏族联合体阶段，“只能有偶然的交换；制造武器和工具的特殊技能，可能导致暂时的分工，然而，在作坊中发展了自己技能的匠人，大概只能靠全体和为全体工作”[①]。吐蕃早期文献记载中出现的“刀剑九兄弟”当属于靠全体、为全体工作的专门匠人。随着生产的发展，藏族先民首先实现了游牧生产方式从原始采集狩猎经济的分离，从而为交换的发生提供了可能性。“自从游牧部落从其余的野蛮人群中分离出来，游牧部落生产的生活资料，不仅比其余的野蛮人多，而且也不相同。同其余的野蛮人比较，他们不仅有数量多得多的乳、乳制品和肉类，而且有兽皮、绵羊毛、山羊毛和随着原料增多而日益增加的纺织物。这就第一次使经常的交换成为可能。各不同部落的成员之间进行交换以及它作为一种经常制度来发展和巩固的一切条件都具备了。”[②]就藏族先民来说，依靠游牧业首先从原始采集狩猎业中分离并发展起来的是象雄王国，因此，象雄王国也成为青藏高原最早的商品交换中心乃至政治经济文化中心，甚至发展出独立繁荣的商业部门。不过，游牧部族从“野蛮人群”的分离所产生的交换毕竟有限，象雄商业经

①② 恩格斯：《家庭、私有制和国家的起源》，载《马克思恩格斯选集》（第4卷），北京：人民出版社，1972年版，第160页。

济的发展更多是因为西域丝绸之路被阻断后，象雄所占领的拉达克成为东西交流的通道。与象雄王国接触的各氏族、氏族联合体必然地加入了由交换活动中。

“起初是部落和部落之间通过各自氏族酋长进行交换”，随着私有观念在交换中得到确认，“个人交换便越来越占优势，终于成为交换的唯一形式”。各小邦在这种交换中逐渐产生私有制，剩余产品就成为部族奴隶制产生的条件。剩余产品的出现、奴隶制的产生，为进一步的分工和交换提供了可能。社会的进展总是由劳动的进步带来的，石器时代能够产生的剩余毕竟有限，铜器使用也只是为统治阶级提供了更奢侈的生活用具与战争工具，铁则是“在历史上起过革命作用的各种原料中最重要的一种原料”，“铁使更大面积的田野耕作，广阔的森林地区的开垦，成为可能；它给手工业工人提供了一种其坚硬和锐利非石头或当时所知道的其他金属所能抵挡的工具”[①]。最先冶铁和使用铁制农具的雅砻部族无疑实现了农业革命，并迅速崛起和统一农业区，实现了吐蕃本部的统一，进而征服依靠游牧生产方式发展起来的象雄部族。

农业的进步带来财富的迅速增加，“织布业、金属加工业以及其他一切彼此日益分离的手工业，显示出生产的日益多样化和生产技术的日益改进；农业现在除了提供谷物、豆科植物和水果以外，也提供植物油和粮食酒，这些东西人们已经学会了制造。如此多样的活动，已经不能由同一个人来进行了；于是发生了第二次大分工：手工业和农牧业分离了。随着生产分为农业和手工业这两大主要部门，便出现了直接以交换为目的的生产，即商品生产；随之而来的是贸易，不仅有部落内部和部落边境的贸易，而且海外贸易也有了。然而，所有这一切都还很不发达”[②]。集中表现为物物交换仍然是交换的主要形式，贵金属虽然开始成为普遍性的货币商品，但还未出现铸造货币。用作货币商品的更多是牲畜和青稞。

---

① 恩格斯：《家庭、私有制和国家的起源》，载《马克思恩格斯选集》（第4卷），北京：人民出版社，1972年版，第163页。

② 恩格斯：《家庭、私有制和国家的起源》，载《马克思恩格斯选集》（第4卷），北京：人民出版社，1972年版，第163—164页。

二、物物交换与实物货币

交换是经济生活的基本要素，货币则是交换的结果和媒介。以物易物是商品交换的偶然形式，无论交换本身，或是交换比例，都是偶然的。随着交换的发展，“对别人的使用物品的需要渐渐固定下来。交换的不断重复使交换成为有规则的社会过程。一方面，物满足直接需要的效用和物用于交换的效用的分离固定下来了。它们的使用价值同它们的交换价值分离开来。另一方面，它们互相交换的量的比例是由它们的生产本身决定的。习惯把它们作为价值量固定下来”。在这个过程中，衡量不同商品价值量的独立的价值形式不仅有必要，而且是结果，一般等价物产生了，“虽然是在狭小的范围内”。随着商品交换的进一步发展，这种一般等价物固定在某些特殊种类的商品上，“或者说结晶为货币形式”①。只不过这个一般等价物究竟是哪一种商品也有一个不断明确的过程。

马克思讲，货币形式究竟固定在哪种商品上，有两种情况起着决定作用：“或者是固定在最重要的外来交换物上，这些物品事实上是本地产品的交换价值的自然形式的表现形式；或者是固定在本地可以让渡的财产的主要部分如牲畜这种使用物品上，游牧民族最先发展了货币形式，因为他们的一切财产都具有可以移动的、因而可以直接让渡的形式。”② 吐蕃先民以游牧从采集狩猎的分离实现了第一次社会分工，其最初的货币形式也确实符合马克思所说的第二种情况。“游牧部落用来同邻人交换的主要物品是牲畜，牲畜因而获得了货币的职能，变成了一切商品都用它来估价并且到处乐于同它交换的商品。”③“藏文中的‘nor’，既当‘牛’讲，又有‘钱’‘财产’‘财富’之意”④，表明牛的确承担过货币职能。

农业革命后，农产品尤其青稞，逐渐取代牲畜，成为吐蕃市场的货币商

① 马克思：《资本论》（第1卷），北京：人民出版社，2004年版，第107页。
② 马克思：《资本论》（第1卷），北京：人民出版社，2004年版，第108页。
③ 恩格斯：《家庭、私有制和国家的起源》，载《马克思恩格斯选集》（第4卷），北京：人民出版社，1972年版，第160页。
④ 肖怀远：“西藏地方货币的发行与流通”，《西藏研究》1983年第2期，第16页。

品。“彭布靴钱青稞四克，皮张之钱青稞一克”[①]，证明了青稞确在吐蕃承担过一般等价物的功能。除牲畜和青稞，黄金等贵金属在很大范围内承担了一般等价物的职能。在雅砻部族时期，如拉杰在寻回止贡赞普的过程中，就曾给“姑娘的父亲一些黄金”[②]以购买某女子；松赞干布遣使入唐、入天竺时也曾给予黄金，“大臣屯米桑布扎携多金前往天竺参拜，并献以黄金”，以做学费用度和礼物。[③]弄赞也曾“遣其相禄东赞致礼，献金五千两”[④]。

随着商品交换日益突破地方限制，商品价值日益发展成为一般人类劳动的化身，货币形式理应日益转到那些天然适合于执行一般等价物职能的商品，即贵金属身上。但是，无论境内商品交换，还是境外贸易，吐蕃一直停留于物物交换形式。境内的盐粮交换、农牧互换，向外与唐朝的绢马互换、茶马互换等都是以物易物。至于进入市场的酥油、皮革等畜产品和手工业产品则至多以牲畜、谷物乃至唐朝的丝帛、白银等为一般等价物，吐蕃王朝自始至终没有铸造过自己的货币。

正是由于实物交换的形式，供求双方彼此没有媒介，不易成功，于是才有“日中为市”的习惯，也就是于一定时间、一定场所，各出所有，互为交换。唐朝边境的“互市”即是这种“日中为市”在对外贸易中的延伸，“每值交市之期，彼驱牛羊牲畜而来，中国贾人则驾车马载缣帛等物，经政府之许可者往与汇合”[⑤]。即使确定了交换的品种和时间，但是物价标准也很难解决。唐朝对待边境互市，采取“诸市司评物价”[⑥]的物价管理制度，即由主管互市的官吏指派官员评定物价然后交易。吐蕃占领敦煌等地后，遵从与唐互市以及原属唐地的交易习惯，也应实行了物价管理制度。随着对外贸易的发展，吐蕃的货币形式固定在了马克思所说的第一种情况，即“最重要的外来交换物上，这些物品事实上是本地产品的交换价值的自然形式的表现形式。”绢帛、白银、铜钱等逐渐在吐蕃承担起货币职能。如《吐蕃简牍》有买牛契约：

---

① 王尧、陈践：《吐蕃简牍综录》，北京：文物出版社，1986年版，第33页。
② 达仓宗巴·班觉桑布：《汉藏史集》，陈庆英译，拉萨：西藏人民出版社，1986年版，第83页。
③ 巴卧·祖拉陈哇：“《贤者喜宴》摘译（二）”，黄颢译，《西藏民族大学学报》1981年第1期，第3页。
④ [后晋] 刘昫等：《旧唐书》卷196《列传》146《吐蕃上》。
⑤ 李剑农：《中国古代经济史稿（上·先秦两汉部分）》，武汉：武汉大学出版社，2011年版，第267页。
⑥ 李叶宏、惠建利：“唐代‘互市’法律制度探析”，《海南大学学报》2010年第1期，第53页。

“买五岁耕牛一头，断作价值生绢一匹，长三丈七尺”[①]。买马契约：“如此交易，若被认可，向售马人交付成色足银（dmar）五两”[②]。买男仆记载：“欧子永久性购买了这名仆人，并且付给该僧人总共八两银子（dmar）。”[③]《大谷文书·天宝二年》记载了牲畜和奴婢的价格，“一头牛2200—4200文，一匹马4000—9000文，一个奴婢10000文”[④]。

三、吐蕃境内的商业与市场

早在吐蕃王朝建立前，象雄王国就凭借其发达的游牧经济和商业贸易实现了青藏高原形式上的统一，然而当时的商业活动主要是在象雄王室与各邻族及各小邦的奴隶主贵族之间进行，作为自由民的普通劳动者仍处氏族生活，由氏族成员公有的奴隶则完全没有私人经济，因此，商品交换并未延伸至普通劳动者，而是局限于氏族首领或奴隶主贵族之间。马克思曾说，“商品交换是在共同体的尽头，在他们与别的共同体或其成员接触的地方开始的。但是物一旦对外成为商品，由于反作用，它们在共同体内部生活中也成为商品”。[⑤]吐蕃社会的商品化过程完全符合这种历史规律。如果说小邦时代是对集体私有制的默认，各小邦之间的战争和交流开启了商品交换的进程，并且完成了商业从农牧业的分离。那么，吐蕃统一后主动的对外经济联系则加速了吐蕃内部的商品交换，从而促进了商业的发展。不仅如此，吐蕃王朝还实行农牧业分工制度，官营手工业内部的分工趋于细致，商品交换势成必然，统一度量衡标志着商品交换成为常态。“货币以及随货币而来的商人”开始作为中间人插进生产者之间，由此形成了从农业、牧业、手工业相分离的商业部门，专门商人出现并形成商人阶层。

吐蕃商业活动分对内对外两个方面，其中吐蕃王朝与其他各族以及封建

① 王尧、陈践：《吐蕃简牍综录》，北京：文物出版社，1986年版，第25页。
② 王尧、陈践（译注）：《敦煌吐蕃文献选》P.T.1297号《购马契约》，成都：四川民族出版社，1983年版，第59页。
③ Tsuguhito Takeuchi, Old Tibetan Contracts from Asia, pp.159—161. 转引自陆离：《吐蕃统治河陇西域时期制度研究》，北京：中华书局，2011年版，第268页。
④ 陆离：《吐蕃统治河陇西域时期制度研究》，北京：中华书局，2011年版，第286页。
⑤ 马克思：《资本论》（第1卷），北京：人民出版社，2004年版，第107页。

领主贵族之间的商业往来仍占主导地位，为赞普和贵族从事对外商业活动的专门商人得到保留，与“七牧者”“六匠人”“三执事”同样作为“庸之民户”的“五商贾”便是这种“官商”的延续。但封建化变革为劳动者带来了私人经济成分，再加上分工的发展以及对外接触，尤其是吐蕃人与中原汉人的经济交往，使商业交换向吐蕃劳动阶层普及，吐蕃境内商业活动趋于活跃。

为适应和进一步促进商业发展，吐蕃统一度量衡，且实行专卖制度。吐蕃境内的商品包括盐、铁、酒、粮食、牲畜、酥油及其他乳制品、皮革、布匹、各种装饰品以及其他手工业产品。[①]其中，盐、铁由政府专卖，专职机构“拉本”既是官营盐铁作坊的主管机构，也是实行盐铁专卖的国营商业机构。酒的销售严格受到政府控制，以保证官府需要，稳定物价，制止富商大贾投机活动，同时利用专卖，增加财政收入。[②]

除官商外，私商也有很大发展。《第吴宗教源流》对吐蕃有“境内遍布市场”“全境经商”的描述，在一定程度上表明了蕃人商品交换的普遍性。[③]吐蕃设置税官，管理和征收商税表明商业已成独立的经济部门。吐蕃时期，商品交换的形式除了市场和交易点，“还可能出现了商店的形式”。随着商品交换的推进，吐蕃政府在人口密集、道路通畅的地方设置专门的贸易场所，称“置市”。除边境地区的著名“八商市”为专门与周边民族进行贸易的场所，以拉萨八廓街为代表的本部市场纷纷设立，几乎所有东岱或东岱以上的政府所在地均有设市。东岱级以下的商业点一般称“市镇”和“草市”，“农牧村落、部落已经形成地方性小市场网”[④]。草市发展起来之后，出于征税、治安等考虑，也由政府机构（一般为东岱）统一管理，可见民间商业的活跃。

四、商人阶层

即便在小邦时代局限于王室贵族和领主贵族之间的商业活动，也并非由

① 陈崇凯：《西藏地方经济史》，兰州：甘肃人民出版社，2008年版，第181页。

② 格桑达吉：“试析吐蕃封建王朝时期的商品货币经济”，《中央民族大学学报》1995年版第2期，第31页。

③ 第吴贤者：《第吴宗教源流》（藏文），拉萨：西藏人民出版社，1987年版，第284、264页。转引自陈崇凯：《西藏地方经济史》，兰州：甘肃人民出版社，2008年版，第183页。

④ 格桑达吉：“试析吐蕃封建王朝时期的商品货币经济”，《中央民族大学学报》1995年第2期，第34页。

奴隶主贵族亲自进行，而是由奴隶管家或“小臣”专门负责，他们成为专业商人。随着吐蕃境内商品化过程的进展及对外商业贸易的繁荣，催生了一个新的社会阶层——商人阶层，吐蕃社会逐渐形成了盐商、茶商、粮商等商帮。

盐商历史悠久，王朝建立后，开始实行盐专卖制度，对盐的产销严格控制，形成了政府机构控制下的盐商群体。茶商则是对外贸易的重要承担者，他们从吐蕃收集牛皮、羊皮、羊毛、马匹等，从中原地区换取茶叶，然后在吐蕃销售。吐蕃王朝时期，茶叶主要在吐蕃上层流行，吐蕃解体后，茶叶逐渐成为吐蕃上至领主下至农奴的生活必需品，茶商的作用越发难以替代。粮商与农业区的封建农奴主关系密切，农区生产的大量粮食，除供农奴主和农奴自身消费，剩余部分要么酿酒，要么交换，粮商负责收集余粮，向不产粮的牧区交换畜产品。“农牧区相互交换各自所需货物的现象遍及北方草原各地军政城镇”，这种交换大部分以粮商为中介。此外，吐蕃形成了专门的酒商、珠宝商、土特产等杂货商群体。①

与中原地区一样，“士、农、工、商”四业中的“商”是被统治阶级，专门从事商品交换，少量商人甚至投资于手工业，出现了商业资本。商品生产与交换的优势日益显现，不仅丰富和扩展了人们的消费，也可以为政府提供不断增长的税收，合类性的发展借助各阶级为自身利益行动的结果而得到实现。然而，在农业文明时代的产品经济形态中，无论是奴隶制、封建农奴制，还是集权官僚制，都没有形成在经济生活中占主导地位的商品经济，商品交换只能是自给、半自给性产品经济的辅助形式，商品并未成为产品的一般形式。封建领主制度下农奴对领主和土地的附属地位，使商品经济无法继续扩展，不可能带来商人阶层向商业资产阶级的转化，商人阶层还要不时被以产品经济为基础的特权专制统治所压抑，始终只能服从并服务封建领主贵族。因此，商人社会地位低下，经商行为受到各种限制。吐蕃的商业贸易和商人阶层始终以吐蕃王朝与其他各族，尤其中原汉族的商业往来为重点。鉴于吐蕃对外交往，尤其是与唐朝交往的重要性，对外贸易待次节专门探讨。

① 格桑达吉：“试析吐蕃封建王朝时期的商品货币经济”，《中央民族大学学报》1995年第2期，第35页。

第六节 吐蕃与周边民族间的经济交往

与周边民族间的经济交往构成了吐蕃经济史的重要组成部分。对外经济交往可以分为两个维度，一是外部因素向吐蕃的延伸；二是吐蕃经济的外部延伸。吐蕃王朝在形成发展过程中所受到的外部影响，尤其中原王朝的影响，是前者的主要内容。由于唐朝社会制度的先进性和经济文化的吸引力，吐蕃历史进程生产力的发展、生产关系的形成、政治制度的构建，乃至文化和生活习惯都受到唐朝的深刻影响，可以说，唐蕃交往构成了吐蕃社会矛盾演进中的重要方面。吐蕃与周边民族的商业贸易则构成了后者的主要内容。吐蕃王朝建立后，王朝内部的经济发展和社会关系集中体现于其对外交往中，吐蕃与周边民族，尤其是中原王朝的关系日益密切，双方经济的互补性得以体现，以商业贸易、战争和亲、结盟贡赐等方式实现了双方的经济交流，不仅促进了吐蕃封建农奴制的发展，也影响了中原经济的发展。唐朝重视对外通商，实行开放关禁和厚遇外商的政策，“听其商贾往来，与边民交市”[①]，发展与周边民族的互市贸易，吸引各国使团入长安，使长安聚集了众多来自世界各地的商人。吐蕃当然是重要参与者，且成为唐朝对外交往的重要通道。借此区位优势，吐蕃形成了多条商道，促进了吐蕃与西域各少数民族以及与中亚、南亚等国的经济交往。

一、唐蕃商业贸易：边境互市与旅商采购

吐蕃商业经济繁荣不仅体现于其本土各部落之间的商品交换，更体现于

① ［北宋］司马光：《资治通鉴》卷193《唐纪九》。

其与内地商业贸易、与中亚南亚对外贸易的发展，其中唐蕃经济贸易处于核心地位。唐蕃经济交往的形式多样，贡赐、和亲、战争、贸易贯穿始终，其中贸易又以边境互市、旅唐商人、使团往来为主要载体。

边境“互市”是唐朝贸易的重要组成部分。唐朝的对外贸易形成了陆路与海路两条路线，陆路贸易主要是与西北少数民族及中亚西亚诸国进行边境互市。秦汉以来，中原王朝就开始在边关设市，作为与边境民族进行商贸活动的场所，西汉称“关市”，东汉谓“互市”“交市”“胡市”。“外族甚贵中国财物，极欲与中国互市，中国即以互市为羁縻政策，若不顺，则绝市”①。因此，互市必由政府控制。在许与交互时期，大都有一定时限，“所谓定期市场是也”。一般情况下，每年一次，“许其每岁以一定时间互市”②。魏晋南北朝时期，由于战乱频仍，中原对外贸易受到影响，直到隋唐重新实现统一后，对外贸易才逐步恢复。隋朝之前，互市由地方政府监管，隋朝则另设互市监管机构。唐沿隋制，设互市监，以规范和限制互市的形式与物资种类。《唐六典》载：“汉、魏以降，缘边郡国皆有互市，与夷狄交易，致其物产也。并郡县主之，而不别置官吏。至隋，诸缘边州置交市监。皇胡因置之，各隶所管州、府，光宅中改为通市监，后复旧为互市监。诸互市监各掌诸蕃交易之事。”③唐朝对互市的控制和监管仍然异常严厉，对于互市的物资种类、时间、规模和物价都有严格规定，如若违反，对主管官员及参与交易的唐朝商人有极其严厉的处罚措施。④因此，欲与唐朝进行互市并从互市中出售剩余物资、购得所需物资，都要唐朝政府批准。自634年与唐廷通使开始，吐蕃多次请求唐朝在双方交界带开设互市。唐玄宗开元十四年（726年），“吐蕃请交马于赤岭，互市于甘松岭”⑤。宪宗元和五年（810年），“吐蕃款陇州塞，请互市，许知”⑥。元和十年（815年），“又款陇州塞，丐互市，诏可”⑦。此外，河西走廊的甘州、沙州、瓜州等边境地带均设置“互市”。唐朝设置互市监，吐蕃也

---

① 李剑农：《中国古代经济史稿（上·先秦两汉）》，武汉：武汉大学出版社，2011年版，第267页。
② 李剑农：《中国古代经济史稿（上·先秦两汉）》，武汉：武汉大学出版社，2011年版，第269—270页。
③［唐］张九龄、李林甫：《唐六典》卷22《少府军器监·诸互市监》。
④ 见李叶宏、惠建利：“唐代‘互市’法律制度探析”，《海南大学学报》2010年第1期，第51—55页。
⑤［后晋］刘昫等：《旧唐书》卷196《列传》140《吐蕃下》。
⑥［北宋］司马光：《资治通鉴》卷239《唐纪五十五》。
⑦［北宋］欧阳修等：《新唐书》卷216《列传》141《吐蕃下》。

学习唐朝的互市制度，在四方边境设立了八个通商口岸，称“拉坚”[①]。其中对唐口岸排在首位，“没庐氏王赤松杰达囊分管东方绢帛的口岸，专门与东方大唐开展帛绢和谷物贸易”[②]，并设立管理民间边境贸易的“匆本”[③]。在“互市”上，吐蕃入唐物资主要是马、牛、羊等牲畜，肉、酥油、乳、麝香、牦牛尾等畜产品，盐、硼砂、药材、玉石、白银、金沙等矿产品及皮革等手工业品。由于吐蕃产马，且蕃马精良，因此，蕃马是唐蕃互市的重要内容。唐朝入蕃物资主要是丝绸、金属制品、纸张、墨、茶叶等，吐蕃贵族以丝绸为身份象征，茶叶传入吐蕃后成为上自皇室贵族下至平民百姓的生活必需品，由此形成了著名的“绢马互市”和“茶马互市”。

除唐蕃互市，旅唐商人或随使团入唐，或独立经商，构成吐蕃商业的重要组成部分。旅唐商人长期往来于唐蕃两地，以吐蕃优势产品带入中原，获取价差，再从中原采购丝绸、茶叶等产品，换购吐蕃土特产。他们利用唐蕃经济的互补性获取利润，又因交换强化分工，反过来加强了唐蕃经济的互补性，促进了藏汉先民成为经济上的共同体。唐朝首都长安城形成了“一个相当大的吐蕃人聚居点”[④]，生活在长安吐蕃人聚居点之人，或为被家族送往长安太学学习诗书礼仪的贵族子弟；或为往返唐蕃，需要在唐朝长期停留，以采购、销售物资，从事商业贸易的富商大贾及其随从，当中有众多富贾在长安、洛阳等地定居，甚至“开邸店、酒家、饮食服务行业”[⑤]，其子弟也与吐蕃封建领主贵族的子弟一道被送入太学。除专业的商人阶层，往返唐蕃的吐蕃使团往往承担一定的采购任务，使团中往往有众多官商，成为唐蕃贸易的重要承担者。《全唐文》载：“鸿胪寺中土蕃使人素知物情，慕此处绫锦及弓箭等物，请市，未知可否？”后被唐廷批准，谓“听其市取，实可威於远夷；任以私收，不足损中国。宜其顺性，勿阻蕃情。”[⑥]

①② 恰白·次旦平措等：《西藏通史——松石宝串》，陈庆英等译，拉萨：西藏古籍出版社，1996年版，第93页。另设八个群众相互资源交换产品的市场，称“凯坚”。

③ 才让加：“吐蕃时期贸易经济概论”，《西藏研究》1989年第2期，第18页。

④ ［美］贝克威斯：“西藏与欧亚早期中世纪繁荣——吐蕃王朝经济史初探”，关学君译，《西藏民族学院学报》1983年第4期，第66页。

⑤ 高德步：《中国经济简史》，北京：首都经济贸易大学出版社，2013年版，第91页。

⑥［清］董诰等编：《全唐文》卷172《鸿胪寺中土蕃使人素知物情慕此处绫锦及弓箭等物请市未知可否》。

二、唐蕃之间的贡赐、和亲、战争

虽然往来使团承担了一定的采购任务，使其出使带有商业性质，然而使团往来的主要任务毕竟是贡赐、和亲、立盟等政治军事任务。同时，贡赐、和亲、战争等同样构成了唐蕃经济交往的重要形式。

贡赐关系是唐蕃经济交往最主要的形式，贡赐关系由使团承担。从634年（贞观八年）松赞干布遣使入唐至846年吐蕃王朝解体，唐蕃“使节往来共191次，平均每16个月就有一批使团往返”[①]。其中蕃使入唐125次，唐使入蕃66次，会盟6次，通婚两次”，远超唐朝与回纥、倭国、高句丽等的关系。[②]吐蕃向唐朝进贡金银器器玩和牛马牲畜，唐王则赏赐吐蕃价值远超贡品的大量丝绸等贵重物品。719年，“因吐蕃遣使求和，唐王使以杂彩二千段赐赞普，五百段赐赞普母，二百段赐可敦等；皇后亦以杂彩一千段赐赞普，七百段赐赞普祖母，五百段赐赞普母，二百段赐可敦”。733年，唐廷则差人使于吐蕃，“以国信物一万匹，私觌物两千匹。皆杂以五彩遣之”[③]。贡赐以“贡少赐多”的不等价形式交换，是包括吐蕃在内的周边少数民族甘愿臣服于唐朝或与唐朝建立联姻关系的重要经济基础，“贡少赐多”的交换形式是较为发达的集权官僚制经济对较为落后的封建农奴制经济的补充，增强了中原汉族对周边部族的吸引力和凝聚力，唐朝成为中国古代史上社会经济最为繁荣，对周边政权影响最为深远的朝代，当时的唐朝不仅是包括朝鲜半岛、日本、越南等地在内的“中华文化圈”的中心，也是包括了北亚、中亚等游牧民族在内的“天可汗组织”的中心。青藏高原地区的吐谷浑、党项、白兰、东女、苏毗、羊同等部落纷纷与唐廷建立了友好关系，“或称臣内附，或纳贡请封”。吐蕃受唐朝吸引，并最终建立起以贡赐为核心的友好关系。

“和亲”亦是唐蕃经济交往的重要手段。唐蕃两次联姻，第一次为“贞观十四年（640年），唐太宗许以文成公主和亲吐蕃。”第二次为武则天执政时期，

---

① 格桑达吉：“吐蕃商业经济发展初探”，《中央民族学院学报》1990年版第3期，第37—38页。
② 王忠：《新唐书·吐蕃传笺证》，北京：科学出版社，1958年版，第41页。
③［北宋］王钦若等：《册府元龟》卷980《外臣部·通好》。

吐蕃多次遣使来唐请婚，但均未获允，直至“景龙三年（709年），吐蕃遣使纳贡，再次请，中宗许以雍王李守礼之女为金城公主妻之。”[①]之所以将和亲作为一种经济交往形式，是因为在公主陪嫁物中有大量中土物产、生产工具、生产技艺、典籍和百工，且和亲营造了和平环境与稳定的贡赐关系，利于贸易扩大。

除正常经济交流外，唐蕃在修盟期间也爆发战争。“自咸亨元年（670年）至长庆元年（821年），战争多达80多次，有明确战争记载的年份近75年。”无明确记载的年份也有相关记录：“开元二年（714年），吐蕃寇渭源，四年（716年），围松州”，“十数年甘、凉、河、鄯征发不息”[②]。抢劫农产品、掠夺人口和寻求更不等价的经济交换是吐蕃连年向唐发动战争的经济动因。经济掠夺是特定经济制度和生产方式的产物。由于吐蕃农区有限，高寒缺氧，一遇灾害，便水草缺乏，难以进行再生产，战争劫夺便成为选择。因农产品不足以供养大量的封建领主贵族与游牧部族，与唐经济关系的一项重要内容便是获得农产品和手工业品。不仅贡赐、和亲与旅商采购、互市以农产品以农产品作为交换内容；且唐蕃战争中，吐蕃也会对农产品进行掠夺。“每至麦熟，吐蕃即率部众至积石军获取之，共呼为‘吐蕃麦庄’。”[③]每逢攻城便“尽取城中军资及仓粮。”[④]由于吐蕃的统一是小邦奴隶制战争延伸的结果，因此，奴隶制战争中以掠夺人口为目的的战争特点也得到了一定程度的保留和体现。如在濒临长安时，“大肆烧杀抢掠，大掠唐朝男女数万而退”[⑤]。并将战俘和掠夺来的人口作为奴隶，服务贵族、从事农业和手工业生产。随着封建农奴制的确立，对外战争中获得的人口，不再以奴隶形式存在，转而变成农奴或工奴，为封建领主提供差役和赋税。[⑥]

从战争中直接掠夺的人口和财物毕竟有限。对吐蕃来说，蕃唐战争的目的更多是与唐建立等价或不等价的交换关系，控制唐朝与各族联系的通道，从中牟利。隋唐时期，丝绸之路重归繁荣，能否参与其中，直接关系到吐蕃兴衰，因此，吐蕃对唐、对大食等的多次战争均为争夺对丝路贸易的控制权。

① 范香立：“唐代和亲研究”，合肥：安徽大学博士学位论文，2015年，第72、75页。
② ［后晋］刘昫等：《旧唐书》卷196《列传》139《吐蕃上》。
③ ［北宋］司马光：《资治通鉴》卷215《唐纪三十一》。
④ ［北宋］王钦若等：《册府元龟》卷453《外臣部·将帅部》。
⑤ 才让：《吐蕃史稿》，兰州：甘肃人民出版社，2006年版，第136页。
⑥ 石越：“论唐蕃经济交往”，《西北民族大学学报（哲学社会科学版）》2016年第6期，第89—95页。

经过战争与结盟，吐蕃不仅建立起与唐朝的直接联系，而且形成了以逻些为中心的贸易通道网。

三、丝绸之路与吐蕃的交通

从汉末到魏晋南北朝时期，中原地区长期动乱，不仅经济发展难以持续，商品经济和商业贸易也受到阻碍。7世纪，隋唐结束了长期动乱局面，社会生产全面恢复，商业都市开始兴起，对外贸易重新发达，不仅汉代开通的“丝绸之路”得以恢复，海上贸易也发展起来。唐朝的繁荣辐射到了周边各民族，各族纷纷前来朝贡和通商，以寻求政治保护和经济利益，大唐成为欧亚大陆乃至世界的政治经济文化中心。吐蕃地处亚洲中部，不仅是唐朝直接经济交往的对象，而且是唐朝与波斯、罗马及西亚国家进行贸易往来的必经之地，因此也成为重要的商品集散地，并形成了多条贸易通道。吐蕃灭象雄（644年）后，掌握了丝绸之路通往中亚的要地——帕米尔高原；吞并吐谷浑（663年）后，控制了“丝绸之路青海道（古吐谷浑道）”以及今新疆丝绸之路三道之“南道”；又不断“西与大食争雄中亚、东与唐朝角逐西域及河西陇右，在相当长的一个历史时期控制着丝绸之路主干道的大部分地区”[①]。由此形成了以逻些城为中心，出吐蕃通四方的丝路通道，主要包括四条线路[②]：

其一，吐蕃南通天竺、尼泊尔道。主要有两条：一是通过拉达克（今克什米尔）地区进入北印度，即今印度西北部和巴基斯坦北部地区；二是通过吉隆宗喀至尼泊尔加德满都，再转至印度。

其二，吐蕃西北通中亚、西域、西亚道。主要有两条，一是经过羌塘高原至柴达木盆地，然后走“丝绸之路青海道”，经过今茫崖进入新疆南部、昆仑山以北地区，沿“丝绸之路新疆南道”到达西域和中亚各地；二是经过后

① 陈崇凯：《西藏地方经济史》，兰州：甘肃人民出版社，2008年版，第178页。

② 见：陈庆英、高淑芬：《西藏通史》，郑州：中州古籍出版社，2003年版，第63—64页；才让：《吐蕃史稿》，兰州：甘肃人民出版社，2006年版，第63—64页；［美］贝克威斯：“西藏与欧亚早期中世纪繁荣——吐蕃王朝经济史初探”，关学君译，《西藏民族学院学报》1983年第4期，66页；才让加：“吐蕃时期贸易经济概论”，《西藏研究》1989年第2期，第20页；陈崇凯：《西藏地方经济史》，兰州：甘肃人民出版社，2008年版，第178页。

藏、象雄、大勃律、小勃律，越过帕米尔高原，然后向西进入西亚或向东进入西域。

其三，吐蕃通西亚道。有三条，一是经过拉达克地区；二是中经尼泊尔、印度再至西亚；三是先到中亚，再至西亚地区，其中以第一条道为主。

其四，吐蕃通四川、南诏道。吐蕃通四川的道路，从昌都向东分南北两条：北线过松州、维州；南线过雅州、黎州、嶲州，约与今川藏公路重合。吐蕃通南诏的道路也分南北两条：东北道为主干道，由昌都东经芒康，至德钦、中缅等地，然后到达南诏所在的大理地区，约与今滇藏线类似；南道由今西藏察隅东经缅北、越高黎贡山至永昌府。

如此，从唐都长安到达印度、巴基斯坦、波斯、罗马等地几乎都要通过青藏高原，丝绸之路的繁荣极大地促进了吐蕃商业贸易的发展。如果说，吐蕃对西域、中亚的控制还仅仅是对传统丝绸之路的连接和控制，那么，"唐经吐蕃至印度间的道路，即丝绸之路吐蕃道"，则由吐蕃经略并实现了全线贯通，此后，"唐与印度间的交通，多不经葱岭，改由吐蕃道往返，至今，藏族人民仍称唐蕃古道为黄金桥"[①]。因从唐末开始，"丝路吐蕃道"主要用于藏汉之间的茶马贸易，故被后世称作茶马古道。拉萨、日喀则、昌都等地均成为的"丝路吐蕃道"上的重要交通枢纽。

为保证道路通畅，传达政令军情，发展商业，吐蕃在沿线设置驿站，制定严密的管理制度。各驿站均设有驿丞、书吏等官员和服务人员，提供来往使者、官员、商人等的马匹、口粮、住宿等，负责传递政令、军令等文书。吐蕃还大力修筑道路，"凿石通车""桥河筑城"[②]。通过设立驿站、修筑道路，使"丝路吐蕃道"沿线发展出一系列商业市镇和交通驿站，逐渐成为唐蕃使者往来的官方通道，统称"唐蕃古道"，具体线路有三条：其一，西藏拉萨—羊八井—那曲—青海西宁—乐都—民和—甘肃临夏—临洮—天水—长安；其二，西藏拉萨—青海—甘肃—四川阿坝州松潘县—灌县—成都—雅安—西昌—云南；其三，拉萨—青海玉树—甘孜—康定—雅安，到西南各地。[③]除拉

① 中国公路交通史编审委员会：《中国丝绸之路交通史》，北京：人民交通出版社，2000年版，第261页。
② [北宋]欧阳修等：《新唐书》卷216《列传》141《吐蕃下》。
③ 得荣·泽仁邓珠：《藏族通史——吉祥宝瓶》，拉萨：西藏人民出版社，2001年版，第404页。

萨、日喀则、昌都等交通枢纽外，还有如由青海格尔木经昆仑山口到达拉萨、日喀则沿线的五道梁、乌丽、沱沱河沿、朵尔曲沿、温泉、唐古拉山口、安多、荡青、那曲、拿隆嘎木、当雄、白仑、羊八井、达竹布；由四川甘孜经昌都到达拉萨、日喀则沿线的丁青、昌木宕、索县、那曲、拿隆嘎木、羊八井；昌都向西渡怒江到达拉萨、日喀则沿线的八宿、然鸟、松宗、波密、通麦、东久、林芝、朗嘎、工布达江（峡龙乡）、墨竹工卡、噶丹寺、达孜（德庆）等，[①]均成为"唐蕃古道"沿线的商业市镇和交通驿站。

通过四通八达的交通网络与完善的驿站制度，吐蕃不仅实现了对藏区的政治和军事控制，而且实现了对外经济交往的全面发展。以丝绸之路为媒介，以"马匹、牦牛、骆驼、毛驴、绵羊、皮舟"[②]等为交通工具，吐蕃从各地引进先进技术，进口各地产品，从中获得利润，使吐蕃经济出现了前所未有的繁荣，达到了藏族经济史的高峰。当然，藏族经济始终在进步，然而，吐蕃在中国经济史乃至亚洲经济史上的地位却难越吐蕃时期。

四、吐蕃与南亚、中亚等地的对外贸易

四通八达的交通网络是吐蕃对外经济联系的重要条件。通过各条贸易路线，吐蕃不仅强化了与中原内地以及南诏等中国其他少数民族的经济联系，比如，吐蕃与南诏之间建立起了以铜、铁、毛织物、象牙、犀角、珠宝等为交易内容，以盈江、保山为核心的交易场所；与突厥、回鹘、西域各族频繁贸易，"吐蕃商人往来西域时，还有黠嘎斯护送"[③]。并且，发展了与南亚、中亚、西亚乃至欧洲的对外贸易，南方的天竺、尼婆罗、西方的大食、波斯帝国、阿拉伯帝国和罗马帝国均成为吐蕃对外贸易的对象。

《贤者喜宴》载，松赞干布执政初期，"天竺、大食等遍地诸王，从各自地方献来赋税、礼品、岁贡，以及很多宝画书信"[④]。这表明，吐蕃在确立王

① 陈崇凯：《西藏地方经济史》，兰州：甘肃人民出版社，2008年版，第178页。
② 才让：《吐蕃史稿》，兰州：甘肃人民出版社，2006年版，第257页。
③ 张雪慧："试论唐宋时期吐蕃的商业贸易"，《西藏研究》1998年第3期，第57页。
④ 巴卧·祖拉陈哇："《贤者喜宴》摘译（二）"，黄颢译，《西藏民族大学学报》1981年第1期，第3页。

朝体制之前，已经建立了与天竺、大食等南亚、中亚各国的联系。然而，在吐蕃尚未与唐朝建立起稳固联系，并打通和控制丝绸之路之前，吐蕃的对外经济交流仅停留于互赠礼品等政治活动，对外贸易很难展开。与唐朝建立联系并形成包括“丝路吐蕃道”“唐蕃古道”等交通线路之后，吐蕃不仅成为东西方之间的贸易通道及商品交换的桥梁和纽带，而且自身具备了开展对外贸易的条件。其中，名贵香料麝香成为吐蕃最具影响力的出口产品，不仅传入中亚、南亚，甚至出口到西亚、欧洲，“用于刺激性欲，作为镇痛剂和助产良药，甚至治疗鼻炎”[①]。因此，“丝路吐蕃道”被西方人称为“麝香之道”。除此之外，吐蕃还向外出口绵羊、布匹以及奴婢。除本地所产商品，吐蕃还将从唐朝获得的丝绸等贵重物品转销波斯、大食、天竺等地，从中获利。

吐蕃从国外进口的产品则以铜铁制品，尤其铁质武器为主，如细锁子甲和长剑。细锁子甲数量极大，是吐蕃骑兵和战马必不可少的装备；长剑“与加洛林法兰克剑相似”，颇有可能来自西欧。铜铁制的生活用品也是吐蕃重要的进口产品，这些产品在中世纪早期的欧亚大陆很受欢迎，“在花剌子模与撒马尔干的集市上有售”，从库车、撒马尔干、布哈拉等地入蕃。[②]除了从唐朝购入，波斯是吐蕃进口丝织品、碗等器皿的重要渠道，尼婆罗和天竺等南亚国家则是吐蕃进口农产品的重要来源地。

通过唐蕃经济交往以及与其他民族的贸易联系，吐蕃经济活力大增，商业繁荣促进了分工细化和效率提高，引进了众多先进的生产技术和工具，所谓“从东方汉地及木雅获得工艺与历算之书，自南方天竺翻译诸种佛经，自西方胡部泥婆罗打开享用美食的宝藏，自北方霍尔回纥取得法律及事业楷模”[③]。由此极大地促进了吐蕃的手工业、农牧业的发展。

通过商业贸易，吐蕃增加了财政收入，为对外征战的军费开支提供了保障，使吐蕃迅速崛起为能够与唐朝抗衡的军事力量。唐朝为了防御吐蕃，甚至改变军事制度，“玄宗时，于边陲置节度使”，藩镇割据乃至叛乱随之而起，

---

① 陈崇凯：《西藏地方经济史》，兰州：甘肃人民出版社，2008年版，第189页。

②［美］贝克威斯：“西藏与欧亚早期中世纪繁荣——吐蕃王朝经济史初探”，关学君译，《西藏民族学院学报》1983年版第4期，第65页。

③ 巴卧·祖拉陈哇：“《贤者喜宴》摘译（二）”，黄颢译，《西藏民族大学学报》1981年第1期，第3页。

唐朝一蹶不振。赵宋的建立是“唐时拥立节度使的继续”，因此立国后，宋太祖首先做的就是削弱藩镇，加强中央集权。吕思勉所言，“昔人议论宋朝兵制的，大多加以诋毁。甚至以为唐朝所以强，宋朝所以弱，即由于藩镇的存废。这真是瞽目之谈。唐朝强盛时，何尝有什么藩镇？到玄宗设立藩镇时，业已因国威陵替，改取守势了”[①]。由此可见吐蕃之强大及其对中原王朝的深刻影响。吐蕃的强盛又与中原的安定繁荣密不可分，如果没有唐蕃经济交往，没有丝绸之路，吐蕃的繁荣就是不可想象的。唐朝衰亡后，北方游牧民族与中原王朝连年战争，经济中心南移，海上丝路进一步发展，使经由吐蕃的丝绸之路衰落下去，这也是唐朝灭亡、吐蕃王朝解体后，藏族经济史上吐蕃王朝时期之繁荣不复重现的原因所在。

第七节
吐蕃的财政赋役制度

吐蕃虽然模仿唐朝集权官僚制，但是由于部族奴隶制的残余，吐蕃王室很难对各部族形成直接控制，只能以分封形式稳固部族联盟，这就为各部族的独立性提供了空间。吐蕃对各部族的统治主要体现于从各部族收取贡赋，至于各部族内部通过何种方式运行，吐蕃王朝并不干预。直属吐蕃赞普及其职官、军队的领域需要吐蕃王朝制定财政制度，以保证政权和军队行动所需经费，调控经济，维持下辖域内稳定。占领敦煌、西域等原属唐朝治下的地域后，吐蕃财政制度渐趋完善，尤其是对赋税徭役制度有了细致和体系化的规定。除了盐铁专卖之外，吐蕃的收入主要来源于各种赋税，兵役则由被划入桂之军户的自由民承担。

① 吕思勉：《中国通史》，北京：群言出版社，2015年版，第155—156页。

一、吐蕃财政制度的形成和完善过程

在雅砻部族第十代赞普地肖列时期，大臣拉布果噶就以“突”量田地，将其作为农牧业生产和赋税制度的度量单位。达日年塞时期，制定了少许度量衡单位，作为收取赋税的衡量标准。不过当时所收的粮食、牲畜等赋税多属临时性，尚未制度化。松赞干布时期，制定王朝大法，其中就包含“十万金顶具鹿之法”以及“内府之法”，统一度量衡，并对财政收支做出制度规定，将“按照规定，定期向赞普缴纳赋税、供献礼品、承担差役”作为全体属民的义务，但具体细则没有制定。财政管理和赋役制度的细则在一次次的集会议盟中逐步确立。《敦煌吐蕃历史文献》P.T.1288号《大事记年》中有载：

及至牛年（高宗永徽四年，653年）赞普驻于祼噶尔，大论东赞于“祜”定牛腿租。达延莽布支征收农田贡赋。与罗桑支之论仁大夏行土地大宗交换。以布金赞、玛穷任象雄部之“岸本”。

及至虎年（高宗永徽五年，654年）赞普驻于美尔盖。大论东赞于蒙布塞拉集会，区分“桂”“庸”，为大料集（即政法户丁、粮草劳役等）而始作户口清查。

及至龙年（高宗显庆二年，656年）赞普驻于美尔盖，大论东赞于“仄木”之玛尔地方，征收牛腿税。

及至狗年（高宗龙朔二年，662年）赞普巡临近于工、祜等地。大论东赞于吐货尔地方征集象雄之大料集。

及至蛇年（高宗总章二年，669年）赞普驻于悉立之都那，吐谷浑诸部前来致礼，征其入贡赋税。

及至鸡年（高宗咸亨四年，673年）赞普初夏驻于“帕登木谷”，仲夏迁至孙波河。于“董噶”之鹦鹉谷，由禄东赞子噶尔赞多布、钦陵赞婆二人集会议盟，行牧区大料集。冬，赞普于董之虎苑集会议盟，征调后备军，征集轻壮户丁。

及至狗年（高宗上元元年，674年）赞普夏驻于悉立，冬至仑邦那，于拉克之布穷集会议盟，点验军丁名册。

及至猪年（高宗上元二年，675年）赞普春驻于谐辛，夏驻于跋布川，大论赞聂于欣木之孤兰，征象雄之大料集。……[①]

户口、属民、牲畜、农田等数字是制定财政制度的基础条件，因此，禄东赞主持了清查户口、统计人数的工作，并划分桂和庸，对军队和百姓的义务作了区分，作为征集兵丁和粮草的依据，并设置职官体系，细化赋税名目，使吐蕃的财税制度得到完善。吐蕃的财政制度有了比较充实的内容，包括：清查和登记人口、财产、农田、牲畜等；制订财政计划，财政收入和支出计划需要经过缜密的安排和各方协商才能执行，计划制订并通过后，才能分配赋税任务，并依照一定的程序征收；管理开支、分配收入，岸本和会计就是管理收支的职官，开支主要在军费、官员俸禄、救急应灾，到了吐蕃中后期，还增加了建寺养僧的开支；任命财政官员，其中岸本是主要的财政官员，从事财物管理。[②]集会盟誓是吐蕃颁布一切大政方针包括财政制度的重要途径，不仅制度的制定和颁布，而且征集大料集、入贡赋税、清查户口、征集兵丁等具体举措也是在集会盟誓上举行的。由此可见，除了形成制度并颁布实施的财政收支制度之外，吐蕃的大量专项服役都是临时性的，在遇到突发情况或军事任务等情况下，通过集会的方式临时征召。大料集是赋役制度的重要组成部分，此外，还出现了牛腿税、农田贡赋等专项赋税名目。

二、大料集与专项赋役

吐蕃王朝的赋税和劳役名目以大料集为中心，形成了牛腿税、农田贡赋、草料赋税、黄金赋税、关卡税及其他赋役形式。依据《大事记年》记载，可以将吐蕃征收赋役名目列表（见表4-1）。

---

① 王尧、陈践（译注）：《敦煌本吐蕃历史文书》（增订本），北京：民族出版社，1992年版，第145页。
② 格藏才让："简论吐蕃财政制度的形成、内容及实施方法"，《西藏研究》2016年第2期，第16—17页。

表4-1 吐蕃征收赋役名目表①

征收区域	公元纪年	赋役名目
吐谷浑	650	纳赋
	669	贡赋
	696	大料集
	714	大料集
	734	征集青壮兵丁
	742	大料集
象雄	662	大料集
	675	大料集
	719	征集青壮兵丁
	724	大料集
畿地	711	征集青壮兵丁
	743	征集桂、庸户丁
	744	征兵点兵大料集
四茹	716	牧场草料大料集
	744	大料集
	746	牧场草料大料集
玛尔	656	牛腿税
	719	征集青壮兵丁
腰茹	709	牧户大料集
苏毗	692	关卡税
	702	大料集
三茹王田	718	地亩赋税、草税
	719	地亩赋税、草税
大藏王田	719	土地贡赋
	720	土地贡赋、马料
多思麻	715	大料集
东索	730	大料集
整个吐蕃境内	743	征集青壮兵丁

① 资料来源于姚婧媛："吐蕃赋税徭役制度管窥"，《青藏高原论坛》2017年第1期，第59页。

大料集，不是单一的税种，而是一种类似唐朝租庸调式的赋役体系，指征发户丁、粮草、劳役等。因此，大料集总是与户口清查密不可分，且有严密的程序与形式。有“大论东赞为大料集始作户口清查，区分桂、庸”，后“行牧区大料集”，后因大论钦陵领兵去突厥“延缓未行”。

牛腿税，是针对牧民拥有的牦牛数量多寡征收的租金，由于牲畜、牧场的所有权归赞普和封建领主贵族，牧民实际上是在领主贵族的牧场劳作，除了留一部分自己生活，其余剩余产品全部被领主贵族无偿占有，牛退税应当是对王室领地征收的一种畜牧税。

农田贡赋是针对农业区的，与大料集一样，每次征收之前都要集会商议，因此，没有固定征收时间和税率，而是根据政府财政需要具体规定。

草料赋税的征集总是与农田赋税的征集一同进行，因此，草料赋税当是针对畜牧业而设，很可能是牛腿税的替代税种，不过，不再以牲畜数量，而是依草场大小征收。

黄金赋税不是一个税种，而是赋税采取的形式，无论大料集、农业税还是牲畜税，大多是实物形式，黄金赋税来源于商业，但对商业的征税不是以实物形式，而是统一采取黄金的形式。

关卡税，有“收苏毗之关卡税”的记载，表明苏毗已完全纳入吐蕃统治，苏毗的关卡税来自过境贸易，主要是唐入蕃和蕃入唐的商人。

战争不息，徭役不停，对于吐蕃这一建立在军事力量上的部族联盟来说，不仅从赋税上保证军事扩张和统治秩序，还要以兵役保证兵力。兵丁征集是重要的赋役种类。《大事记年》中记载的就有八次征兵，之前的区分桂庸以及编制红册为征兵提供了依据。

此外，还有属部贡赋、马料、宫廷直属户赋税等赋税名目以及临时征调的各种劳役。封建领主制度下，农、牧、工奴都附属于或大或小的领主，他们不仅要为农奴主无偿提供剩余劳动或剩余产品，还要从事大量杂役，诸如修建宫殿、陵墓、寺庙、水利工程、道路、桥梁乃至领主家内杂活。吐蕃王朝对附属于各领主的农牧奴没有直接统治权，属部贡赋属于由吐蕃赞普所分封的领主向王室效忠的表现。王室领地内的农牧奴、官营手工业之工奴，王室享有领主权利，宫廷直属户赋税即为王室以封建领主身份对农牧奴剩余产品进行无偿占有的体现。

三、财政职官体系：岸本

吐蕃王朝设立的中央—地方官僚系统中，九大尚论之曩论系统的上、中、下三位曩论及众多辅助大臣掌握财政收支大权，“犹如鲜明的主妇操持家务”，其职责在于集财守库、关心百姓生计、王室饮食起居等事务。在中央，九大尚论之下还设七类职官，其中“岸本”掌管粮食与金银财物等经济收支，主要是本部的税收和户籍清查事宜。《敦煌吐蕃历史文献》中有“任命六大岸本”“统计清查岸本所属之户口册”“岸本由八员减为四员，立岸本职权为征宫廷直属户税赋”等记载。[①]占领敦煌后，吐蕃在敦煌也设置了岸本一职，表明被占领的敦煌不再分封给领主，而由吐蕃王室直辖。岸本不仅负责清点人口和收受赋税，还负责向官员和为官府做事的农、牧、工、商奴发放薪俸，发放须经尚论核准盖印，并将其记册。有吐蕃《薪俸支出粮食清册》记载：

（龙）年孟春上旬，司俸禄之岸本张文安、……和宋锷三人，从所管库内，将小米、青稞……支付官方酬酢及食用糌粑、油料、胡麻，由尚论牙牙盖印，确定付给人员，点名填造清册如下：七日，支出俸禄酒粮、小米三十克（千克），付与安锷、华梁森狱酿酒人张汉（汉人）、石毕秋诸人；同日，支出韩安锷马料，小米五克，供冬季十二月二十五日起至春季正月十日共十五日之用，交付书办参参；同日，支给庐班地方之吴师吉麦子三克，油料一克，交付吴师吉本人……[②]

岸本对政府收支需要详细记载，且财政支出均需向曩论报批。吐蕃对财政收支的规定非常详细，对于何种官员或农奴支出何种物资、物资数量都有严格规定，甚至十五日所用的马料是多少也有严格规定。占领瓜州后，吐蕃又在瓜州设置管理寺庙产业的“大岸本”，下设总管岸本、寺内岸本等，具体管理各个层级和寺庙的经济事务。《瓜州榆林寺之寺户、奴仆、生出、公产物

① 王尧、陈践（译注）：《敦煌本吐蕃历史文书》（增订本），北京：民族出版社，1992年版，第101页。
② 王尧、陈践（译注）：《敦煌吐蕃文献选》，成都：四川民族出版社，1983年版，第53页。

品之清册》载：

瓜州地面寺庙产业大岸本古日赉卜登与谢卜悉斯之书办王悉诺邽、榆林寺寺内岸本，将擘三部落之赞拉囊长官及其麾下之榆林寺顺缘寺户、财物、牲畜、粮食、用品等登记造册，……往昔，寺户、财物、粮食、牲畜、用品等的登记册以及布施、献于寺庙的粮食，均由总管岸本迷迪管理。如今，所收布施上交，依册清点，更改清册后，于沙门住持和军官、观察使前往点校，并交于大岸本总管……[①]

可见，在瓜州设置的以大岸本为首的岸本系统，不仅直接管理赞普直辖的农奴，还负责清点寺庙领主的奴户、财产、牲畜等，并且收缴寺庙布施。由此推之，岸本不仅负责管理赞普及官府直辖领域内的财政收支，在某些地方，尤其是被新占领的地域，还直接干预封建领主，尤其是宗教领主的收支，寺庙经济成为政府牟利的一种方式。由此看来，岸本更像是赞普和地方大员的管家，集财守库、精打细算、翔实记录收支状况，以满足赞普直辖的百姓生计和吐蕃赞普饮食起居的需要。

四、赤德祖赞整顿财政

赤德祖赞时期，为了进一步巩固王权，吐蕃王室大范围调整了吐蕃官员的任用，并在松赞干布建立王朝体制的基础上，对财政和军事体制进行了确认和改进，其中涉及众多财政内容：[②]

其一，确认并强化依据三种农田类型征收贡赋的制度，并分别建立各类田地、户籍、赋税的木牍。对于吐蕃四茹王田及大藏王田，由岸本征收“王田赋税”；对于自由民和桂之军户占有的少量民田，既可征收“田亩赋税”，也可征收急需品，如马料、黄金、工艺品等，还可征发“大料集”；对于羊同、苏毗、吐谷浑等属部土地，主要征发“大料集”，也可根据临时需要征收

① 王尧、陈践（译注）：《敦煌吐蕃文书论文集》，成都：四川民族出版社，1988年版，第1—9页。
② 安应民：《吐蕃史》，银川：宁夏人民出版社，第161页；陈崇凯：《西藏地方经济史》，兰州：甘肃人民出版社，2008年版，第118—119页。

各种赋税。

其二，明确规定绝大部分牧场、牲畜等生产资料归官府、贵族、寺庙占有，在牧区划定夏季牧场和冬季牧场，整顿牧区的贡赋制度和大料集征集办法，依据牲畜数量的增减变化核定畜牧税。

其三，加强对财政职官岸本的监督管理，对于不能履行职责或中饱私囊、与地方贵族勾结的岸本进行处罚，并挑选他人担任。

其四，建立统计财物、清查费用和盈亏状况的制度。对民户、田产、贡赋交纳情况进行统计，加强管理，防止地方贵族隐匿民户、土地等现象。

其五，适当减轻农牧奴的赋税和劳役负担，缓和农牧奴的反抗情绪。严切昭告臣属，“减轻庶民黔首之赋税”；要求大论及以下各类官员，必须申明誓言；并直接下令减轻和调整乌套达东岱的差役负担。

从赤德祖赞对财政的整顿来看，当时吐蕃地方贵族势力与吐蕃王室之间的矛盾已经凸显，农牧奴对封建贵族的统治也出现不满和反抗情绪。赤德祖赞的改革就是以对旧领主贵族，包括寺庙领主贵族权力的限制，消除农牧奴不满情绪，同时，有效增加财政收入，加强王室力量。瓜州大岸本的设置和清查寺产、收缴寺庙布施的行为可视作这种斗争的具体案例。

第五章

吐蕃部盟封建制经济的矛盾及解体

通过以封建农奴制为主轴的王朝体制建构，吐蕃巩固了由奴隶制部族兼并而形成的部族联盟，并建立起与唐朝及其他民族的经济联系。吐蕃一面推进经济建设、推广佛教，一面积极向外扩张。经松赞干布、贡松贡赞、芒伦芒赞、赤都松赞，到赤德祖赞（704—742年）、赤松德赞（742—797年）时期，吐蕃的文治武功均达于顶峰。然而，吐蕃部盟封建制的建构并不完善，原有的部族奴隶制因素得到保留，甚至与封建部盟制发生矛盾，威胁王朝统一。由于部族奴隶制是吐蕃王朝形成初期的经济基础，“形官实封”制是由部盟盟主，即吐蕃王室主动推行，以稳固和发展部族联盟的政治举措，由此形成了封建领主制与部族奴隶制的矛盾，其中贯穿着吐蕃王室（部盟盟主）与封建领主（原部族首领）之间、封建领主与农牧奴之间的矛盾斗争，构成理解吐蕃王朝经济形成、发展、崩溃的主线。王朝初期，实行分封采邑制，以土地和属民作为分封内容，既符合领主利益，也符合王室扩大统治的利益。王室掌握全部领地和属民人身所有权，领主贵族只能受封获邑，王室则有权收回和重新分配，因此，领主贵族世袭制成为解决王室所有权与领主贵族占有权矛盾的调和机制。不过土地属民毕竟有限，新旧贵族对采邑争夺剧烈，王室作为中介与争夺领地权益的一方，与领主贵族的矛盾逐渐加剧。通过军事扩张，从战争中掠夺战利品，从领土扩张中获得新封邑，成为包括王室、领主贵族在内的吐蕃部盟不分阶级阶层的共同经济利益，是吐蕃以族群间矛盾缓和族群内部阶级阶层矛盾的重要方式。在对外扩张的早期阶段，大领主贵族主导了军事行动和对占领区的分配权，随着对外扩张的加强及王室对军事权的掌控，越来越多占领区成为王室直辖地，这在一定程度上加强了王室权力，为王室在本部推行农奴制改革提供了可能，从而威胁了领主贵族对自己封邑的权益。同时，在对外扩张达至极限时，依靠对外扩张凝聚吐蕃族群内部各阶级阶层的可能性丧失，以族群间矛盾转移族群内矛盾的方式逐渐步入尽头。领主贵族公开或私下违背赞普命令乃至谋害赞普，阻挠和反抗农奴制改革，对封邑属民的压迫不降反升。属民将对领主贵族的不满与对吐蕃王朝的不满相等同，常年征战耗费的人力物力均加诸属民身上，吐蕃属民与王朝统治者的矛盾加剧，吐蕃王朝归于解体。佛本之争则是吐蕃封建农奴制改革过程中的社会经济矛盾在意识形态上的集中反映。

第一节 采邑奴户有限性与封建贵族世袭制之间的矛盾

藏族先民自小邦时代，开始从原始氏族社会向部族奴隶制社会过渡，氏族首领逐渐转化为拥有牲畜、奴隶等财富的贵族，普通氏族成员或为自由民，或因犯罪或债务沦为奴隶。但普通氏族成员分化并不明显，奴隶的主要来源是被征服氏族，以掠夺财富、人口为目的的展开的战争，成为部族奴隶制社会的重要经济活动。随着各小邦的征伐兼并，征服氏族所统辖的地域扩大、人口增加、族属复杂，以分封采邑取代对人口和财富的直接掠夺，成为兼并战争的主要经济结果，部盟封建制成为征战兼并的伴随现象。

一、赞普亲兵私有制与小邦征战中的经济利益：土地和奴隶

人类在原始氏族社会时期，战争的目的在于保卫氏族成员的生命财产安全和血亲复仇，因此，除了食物等战利品，俘虏直接被杀死，甚至被作为食物吃掉。随着氏族内部分化出贵族和平民，私有制产生，生产力发展到了出现剩余产品的水平，“古代部落对部落的战争，蜕变为攫取家畜、奴隶和财宝而不断进行的抢劫”[①]。战争由此变成部族奴隶制社会的一种正常营生。通过征伐，“占有最好的土地，掠夺战利品，以俘虏充作奴隶”[②]，逐渐成为部族奴隶发展的主要经济动因。

就雅砻部族内部来说，原氏族公社中的部分普通成员，在小邦征伐战争中，自带武器随首领征战，成为“赞普亲兵”，并在领土扩张中逐渐取得私人

① 恩格斯：《家庭、私有制和国家的起源》，北京：人民出版社，1972年版，第106页。
② 恩格斯：《家庭、私有制和国家的起源》，北京：人民出版社，1972年版，第102页。

支配的土地、牧场和奴隶。赞普对亲兵所占有的土地、牧场、奴隶“授予文书”[①]，实际上确认了亲兵私有制。“赞普亲兵私有制”进一步促进了氏族公社制度解体、私有制深化与阶级分化。赞普亲兵或者成为新奴隶主贵族，或者成为拥有少量奴隶的军户，与由氏族首领转化来的旧奴隶主贵族、原氏族公社普通成员转化来的自由民，以及战争俘虏来的外族奴隶或债奴、罪奴等本族奴隶，共同构成雅砻部族奴隶制社会结构中的主要阶级。此时的奴隶仍以俘虏为主，其中既有个体俘虏，也有整体沦为奴隶的部族。由于奴隶制战争频繁，雅砻本部自由民逐渐分化：军役繁重，小生产难以维系，纷纷破产；但沦为债务奴隶的仍在少数，依靠对外战争获取土地和奴隶，既成为大部分自由民的主动选择，也成为小生产者破产的必然结果。与早期赞普亲兵不同，他们上升为奴隶主贵族的机会很少，大部分成为拥有少量土地和奴隶的军户，成为王朝时期“桂之军户”的主要组成部分。无论是新旧奴隶主贵族，还是军户自由民，其利益都在土地和奴隶的占有，并依靠奴隶提供无偿劳动，因此，征伐战争既符合赞普扩张统治的利益需求，又符合奴隶主贵族和自由民军户获得土地和奴隶的利益诉求。族群间矛盾远大于族群内阶级矛盾。

二、分封采邑与贵族经济利益形态的变化：采邑和属民、奴户

分封采邑制可以视作“赞普亲兵私有制”的演变形式。随着小邦战争的扩展，不仅有沦为集体奴隶的小邦，而且有越来越多小邦主动与悉补野赞普结盟，成为其臣属，小邦时代走向以赞普王室为核心的部族联盟形态。藏族先民于小邦时代后期，进入了吐蕃、象雄、苏毗三大部族联盟时期。亲兵私有制扩展为分封采邑制，对亲兵占有土地、奴隶的确认，进展为向新旧奴隶主贵族分封采邑、属民和奴户。如朗日伦赞（522—561年）“执划地界之鞭分勋臣”[②]：

将念·几松的堡寨布瓦及其一千五百户奴隶赏赐给娘·曾古；

---

① 尹元超：“试论封建制度三大类型的形成”，《武汉大学学报（社会科学版）》1990年第1期，第103页。

②《藏族简史》编写组：《藏族简史》（修订本），北京：民族出版社，2009年版，第21页。

将线氏的土地撒格以及墨竹的一千五百户奴隶赏赐给韦·义策；

将农·准保长兄农氏处的一千五百户奴隶赏赐给农·准保；

将温地的孟氏堡寨及其三百户奴隶赏赐给蔡邦·纳森……①

虽然小邦时代的分封只是伴随现象，部族联盟也不稳固，然而分封采邑制的推行毕竟带来了贵族经济利益形态的变化：从依靠征伐战争获得奴隶、财富等带有浓厚奴隶制色彩的战利品，转向了依靠赞普封赏获得带有封建领主制色彩的封地及其属民、奴户。经过分封采邑，吐蕃社会构建了由以王室为核心的贵族统治阶级与附属于贵族的属民奴户所构成的社会结构。族群内阶级矛盾开始形成，但尚未超越族群间矛盾。当时被悉补野部族联盟和兼并的各部族，内部分化尚不明显，对王权的主要威胁不在奴隶或下层劳动者，而在部族首领的离心倾向，因此，封建采邑制度重在扶持部族首领。通过盟誓效忠，不仅明确赞普王室与各部首领的君臣关系，扩大赞普王权及统治范围，而且提高和确认部族首领的贵族身份。原来的部族首领和奴隶主贵族成为各自封地内的领主，不仅外族奴隶和少量本族奴隶归他们所有，而且封地内的大量自由民也具有了对他们的附属关系，成为属民或农牧奴。

王朝建立，吐蕃明确以官僚体系与告身制度为形式，对贵族和功臣进行分封和赏赐，官职与告身等级直接与采邑和属民、奴户挂钩，采邑、属民、奴户的优劣多寡与官职告身等级高低相互影响。如赤松德赞（798—815年）时期，“大臣琛杰斯秀亭②，因其拥有九万奴，故为大尚论”；“久若·空赞，因占有九百九十户属民，故为大尚论”。③采邑多寡与告身等级又共同决定了各氏族、家族在吐蕃社会地位的高低。各氏族贵族努力在王朝任官，追求高等级与多数量：官职和告身等级越高，所得采邑就越丰厚越多；在王朝所任职的官员人数越多，所得的采邑也越多，该家族在吐蕃的社会地位就越高，经济利益、政治权力与社会地位紧密联系在一起。吐蕃统一全境后，因领土扩张受限而导致王室与领主贵族共同经济利益消失，王室与领主、领主与领主、领主与农牧奴之间等族群内的阶级、阶层矛盾开始凸显，并逐渐超越族群间

① 王尧、陈践（译注）：《敦煌本吐蕃历史文书》（增订本），北京：民族出版社，1992年版，第162页。

②《旧唐书》称“尚结息”，见：[后晋]刘昫等：《旧唐书》卷196《列传》146《吐蕃上》。

③ 巴卧·祖拉陈哇：“《贤者喜宴》摘译（十）”，黄颢译，《西藏民族大学学报》1983年第1期，第58—59页。

矛盾。因土地、属民、奴户为贵族身份地位最重要的利益和标志，成为上层贵族争夺的目标。

三、吐蕃王室与领主贵族利益的调和机制：族内成员世袭制

由于赞普拥有所有土地和属民的所有权和分封权，因此，吐蕃王室不仅是各领主贵族争夺封邑和属民无法绕开的中介，而且吐蕃王室本身就是与领主贵族直接争夺封邑内经济权益的一方。分封采邑制度实行之前，土地、人口为各小邦分据，互不相属。分封采邑制的推行，尤其吐蕃王朝的建立，使吐蕃部族联盟内所有土地、属民、器物等尽归赞普所有。赞普以其中的耕地、牧场以及属民、奴隶等封授新旧贵族，受封贵族成为赞普的封君，这在一方面，扶持和承认了氏族或部族首领对土地和人口的领主权；另一方面，封君土地仅供授受，不得买卖，且封授权掌握在赞普及大臣手中，这就加强了吐蕃王室对领地的所有权，并在一定程度上削弱了封建领主对其领地的支配权。

赞普可以将领主土地和属民没收，重新封赏，也可直接控制，再加上王室和领主从土地和人口中获得的经济利益形态不同，前者为赋税差役，后者为地租差役，从而带来吐蕃王室与领主贵族的矛盾。吐蕃王朝以族内成员世袭制作为吐蕃王室和封建领主利益的调和机制，并通过反复盟誓，加强贵族信任：在无罪的情况下，封邑与官职必须由家族或氏族成员承袭，一方面承认赞普对土地的封授权，另一方面保证领主贵族对领地的支配权。赤松德赞（755—797年）时期，重臣恩兰·达札路恭因“对内外政务大有裨益”，赞普赐盟誓诏书，强调了族内成员世袭原则。达札路恭树碑记载：

敕授论达札路恭盟誓之诏书，赞普赤松德赞陛下诏誓如下：

论达札路恭之子孙后代，无论何时，地久天长，赐以大银字告身，永作盟书证券，固若雍仲……赞普后世每一代之间，诏令“大公”之子孙后代中一人充任内府官员家臣以上职司……“大公”之子孙后代手中所掌管之奴隶、土地、牧场、草料、园林等一切所有，永不没收，亦不减少，他人不得抢夺……“大公”之子孙某代若绝嗣，其所属奴隶、土地、牲畜，赞普绝不没收，定举以畀其近亲

兄弟一支。[①]

因曾为赤德松赞少时师傅并拥立赤德松赞即位，娘氏高僧定埃增被任命为“曲论”，进入吐蕃政权核心。赤德松赞“授予娘·定埃增重盟大誓”，并明人于三宝所依之神殿之处，敕建盟誓文龛，立碑树石，称“谐拉康碑”或“谐拉康盟书刻石”，誓文：

娘·定埃增之子孙后代，安置适宜官职，如能，予以褒奖宣扬；若为他人欺压凌辱，或有奸人谗言，王室需做主保护。设或有罪而不实，绝不听信谗言和离间。若对赞普怀有二志或作其他歹事，处罪仅一人。其永久持有之告身不得湮没，所任职司持续操持，部落“岱本”世袭承传。娘·定埃增之子孙后代的奴隶、牧场、草料、园林等，无论何时，即使断绝后嗣或因罪置狱，王室亦不没收，亦不转赐他人。王朝臣僚载未呈献赞普之前，更不得以任何方式抢夺或没收。[②]

赤德松赞（798—815年）时期，由于“赞普内府诸官员广科赋敛，横加差役”，工布小王噶波及家臣请求赞普颁布盟书诏文，“以求永远居于安乐”。赞普应请，颁盟书誓文，既重申了采邑、官职、告身在族内世袭的原则，又明确界定了官府在工布境内的赋役权限。工布《第穆萨摩崖刻石》记载了盟书誓文：

地久天长，无论何时，绝不以他姓接充工布噶波之王位；唯一颁命，赐予噶波莽布支之子孙后代；设或，噶波莽布支之后嗣断绝，亦不令兄长噶波之名湮没，王位由噶波王近支内颁命；设或此王之支脉亦断嗣，则由近亲之中依遗嘱所言，集会抉择，立其贤者而任之。工布噶波小王之奴隶、土地、牧场迩后绝不减少，亦不摊派官府差役，不科赋税，不征餽遗，在其境内所产之物中一酿酒粮食、青稞、大米任何一种奉献均可；而驿送之役，不得远延。[③]

除诏书内容，《第穆萨摩崖刻石》还记载了工布王噶波的奏请，其中有请赐盟书的原因：“然，如今，赞普内府诸官员广科赋税，横加差役，故祈请赞

① 王尧：《吐蕃金石录》，北京：文物出版社，1982年版，第83页。
② 王尧：《吐蕃金石录》，北京：文物出版社，1982年版，第116页。
③ 王尧：《吐蕃金石录》，北京：文物出版社，1982年版，第101页。

普赐盟书昭文。”[①]可见，当时吐蕃王室的赋税差役与领主贵族对其领地的经济利益已经出现很大冲突，赞普赤德松赞应工布小王噶波之请，重申族内世袭制原则，已经是对这种矛盾的反映。

四、领主贵族对采邑、奴户的争夺：检举揭发与王室没收

吐蕃王室论功行赏，对新旧贵族进行分封，甚至承诺贵族实行官职、采邑的族内成员世袭制，然而，土地和属民毕竟有限。尤其随着吐蕃属部主动称臣和本部统一，能够开拓的采邑更为有限。吐蕃王朝建立后，新官僚和新贵族不断涌现，需要相应封地和属民，土地属民的有限性与封建贵族世袭制度之间的矛盾凸显。采邑奴户不仅成为领主贵族之间，而且成为吐蕃王室与领主贵族之间经济矛盾的焦点。

虽然吐蕃实行封建领主的官位、采邑族内世袭制，但若封建领主反叛或犯罪，王室有没收封邑的权利。“没收”及再分配就成为采邑有限性与封建贵族世袭制之间矛盾的必然反应。王室不能无缘无故没收贵族封邑，只有犯罪和反叛的贵族领地才被没收。与之相应，新贵族获得封邑的唯一途径是通过立功而封官受赏，立功的方式有多种，既可对外征战，也可检举揭发。对外扩张不可持续，贵族间的相互倾轧、检举揭发，挑拨赞普与领主关系，成为新旧贵族争夺采邑的核心手段。领主贵族之间相互检举揭发成频发之事，松赞干布在位时（581—650年），多次审理贵族内讧，“娘氏、属庐氏等旧贵族，均获罪遭谴，并蒙诛刈”。《敦煌本吐蕃历史文书》载：

> 琼保·邦色长期以奸计离间松赞干布与娘·尚囊的君臣关系。在赞普面前，妄言尚囊心怀二志；在尚囊面前妄言赞普将对其无罪加罪。尚囊信邦色所言，潜居布瓦堡寨之中，赞普有所遣命时，亦不接受、不赴会、不应召。赞普及臣下均认为，尚囊心怀二志乃真实之事，乃攻下布瓦堡寨，消灭尚囊，其奴户被重新分配。[②]

---

① 王尧：《吐蕃金石录》，北京：文物出版社，1982年版，第101页。

② 王尧、陈践（译注）：《敦煌本吐蕃历史文书》（增订本），北京：民族出版社，1992年版，第165页。

琼保·邦色一再向赞普表示，其揭发娘·尚囊有功，其为群臣中最忠诚者，为“一人将众人之长，包括明睿、英勇、热诚、宽厚，集于一身者”，以求赞普升官赏邑。但赞普并未如其所愿，琼保·邦色仍居旧封地，因此晚年谋划暗害赞普，暴露后自刎毙命，其子割其首级觐见赞普，家族封邑方得保留。噶·东赞域宋因揭发琼保·邦色有功，受到重用，并在松赞干布逝世后（650年），形成长达50多年的噶氏专权局面，在吐蕃内政外交方面发挥了巨大作用。娘氏、属庐氏因“反叛”被罚没封邑后，与娘氏、属庐氏同期投奔悉补野氏的韦氏义策，请求赞普“再盟一誓”，赞普允，并与尚论内侍扈从官员六人，包括麴氏、努氏、岩氏、蔡邦氏、俄玛岱氏、墀·孟多日旁策，一同盟誓，“誓文交给韦氏父子收执”，曰：

若尔兄弟子侄于悉补野赞普驾前，忠贞不二，不阳奉阴违，绝不对义策之子无罪而责谴，绝不听信奸人离间，即或听到离间之词，亦允许尔等辩论，以申诉原委。义策子孙若对赞普不忠，只对不忠者本人加罪，绝不株连。绝不无罪而褫夺其奴户、封地。只要忠心不二，即使绝嗣，也不没收夺取其奴户、封地。尔若有二心，赞普降罪，不在破盟之列；尔若将奴户、封邑调换或献出，亦不在破盟之列。[①]

从上述誓词可见，韦氏在当时已被检举，检举之人可能是与赞普共同参与盟誓的六人之一。争夺的焦点在于奴户、封地，誓词多次强调，不没收、夺取韦氏封地与奴户的前提在于不反、不罪。若韦氏有二心而被赞普降罪，从而奴户、封邑被没收，不算赞普破盟；若韦氏主动将封地、奴户献出或与赞普及六人调换，不算韦氏破盟。为了维护韦氏的封邑、奴户，韦·义策等父兄子侄七人共同盟誓，誓词云：

对于悉补野赞普宗系绝不变心，永远永远。无论赞普子孙对我等怎样，我等绝不变心。绝不为他人所引诱，绝不投靠他人，绝不与变心之人沆瀣一气，绝不在食物之中下毒，绝不对赞普做任何坏事。若我之兄、母、弟及子孙之中，有任何一人产生异心，立即向赞普检举，绝不跟产生异心之兄弟为伍。其他人若对赞普心怀二志，我也必将检举揭发，但对于任何无过失之人，绝不挑拨离间，绝不嫉妒憎怒。若被任命为长官，对一

---

① 王尧、陈践（译注）：《敦煌本吐蕃历史文书》（增订本），北京：民族出版社，1992年版，第164—165页。

切民庶绝不有所偏私，决然奉行赞普诏令。[①]

韦氏的誓词，除了表示效忠赞普，并努力排除因一人获罪而丧失全族封邑奴户的可能，还明显针对其他试图挑拨离间的贵族。贵族倾轧不断，原立功受封的贵族又可能因罪被罚没封邑。曾参加与韦氏盟誓的麴氏，在都松芒保杰（676—704年）时期也因"心怀二志"获罪并罚没财产。《敦煌本吐蕃历史文书》载：

> 及至牛年（677，高宗仪凤二年），野辛之麴·墀聂翥松与交拉之仁祖等二者，心怀异志……及至虎年（678，高宗仪凤三年），麴·墀聂翥松与若桑支·彭野芸二人获罪……及至龙年（680，高宗永隆二年），清查麴氏与若桑支之财产。[②]

通过相互之间的检举揭发，挑拨君臣关系，一方面，被检举揭发之贵族领主获罪，其封邑奴户被王室没收，成为再分配的重要来源；另一方面，检举揭发及平定叛乱之贵族领主，则因立功得到赞普信任而获封邑奴户。王室为加强王权和对采邑的控制权，对领主贵族之间的相互揭发检举报以鼓励态度，并积极利用贵族之间的相互倾轧没收采邑，以为王地和重新分配之用。因此，检举揭发，不仅成为吐蕃上层贵族的重要活动，而且成为调节采邑奴户有限性与封建贵族世袭制之间矛盾的重要方式。阴谋与内讧成为吐蕃政治生活的一个主题，有着深刻的经济根源。

第二节 王室与领主贵族的共同经济利益：对外扩张

领主与领主、王室与领主之间，对有限的土地属民进行的争夺和博弈，导致吐蕃政局动荡。据统计，吐蕃王朝建立后，在不到一百年的时间里，"从娘·尚

① 王尧、陈践（译注）：《敦煌本吐蕃历史文书》（增订本），北京：民族出版社，1992年版，第165页。
② 王尧、陈践（译注）：《敦煌本吐蕃历史文书》（增订本），北京：民族出版社，1992年版，第147页。

囊到论钦陵，七位大相有五位因不忠而自杀或被杀”，论钦陵以后的大相和诸多领主贵族，“或罪或叛，被贬被杀者”，不计其数，“公元703年、705年、706年、707年、711年、714年、717年、723年、725年、728年等年份，均有领主贵族被贬、被杀、被罚没封邑的记载”[①]。从松赞干布到朗达玛的九任赞普中，有六任（都松芒保杰、赤德祖赞、赤松德赞、牟尼赞普、赤祖德赞、朗达玛）死于领主贵族之手，或被毒杀暗害，或被反叛明杀。达官贵族及赞普外戚专权的局面更是不绝如缕。王室与领主、领主与领主围绕土地和奴户的经济矛盾，只有在对外扩张中才得以缓和。松赞干布即位后，先收服叛离诸部，后收苏毗，灭象雄，设立“六茹六十一东岱”，统一了吐蕃本部。在此基础上，为调节吐蕃本部王室与贵族、新旧贵族之间以及吐蕃人与自然环境之间的矛盾，吐蕃进一步向外扩张。因地理环境阻隔，喜马拉雅山脉为天然屏障，吐蕃向南向西扩张不深，锋芒所指向东向北，包括向东北方向占领川甘地区、河西走廊，直到黄河中上游地区；向东达四川盆地西端；向东南到云南西北部的丽江，由此促成了今日藏族的分布格局。

一、东灭吐谷浑、西占安西四镇

首先是对吐谷浑的占领和经略。吐谷浑所在的青海地区是吐蕃东向扩张的首要目标，并成为吐蕃进一步向外扩张的基地。松赞干布时期，吐蕃便借口与唐朝和亲受阻乃吐谷浑之过，并进军吐谷浑，但被唐军击回。到芒松芒赞时期，噶氏家族摄政，终灭吐谷浑（663年），将青海地区纳入吐蕃领土，进而侵犯唐朝边境，并于670年，败唐于大非川（今青海惠渠南切吉旷原），吐谷浑依靠唐朝复国无望，青海地区彻底进入吐蕃版图。吐谷浑拥有良好的牧场和畜牧业，不仅成为吐蕃重要的粮草和战马基地，而且成为吐蕃本部军民迁徙的重要地域。唐朝名将哥叔翰曾云：“吐谷浑部，数倍居人，盖是吐蕃与国强授，军粮马匹，半出其中。”[②]可见，被占领后的吐谷浑成为吐蕃分封授地及征收贡赋的重要场所。根据《敦煌吐蕃历史文献》记载，吐蕃王朝在公

---

① 林冠群：《唐代吐蕃历史与文化集》，北京：中国藏学出版社，2007年版，第164页。
②［北宋］王钦若等：《册府元龟》卷977《外臣部・附降》。

元669年、696年、714年、734年、742年等年份[①]，先后在吐谷浑地区征集大料集、青壮兵丁、马料草税等。

占领和经略吐谷浑的同时，吐蕃还积极向西域扩张，进而占领和控制安西四镇[②]。西域地区的绿洲地带，不仅因雪山积水而形成小型精耕农业区，农产品种类多、产量大，而且是贯通东西方贸易之丝绸之路的重要通道。吐蕃境内统一后，为进一步寻求更好的生存环境，缓解领主贵族之间封邑之争的矛盾，除东北部的青海游牧区，西北部的西域地区也是吐蕃扩张的重要方向。在占领吐谷浑之前，吐蕃无法东出并西进，只能经西北线进入西域：由象雄（今阿里地区）、勃律（今巴勒斯坦、吉尔吉特地区）、护密（帕米尔高原和兴都库什山脉之间，从今阿富汗巴达赫尚省向东至中国新疆塔什库尔干塔吉克自治县的瓦罕走廊），东跃帕米尔高原，经渴盘陀（今中国新疆塔什库尔干塔）北上进入南疆的疏勒地区，并由疏勒、于阗东进。[③]控制吐谷浑之后，情势大变，比西北线更为便利的先出东北再向西进的线路成为可能，吐蕃与大唐、回纥、大食几经争夺，最终占领了安西四镇。

对外扩张对王室、领主贵族都有益，因此，对外军事行动的胜利总是带来吐蕃境内的稳定。芒松芒赞时期（650—676年）和都松芒保杰前期（676—698年），虽然噶氏家族专权，但由于由噶氏家族领军的对外军事行动大多告捷，占领并经营西域和青海，并在与唐朝的和战过程中均发挥举足轻重的作用，因此，吐蕃内部相对稳定。唐武后即位（690—705年）后，唐朝大举反击，大破吐蕃，规复四镇，吐蕃对外扩张遇阻，王室与领主以及领主贵族之间矛盾得不到宣泄而更为激烈。王室顺势铲除噶氏家族，并有长达五年不再任命大论，而是由赞普亲掌兵权。因为在军事扩张过程中，掌握兵权之人往往直接将占领之地作为自己的采邑，虽名义上归赞普所有，但一切军政民事以及财政赋税都掌握在领兵作战的大论之手。噶氏家族的论钦陵于685年从父亲噶·东赞手中接过兵权，便长期在占领地区驻扎，西域被唐朝规复后，作为大论的钦陵长期（693—698年）驻扎在吐谷浑，直到被王室联合

① 见本书第四章第七节“二、大料集与专项赋役”。
② 安西四镇：唐贞观年版间，设置于西域地区、由安西都护府统辖的四个军镇，包括龟兹（今新疆库车）、焉耆（今新疆焉耆西南）、于阗（今新疆和田西南）、疏勒（今新疆喀什）。
③ 林冠群：《唐代吐蕃史研究》，台北：联经出版事业股份有限公司，2011年版，第429页。

外戚，将噶氏家族势力铲除（698年），吐谷浑才真正归入王室统辖。然而，噶氏家族被铲除并未带来吐蕃政局的稳定，王室、外戚与其他领主贵族争权夺利，都松芒保杰只得亲自领兵征战，意欲继续向外扩张领土，以青海地区为基地，向唐境推进。

二、征服南诏、蚕食唐境

如果说噶氏专权时期的对外扩张主要是东出吐谷浑，进而为吐蕃以青海河湟谷地为基地，向西占领西域提供跳板。那么，赤德祖赞后期（713—754年）及赤松德赞时期（755—796年），吐蕃的对外扩张则重在东南，进而将南诏和青海作为东出侵唐的前锋，蚕食唐境。

大非川之役（670年）后，唐蕃直接接壤，位于边界线中部的河湟谷地便成为吐蕃不断进犯唐境的出口。都松芒保杰在联合外戚铲除噶氏家族之后，分别于700年、712年、710年，从青海地区向唐境推进，并占领唐凉州（今甘肃武威市）、河州（今甘肃临夏州）、洮州（今甘南州临潭县）、松州（今四川阿坝州松潘县）等地。因遭到唐军反击，难以推进之时，吐蕃又请求和亲，缔结盟约，以稳定和确认唐蕃边境。唐武后长安三年（703年），都松芒保杰遣使求婚于唐，武后同意，双方休战。吐蕃转而出兵南诏，都松芒保杰亡于南诏，赤德祖赞即位。赤德祖赞前期（704—712年），其祖母墀玛蕾与唐立盟修好，并在金城公主入蕃和亲之际（710年），以公主汤沐邑之名，获得河西九曲（大致相当于今青海省海南州贵南县一带）。赤德祖赞亲政后（713—754年），一面与唐朝立盟修好，一面逐渐征服南诏，得以“推行政令于南诏，使白蛮（分布在洱海一带的白族先民）来贡赋税，收乌蛮（分布在四川、云南的纳西族、彝族、傈僳族先民）归于治下”[①]，进而以南诏为入侵唐地的另一出口。《资治通鉴》云：“吐蕃每入寇，常以云南为前锋，赋敛重数，又夺其险要，立城堡，岁征兵助防。”[②]除了打开从南诏进入唐境的入口，赤德祖赞还

① 王尧、陈践（译注）：《敦煌本吐蕃历史文书》（增订本），北京：民族出版社，1992年版，第166页。
②［北宋］司马光：《资治通鉴》卷232《唐纪四十八·贞元元年版（785）》。

继续以吐谷浑为前哨，向唐境扩张，至玄宗开元二十一年（733年），吐蕃将唐蕃边境扩展至河州（今甘肃临夏州）、洮州（今甘南州临潭县）、廓州（今青海贵德县）、赤岭（今青海省日月山）一线。

赤松德赞时期（755—796年），唐朝发生安史之乱（755年12月到763年2月），唐廷将大量边防军调回，吐蕃先后发兵占领了河西地区的要塞、城镇及陇右地区的部分州县。《新唐书》载："自禄山之乱，河右暨西平、武都、合川、怀道等郡皆没于吐蕃；宝应元年（762），又陷秦、渭、洮、临；广德元年（763），复陷河、兰、岷、廓；广德二年（764），凉州沦陷；永泰二年（766），甘、肃二州沦陷；大历十一年（776），瓜州沦陷；建中二年（781），沙州沦陷；贞元三年（787）陷安西、北廷，陇右州县尽矣。"[①]"陇山以西尽为蕃有，两军据守之边界去长安不过五百里。"[②]侵占河西、陇右后，德宗贞元五年（789），又"陷北庭都护府，安西绝道"[③]。再加上都松芒保杰时期占领的凉、河、洮、松四州，唐蕃之间形成了绵延千里的边界线，自西向东依次为安西、河西、陇右、剑南，吐蕃疆域达到极致。赤松德赞纪念碑载："圣神赞普赤松德赞陛下，四方诸王无与伦比，睿智聪明，武功赫赫，上自大食边境，下迄陇山隘口，无不臣服，疆土辽阔，南北东西，广袤无际。"[④]不仅如此，吐蕃军还曾一度攻下长安，在唐朝史、中原史，乃至中国史上留下了浓墨重彩的一笔，甚至影响了中原史的走向。安史之乱后，吐蕃不仅攻陷了河陇大部分地区，而且继续东向唐都长安推进。广德元年（763年），先后占领泾州（今甘肃泾川西北）、邠州（今陕西彬县）、奉天（今陕西乾县）、武功（今陕西武功），兵临长安，代宗李豫只得逃至陕州（今河南三门峡）避难，吐蕃兵于广德元年十月十日攻陷长安，并占领15天，于二十五日退出。《资治通鉴》载："广德元年（763），十月，吐蕃寇泾州……过邠州……寇奉天、武功，京师震骇……丙子，出幸陕州，官吏藏窜，六军逃散。……戊寅，吐蕃入长安，……庚寅，悉众遁去。"[⑤]吐蕃还曾应唐德宗之请，助唐平

① [北宋] 欧阳修等：《新唐书》卷40《志第三十·地理四》；岑仲勉：《隋唐史》，保定：河北教育出版社，2000年版，第270—271页。
② 张达志："安史乱后唐蕃边境的进退"，《武汉大学学报（人文科学版）》2015年第4期，第83页。
③ [北宋] 欧阳修等：《新唐书》卷216《列传141·吐蕃传·下》。
④ Richardon H.E. "A New Inscriptionof Khri srong lde btsan", Journal of the Royal Asiatic Society, 1964, p.6.
⑤ [北宋] 司马光：《资治通鉴》卷223《唐纪三十九·广德元年（763）》。

叛。唐建中三年（782年），河北各藩镇叛乱称王；建中四年（783年），德宗调泾原兵镇压；不料泾原兵途经长安时倒戈攻打并占领了长安，称“泾原兵变”，德宗李适逃难奉天，泾原兵拥立前幽州节度使朱泚为王。德宗只得借助吐蕃力量，“遣秘书监崔汉衡使吐蕃，发其兵”①，“许成功以伊西、北庭之地与之”②。

通过长期的对外军事扩张，吐蕃疆域大幅度增加，不仅为领主贵族寻求到了更多采邑和奴户，为吐蕃人寻求到了更好的生存环境，而且增加了王室直辖区域及王室权力，为王室主导的封建农奴制改革提供了条件。对开扩张过程中对唐境等地的占领引入了新的矛盾，占领地民众对封建采邑制的反抗与王室力量的加强同时发生，于是王室进行了一系列削弱领主权力、提高属民地位、加强王室统治的封建农奴制改革，这种改革虽缓和了领地属民的不满，却引发领主贵族的抗拒。领土扩张停滞不前后，王室与领主利益的一致性逐渐被对抗性所取代。

三、立盟划界与推行部落制

出兵占领之后，吐蕃往往随即与唐缔结盟约，要求唐承认其所占土地为吐蕃领土，然而一当其所占地域统治稳固或唐朝发生内乱，吐蕃便打破盟约所定边界，继续扩张。墀玛蕾执政时期（704—712年），唐蕃于中宗神龙二年（706年），举行首次议界会盟，称“唐蕃神龙会盟”并签订“分界盟书（神龙二年盟誓事史缺）”③。玄宗开元二十一年（733年）二月，赤德祖赞请金城公主上言，“请以九月一日树碑于赤岭，定蕃汉两界”，玄宗许之，唐蕃“各分树界碑，约不相侵”④，称“赤岭会盟。德宗建中四年（783年），唐蕃又于清水举行盟誓，议定边界，称“建中会盟”或“清水会盟”。《旧唐书》对其有详细记载：

---

①［北宋］司马光：《资治通鉴》卷229《唐纪四十五·兴元元年（784）》。
②［北宋］司马光：《资治通鉴》卷231《唐纪四十七·兴元元年（784）》。
③［北宋］王钦若等：《册府元龟》卷981《外臣部·和亲》。
④［北宋］王钦若等：《册府元龟》卷979《外臣部·和亲》。

今国家所守界：泾州西至弹筝峡西口，陇州西至清水县，凤州西至同谷县，暨剑南西山大渡河东，为汉界……蕃国守镇在兰、渭、原、会，西至临洮，东至成州，抵剑南西界磨些诸蛮，大渡水西南，为蕃界……其兵马镇守之处，州县见有居人，彼此两边见属汉诸蛮，以今所分见住处，依前为定……其黄河以北，从故新泉军，直北至大碛，直南至贺兰山骆驼岭为界，中间悉为闲田……盟文有所不载者，蕃有兵马处蕃守，汉有兵马处汉守，并依见守，不得侵越。其先未有兵马处，不得新置，并筑城堡耕种。①

最后一次唐蕃立盟划界是在穆宗长庆元年（821年），盟于长安，称“长庆会盟”，大体维持了“清水会盟”所划定的边界。长庆二年又盟于逻些，长庆三年，树碑立于大昭寺门前，称“长庆舅甥会盟碑”或“唐蕃和盟碑”，藏语称“祖拉康多仁”，正面盟词中再次确立唐蕃边界：“蕃汉二国所守见管本界，以东悉为大唐国境，以西尽是大蕃境土。”②

出兵占领，并立盟划界，确定土地归吐蕃赞普所有后，赞普直接为立功的领主贵族分封采邑，并将吐蕃本土的部落制移植到被占领区。吐蕃占领吐谷浑之后，仿照吐蕃本土建制，将吐谷浑部落编组为部落（千户）组织，从中征调人马物资。在吐谷浑任官领封的贵族官员具有与吐蕃本土相同的告身，还出现了少量吐谷浑贵族申请千户长官职的记载。③吐蕃攻占河陇，进入鄯善（668年，吐鲁番盆地东侧，今新疆东南的若羌地区），大量吐蕃本土及吐谷浑贵族及其属民进入该地，成为鄯善各地的领主。从米兰出土的藏文写本及木简中出现了岛岱、局巴、支村、朗迷、那雪、郭仓、喀若、则屯、宗木、吐谷浑上万户、吐谷浑千户等部落名称，多为来源于吐蕃本土的部落，属于旧领主贵族的封邑和属民，如宗木部即为吐蕃古老氏族蔡邦氏的封邑，还有大量的吐谷浑属民前来从事农业生产，服役和纳税。④吐蕃攻占敦煌（786年）后，随即以“部落—将”制代替唐朝的乡里制⑤，实际上就是将被占领区分封给不同贵族集团和军户，部落的内部情况与吐蕃本部相似，以千户为基本单

① [后晋] 刘昫等：《旧唐书》卷196《列传》140《吐蕃下》。

② 王尧：《吐蕃金石录》，北京：文物出版社，1982年版，第41页。

③ F.W.Thomas，Tibetan Literary Tests and Documents concerning Chinese Turkestan PartII，pp：22—25，London，1951.

④ 杨铭：《吐蕃统治敦煌西域研究》，北京：商务印书馆，2014年版，第63页。

⑤ 唐朝地方政权设府（道）—州—县三级，县下设基层组织乡、里。

位，“将”则相当于百户。[①]据敦煌出土的汉、藏文手卷记载，820年以前吐蕃在敦煌设僧尼部落、行人部落、丝绵部落、上部落、下部落、撩笼部落、中元部落，其中上、下部落均属擘三部落（千户）管辖，即上、下部落为擘三军部的封邑。[②]吐蕃攻占于阗（791年）后，吐蕃本土的章村、畿堆、叶若布、达布、聂巴、洛扎、碾克尔、朗迷、芒噶、雅藏等古老部落也于各地驻屯和生产。[③]可见，除了有出兵占领的吐蕃人就地驻军和定居，大量新占领地区分封给了吐蕃的新旧贵族，甚至有大量原属贵族封邑的属部民众，与其领主一起进入新占领地区从事农业生产。

四、吐蕃军事扩张的经济性：封建制领地扩张与奴隶制掠夺并存

以军事占领、立盟划界、推行部落制等为标志，表明吐蕃的对外扩张与北方游牧民族抢劫财物、人口等奴隶制掠夺战争有很大不同。攻城略地—派兵占领—立盟确土—设官分封的形式，决定了其内容带有鲜明的封建性采邑扩张性质：对外扩张成为调节封邑奴户有限性和领主贵族世袭制之间矛盾的重要手段。在吐蕃政权中心受排挤的贵族，往往前往边区求取战功；处于吐蕃政权中心的领主贵族往往掌握着吐蕃的军队，在军事扩张中获利最多；吐蕃王室则将对外扩张作为转移和缓解族内矛盾的重要方式。

从《敦煌吐蕃历史文书》看来，被占领土地在早期的确大量分封给了“王宫所属僧团，大昭寺，桑耶寺，昌珠寺，小昭寺，以及勃律、羊同、朵麦、德论等地区的诸寺院僧团”[④]，既然寺院僧团有所属领地寺户，就不排除其他领主贵族受封领地属户的可能性。《瓜州榆林寺之寺户、奴仆、牲畜、公产物品之清册》中出现了关于“瓜州地面寺庙产业大岸本、榆林寺寺内岸本等人，将擘三部落长官及其麾下之榆林寺顺缘寺户、财物、牲畜、粮食、用品等登记造册”[⑤]的记载，岸本登记造册虽表示王室对领主封邑控制增强，但

① 刘进宝：“关于吐蕃统治经营河西地区的若干问题”，《中国边疆史地研究》1994年第1期，第13页。
② 杨铭：《吐蕃统治敦煌西域研究》，北京：商务印书馆，2014年版，第25页。
③ 杨铭：《吐蕃统治敦煌西域研究》，北京：商务印书馆，2014年版，第72—73页。
④⑤ 王尧、陈践：《敦煌吐蕃文书论文集》，成都：四川民族出版社，1988年版，第1—9页。

也从侧面反映出部落长官及其麾下寺院确受过封邑、寺户、财物、牲畜等。吐蕃在被占领区推行的“部落制”反映了早期被占领区的封建采邑性。

除对领主贵族争夺封邑矛盾的调节等制度原因，对外扩张还是吐蕃人对高寒环境的一种反应方式，符合整个吐蕃部盟共同的经济利益，旨在解决吐蕃人扩展生存空间的需要，为吐蕃人寻求更好的生存环境。其农耕区仅分布于雅鲁藏布江两岸的雅砻河谷、年楚河谷以及拉萨河谷，面积狭小且分布零散，又高寒缺氧，无霜期短，产量小且不稳定；其牧区虽有藏北羌塘、青海、四川阿坝等草原，但除青海草原之外，其余草原气温极低，牧草生长慢，牲畜成长期长，加上雪灾等自然灾害频繁，牲畜死亡率高，财富增长和人口活动空间有限。时至今日，这些自然限制依然很强。因此，一旦高原内部整合完成，社会安定、人口增加，吐蕃人就会向外寻求新的扩张机会。

不仅于此，吐蕃王朝的集权制和封建制建立在奴隶制经济基础之上，奴隶制经济与极度依赖自然条件的农耕游牧经济，使吐蕃一遇自然灾害便很难维持再生产，战争劫掠势成必然。因此，吐蕃的对外战争中有很大的奴隶制掠夺性质，抢掠人口和财物为奴隶制的制度性特征。这种掠夺多发生于对方内乱、守备空虚之时，蕃军力量可以短期到达和占领，但因自然条件限制，或因远离本土，吐蕃王朝很难控制之地。如贞观二十二年（648年），因唐使在印度受辱，“以书征邻国兵，吐蕃遣精锐千二百人、泥婆国遣七千馀骑赴之。大破之……虏男女万二千人”[①]，又“掠回牲畜2万多头”[②]。占领和征服吐谷浑、南诏后，吐蕃“每至麦熟时，即率部众至积石军获取之，共呼为‘吐蕃麦庄’”[③]。广德元年（763年），吐蕃攻陷长安，“吐蕃欲掠城中士、女、百工，整众归国”[④]；贞元二年（786年），“尚结赞大举寇泾、陇、邠、宁，掠人畜，芟禾稼”；贞元三年（787年），“吐蕃寇华亭及连云堡，皆陷之。甲戌，吐蕃驱二城之民数千人及邠、泾人畜万计而去”，“丁巳，吐蕃大掠汧阳、吴山、华亭，老弱者杀之，或断手凿目，弃之而去，驱丁壮万馀悉送安化峡西”[⑤]；贞

① ［北宋］司马光：《资治通鉴》卷199《唐纪十五》。
② 恰白·次旦平措等：《西藏通史——松石宝串》，陈庆英译，拉萨：西藏古籍出版社，1996年版，第100页。
③ ［后晋］刘昫等：《旧唐书》卷104《列传》54《哥叔翰传》。
④ ［北宋］司马光：《资治通鉴》卷223《唐纪三十九·广德元年（763）》。
⑤ ［北宋］司马光：《资治通鉴》卷233《唐纪四十九·贞元三年（787）》。

元八年（792年），“六月，吐蕃千馀骑寇泾州，掠田军千馀人而去。”①

对人口和财物的奴隶制掠夺多具有短期性和季节性，领地扩张始终是吐蕃对外扩张的重点。对被占领地区，吐蕃王朝往往以封邑和王朝直辖地对待，因此，设置统治机构、颁令定制、收租纳税。但行使占领任务的旧贵族，往往保留了奴隶制掠夺习惯，对被占领地的土地和民户，肆意践踏，逼勒为奴，因此，常引起被占领地区官民不满，吐蕃王朝曾多次下令强调，被占领地区民户皆为“赞普属民”。然而，这种奴隶制残余导致的奴隶和平民对吐蕃政权的反抗，仍然加速了吐蕃王朝的灭亡。

五、吐蕃军事扩张在中国疆域形成及中国历史走向中的作用

古人不知有青藏高原，只知有昆仑山，“吐蕃在吐谷浑西南，不知有国之所由”②，“历周及隋，犹隔诸羌，未通于中国”③。吐蕃统一本土后，通过通使、和亲、通商等方式，开始了与唐朝的交流，汉人始知吐蕃。通过军事占领，吐蕃本部贵族因军事行动或分封受赏，大量向外迁移至今青海、甘肃、四川、云南等地，并与当地民众定居杂处，逐渐形成了今日藏族分布格局。不仅如此，吐蕃在扩张中纳入版图的地区，还奠定了中国西南边疆的基础。

由于青藏高原南部横亘着平均海拔6000多米的喜马拉雅山脉，极大的海拔落差在吐蕃与印度之间形成一道巨大屏障，大规模接触尚显困难，遑论冲突，可谓“山岭代替了长城”④。南陡北缓及西高东低的地形将西藏“北与蒙古、新疆、青海三地，东与滇、黔、川三地连为一体，其中任何一方面的动荡都会与西藏牵一发而动全身”⑤。因此，即使在版图最大的鼎盛时期，吐蕃也仅仅是与其东南方向、东北方向及西北方向的南诏、大唐及回纥、大食争夺领土。因此，唐蕃关系表现为和战交替，吐蕃与南亚次大陆的关系却相对和

① [北宋] 司马光：《资治通鉴》卷234《唐纪五十·贞元八年（792）》。
② [唐] 杜佑：《通典》卷190《边防六·西戎二·吐蕃》。
③ [后晋] 刘昫等：《旧唐书》卷196《列传》146《吐蕃上》。
④ [美] 拉铁摩尔：《中国的亚洲内陆边疆》，唐晓峰译，南京：江苏人民出版社，2005年版，第169页。
⑤ 张文木：“青藏高原与中国整体安全——兼谈青藏高原对‘一带一路’关键线路的安全保障作用”，《太平洋学报》2017年第6期，第4页。

平。即使吐蕃与印度发生冲突，往往是短期奴隶制掠夺式战争，从未有征服领土和民户之争。虽有尼泊尔、印度小邦对吐蕃的臣服，但因高山阻隔，吐蕃政令很难在南亚次大陆有效推行，吐蕃很难移民印度，在印度形成有效统治。这就决定了这些地区的附属国多由当地贵族统治，只在名义上归附吐蕃或向吐蕃提供贡赋。

新疆、青海、四川、云南等原属唐境的地区，不仅对吐蕃牵一发而动全身，对中原王朝的稳定同样关键。无论是四川、云南还是青海，都是联通西藏的关键通道，且对于稳定中国西南边境至关重要，“集中了缅甸、印度北入中国藏南的重要通道”，是中原王朝绝对不能放弃的地域。西藏对于西域乃至中国全局的稳定至关重要，西藏乱局会联动四川、云南、青海等地，进而对全国稳定产生极大威胁。清康熙帝曾总结：“吐蕃之人皆近云南、四川一带边境居住，若将吐蕃侵取，又鼓动土伯特、唐古特人众侵犯青海，既难以应援，亦不能取藏。”①

对同样地区的争夺和竞争，使“西藏地区与中原政权发生天然联系，使西藏天然成为中国的一部分”②。青藏高原融入中国版图是一个历史过程，起点正是唐蕃关系。吐蕃扩张的领土多从蚕食唐境而来，客观上促进了唐蕃的交流融合。中国疆域的大规模扩张多伴随着少数民族政权对中原地区乃至中央政权的争夺，“正是古代中国的众多政权，包括边疆民族政权，对‘中国’的持续争夺，不断波及着中华大地的每个角落，最终促成了古代中国疆域的形成，同时也将众多的民族凝聚为中华民族”③。吐蕃虽未入主中原，但因其东出与北进占领唐境，使当地族群一方面认同自己为吐蕃人，另一方面又有着长期的“中国意识”，被占领地区的族群成为沟通吐蕃诸部与华夏民族的中介。因此，吐蕃的对外扩张尤其是对唐境的占领，对于中国疆域的最终形成无疑起到了至关重要的作用。

吐蕃的向外扩张不仅在客观上奠定了中国西南边疆的基础，而且对中国古代历史的演进方向产生了无法忽视的影响。隋唐大一统，以均田制恢复小农经济，以三省六部制、州县制和巡按使、按察使等中央督察制，加强中央集权，军政、财政、行政事务都掌握在中央政府手中。因经济政治制度的先

---

①《清实录·圣祖仁皇帝实录（第6册）》卷289，北京：中华书局，1985年版，第817页。

② 张文木：“青藏高原与中国整体安全——兼谈青藏高原对‘一带一路’关键线路的安全保障作用”，《太平洋学报》2017年第6期，第4页。

③ 李大龙：“‘中国’与‘天下’的重合：古代中国疆域形成的历史轨迹”，《中国边疆史地研究》2007年第3期，第5页。

进，四周各族无不臣服。唐朝在边境重用异族兵力，实行“以夷制夷”；境内则以建立在均田制基础上的府兵制为主，募兵制辅之，不仅节省军费开支，而且便于拱卫京都。“举关中之众，以临四方”的军事体制，使军权牢牢掌握在朝廷手中，全国军府“通计六百三十三”，其中“关内置府三百六十一，积兵士十六万。”[①]吐蕃崛起后，不断侵扰唐境。为遏制吐蕃侵扰，唐朝开始“於边境置节度、经略使，式遏四夷。大凡镇兵四十九万人，戎马八万馀疋。每岁经费：衣赐则千二十万疋段，军仓则百九十万石，大凡千二百十万”。与之对应，“开元、天宝每岁边用不过二百万”[②]。从此，不仅藩镇势力崛起，而且军备支出大幅增加，中央力量减弱，安史之乱爆发，藩镇割据乃至叛乱随之而起。

安史之乱后，边境军调回内地平乱，失去了对吐蕃的防御，吐蕃大举入侵，不断东进，又反过来对唐朝的政治经济格局产生影响。首先，唐朝失去了对丝绸之路的控制权，东西方贸易中断，经济重心开始南移。其次，作为唐朝战马主源地的河陇地区被占领，削弱了唐朝乃至宋朝、明朝等汉人王朝的军事实力，汉人虽在经济上持续先进，但在军事上则渐趋羸弱。不仅如此，吐蕃向唐境的扩张，以及唐朝因吐蕃崛起导致的局势变化，还在一定程度上影响了中国历史的走向。汉人战斗力的下降，绝不仅是因为战马缺失。源于防范吐蕃的藩镇割据制度成为宋代兵制改革的重要内容，出身于节度使的宋太祖赵匡胤，建朝后便集中力量加强中央集权，削弱藩镇力量，使边境羸弱，战斗力下降，原本作为亚洲帝国的汉唐王朝，自宋开始，虽仍保持较强的经济实力，但在军事力量上，已成为弱国，乃至先后由契丹人、蒙古族、满族建立起了全国性政权。

另外，汉通丝绸之路，设西域都护，唐甚至在西域实施州县乡里制度，西域各族原本可能会像“乱华之五胡”一样融入汉族，但由于吐蕃崛起，切断丝绸之路，控制西域，使西域各族逐渐失去与中原的联系，其政治经济文化体制与中原王朝差距非但没有缩小，反而逐渐加大，不过这一点并没有对西域各族融入中华民族的历史进程构成绝对阻碍，只是加强了中华民族多元一体格局中的多元化。因此，吐蕃的军事扩张，对于中国疆域形成、唐朝历史的演变、中国史的走向、中国西北少数民族的保留，都发挥了举足轻重的作用。

---

① [北宋] 王溥：《唐会要》卷72《府兵》。
② [唐] 杜佑：《通典》卷172《州郡二·西戎二·吐蕃》。

第三节 王室在占领区的经济统治及对吐蕃本部的影响

对外扩张不仅成功缓解了吐蕃王室与领主、领主贵族之间对土地和属民的争夺，而且为吐蕃普通民众扩展了新的生产生活环境，因此，吐蕃内部的王室与领主贵族、新旧贵族之间、上层贵族与下层民众乃至奴隶之间的矛盾，不仅被转移，而且被暂时掩盖。然而，对外扩张又为吐蕃王朝产生新的矛盾埋下伏笔。属部与奴隶的反抗此起彼伏，王室在占领区积极推行封建农奴制改革，包括升庸为桂、计口授田、崇佛抑本等措施，缓和被占领区的反抗。这种改革，与对外扩张中王室权力的扩张一道，触动了领主贵族，尤其是旧贵族的利益，加剧了王室与领主的矛盾。对外扩张的停止，意味着以族群间矛盾转移族群内矛盾的方式达到极限，依靠对外扩张凝聚吐蕃部盟内部各阶级阶层的可能性丧失，吐蕃社会内部的阶级矛盾就上升为主要矛盾。领主贵族公开或私下违背赞普命令乃至谋害赞普，阻挠和反抗农奴制改革，对封邑属民的压迫不降反升。属民将对领主贵族的不满与对吐蕃王朝的不满相等同，加上常年征战耗费的人力、物力都由属民承担，作为被统治阶级的吐蕃属民与王朝统治者的矛盾加剧，最终导致了吐蕃王朝的灭亡。

一、王室直辖地的扩大与在占领区设官

由于出发点是解决吐蕃族群内部的矛盾，即领主贵族世袭制与采邑奴户有限性之间的矛盾，因此，在对外扩张的早期阶段，大领主贵族（如噶氏家族）主导了军事行动和对占领区的分配权。自噶氏家族被铲除，对外扩张多由赞普亲自领兵进行，王室对新占领土地的分配和控制权随之增大。赞普虽

仍为立功的领主贵族分封采邑，且以部落制代替乡里制，但又比在吐蕃本土更为积极地设置军政管理机构。在基层组织部落—将之外，设置了一套完整的职官系统：德论（节度使）—乞利本—节儿（州节度使）—都督、监军—部落使—判官，以及农田、水利等各种职官。①

吐蕃在被占领地区普遍设置“德论（bde-blon）”一职，吐谷浑的千户长便由德论任命。德论大体相当于吐蕃本土“五茹”之“茹长”，由“边疆大臣（so-blon）”演化而来。随着吐蕃疆域扩张至河陇地区及安西地区，吐谷浑不再属边疆，而成为吐蕃的内地，成为支撑吐蕃统治边疆地区的重要基地，“边疆大臣（so-blon）”一职被“德论（bde-blon）”取代，大体相当于唐朝设立的节度使。占领唐境后，吐蕃在其所占的多个地区均设有德论：762年，攻下陇右后，在原唐朝陇右道设置一位德论管理军政事务，唐称“吐蕃东道节度使”；776年、787年，攻下瓜州、沙州后，在原唐朝河西道设立一位德论，唐称“吐蕃北道节度使”；在唐剑南道及南诏所在地，在安西地区即新疆至帕米尔地区，各设德论一名，唐称“吐蕃南道元帅”和“吐蕃西道节度使”；再加上吐谷浑，五位德论所辖区域覆盖了吐蕃历年扩张而来的占领区。②除了大区德论，在众多的被占领城市也设立了节度使，如统治管理陇右地区的吐蕃东道节度使，下辖数个小节度使，分别为“瓜州节度使、河州节度使、雅莫塘节度使、凉州节度使等”③。另在被占领地区如敦煌、瓜州等地均设置岸本官，负责清点人口、收受赋税、发放薪俸。④据统计，吐蕃王朝在被占领区设置了各种军政官职：德论（节度使）、都护、节儿（州节度使）⑤、守备长、民吏、岸本、千户长、副官、农田官、财务官、秋收监临官、小千户长、税吏、司法吏、司牧官、驿站长等。⑥

虽然吐蕃王朝建构时便以设官与分封为主要方式，但由于新制度的基础是部族奴隶制，因此设官为形式，封建为内容，建构起的吐蕃部族联盟为“形官实封制”。在对外扩张过程中，大量旧贵族留在了权力中心，封邑多为

---

① 刘进宝：“关于吐蕃统治经营河西地区的若干问题”，《中国边疆史地研究》1994年第1期，第13页。
② 林冠群：“唐代吐蕃军事占领区建制之研究”，《中国藏学》2007年第4期，第6页。
③ 林冠群：《唐代吐蕃史研究》，台北：联经出版事业股份有限公司，2011年版，第497页。
④ 见本书第四章第七节“三、财政职官体系：岸本”。
⑤ 州最高军政长官，相当于唐刺史，沙州、鄯善等地均设有节儿一职，位于万户长之下。
⑥ 杨铭：《吐蕃统治敦煌西域研究》，北京：商务印书馆，2014年版，第64、76页。

吐蕃本土适宜农耕的拉萨河谷和雅砻河谷。与之对应，随着对外扩张的进展及王室对军事权的收回，越来越多占领区成为王室直辖地，从而进一步加强了王室权力，为王室在本部和已分封给贵族的封邑推行农奴制改革提供了可能。《瓜州榆林寺之寺户、奴仆、牲畜、公产物品之清册》关于赞普下令要求大岸本、岸本等人对部落长官及寺庙领主的财产登记造册的记载，已经表明王室对领主封邑控制权在增强。随着占领区奴隶和农奴的反抗斗争，以及“计口授田制”的推行，吐蕃王室对占领区完全朝着集权官僚制和小农经济方向改革封建领主制，进一步损害了领主贵族对其采邑的权益。

二、汉人反抗与升庸为桂

在对外扩张的早期阶段，占领区或作为封邑，赏赐给有功的领主贵族，或成为王室直辖地。吐蕃本土的部落制被移植到占领区，这些早期部落多被划归“庸之民户”范畴，生产关系以封建农奴制为主。然而，大量被占领区域早已进入集权官僚制及小农经济，其制度和生产方式远比吐蕃本土先进，很难适应吐蕃的封建农奴制统治。再加上奴隶制残余，吐蕃在占领河陇、进攻关内的战争中，大量俘虏唐朝士兵和百姓，用作农牧奴；吐蕃占领敦煌地区后，也曾抄掠汉人为奴。“吐蕃、孙波与尚论牙牙长官衙署等，每以婚配为借口，前来抄掠汉地沙州女子。其实，乃佣之为奴也。”[①]唐人从一开始便有以死反抗者，“投堑谷死者千数”[②]。在封建领主制及奴隶制残余的控驭下，作为吐蕃“庸之民户”的“汉族人民备受政治压迫、民族歧视、经济剥削。因此，即使他们没有沦为吐蕃统治者的奴隶，他们的实际地位也是降低了”[③]。这种落后的生产关系和人身控制激起被占领区民众的反抗，汉人曾发动多次起义。如吐蕃占领初期，敦煌驿户氾国忠与张清发动起义反抗吐蕃贵族统治；敦煌汉人常犯“违命之诛”和“不庭

① 王尧、陈践（译注）:《敦煌吐蕃文献选》，成都：四川民族出版社，1983年版，第51—52页。
② [北宋] 欧阳修等:《新唐书》卷216《列传141・吐蕃下》。
③ 杨铭:《吐蕃统治敦煌西域研究》，北京：商务印书馆，2014年版，第37页。

之罪”。[①]

从现已出土的吐蕃文献看，吐蕃在占领敦煌的60余年（786—848年），大体进行了3次制度性改变与调整：第一次是在占领敦煌后的790年，以部落制取代乡里制[②]，此次调整对于敦煌来说是一种倒退，因此激起强烈反抗；第二次是在820年，新编成沙州汉人两个军部落；第三次是在832年，收回“供养田……赐给百姓作为口分地。”[③]后两次调整都是在封建采邑制与部落制基础上，为缓和被占领区民众的反抗，由王室推动的封建农奴制内部的改革。

元和十五年（820年）的“升庸为桂”，即将占领区的“庸”部落上升为“桂”部落。“庸”是吐蕃低等属民，意为“训奴”或“贱民”，依附封建领主或由赞普直辖，与依附寺院领主“不征赋税，不征徭役，不取租庸”的“寺属民户”，能参加作战、具有相对人身自由的“桂之军户”，共同构成吐蕃下层平民。[④]从占领区所出现部落名称的演变中，可以看出汉人地位的逐渐提高：最早出现于被占领区的部落名称很多，大多是吐蕃本部或早期被收服的吐谷浑等地的氏族名称（668年）以及僧尼部落（788年），表明被占领区的民众和土地，在早期很大程度上是领主贵族、桂之军户或寺庙贵族的领地和封邑；后出现了行人部落（794年）、丝绵部落（804年、808年、821年）、上部落、下部落（808年、817年）等以行业和方位为名称的部落，体现出被占领区“庸”之民户的性质；820年之后，开始出现阿骨萨部落（823年、839年、847年）、悉董萨部落（839年）、通颊军部落（824年）、悉宁宗部落等军部落。[⑤] P.T.1089号《敦煌文书》记载：“大尚论至边地主持召开陇州会议之际，将在沙州汉人二军部落分出之后，分派公务，任命官职”；P.T.1113号文书记载：“王与论·冲热辰年春于陇州会议，决定于沙州置一新通颊军部落。”[⑥]P.T.1087号文书又提到了吐蕃官吏将王氏与窦氏有纠纷的土地据为己有，王氏被编入悉董萨军部落，成为桂部落成员后，要求当局还地

---

① 史苇湘：“吐蕃王朝管辖沙州前后——敦煌遗书S1438背《书仪》残卷的研究”，《敦煌研究》1983年创刊号，第131—141页。

② 见本章第二节“三、吐蕃军事扩张的经济性：封建制领地扩张与奴隶制掠夺并存”。

③ 陈国灿：“试论吐蕃占领敦煌后期的鼠年版变革”，《敦煌研究》2017年第3期，第2、6页。

④ 见本书第四章第二节“三、吐蕃下层‘桂’与‘庸’”。

⑤ 各部落出现年份见杨铭：《吐蕃统治敦煌西域研究》，北京：商务印书馆，2014年版，第21页。

⑥ 杨铭：《吐蕃统治敦煌西域研究》，北京：商务印书馆，2014年版，第23—24页。

的申诉。[①]阿骨萨部落又是在早期僧尼部落和另外几个部落基础上编成的[②]，不仅表明后期军部落可能取代了吐蕃统治初期的部落划分，而且汉人地位不断提高，从贵族和桂部落的封邑属民上升为吐蕃的庸部落，又从庸部落上升为桂部落，打破了吐蕃王朝建立初期在吐蕃本土制定的吐蕃社会各阶层“只许降不许升”的身份限制。

三、计口授田的“突田制”

与部落制的改革和汉人身份地位提高同时进行的，还有从“分封采邑”向“计口授田”的转变。早在以部落制取代乡里制过程中，吐蕃就在王室直辖地实行“计口授田”，然而大部分土地作为采邑分封给了领主贵族和桂之军户，吐蕃官吏还时常借故霸占民田。随着汉人身份地位的提高，尤其从庸部落上升为桂部落，“计口授田”的“突田制”成为占领区的主要土地制度，在授田对象、授田面积、授田方式、土地所有权等方面都与唐朝均田制密切相关，是吐蕃本部王室直辖地的土地制度与唐朝均田制相结合的产物。现存的两份吐蕃时期的敦煌田册残卷S.9156号文书和S.4491号文书记载了敦煌在吐蕃占领期间的授田情况：

和某某，五口，……半突三畦，宜秋西支渠二突五畦，计三突；

元某，十二口，宜秋东渠五突半一亩十畦，都乡东支渠一突三亩三畦，孟授渠二亩一畦，宜秋西支渠三突半六畦，阶和渠半突四亩三畦，员佛图渠半突六畦，计十二突；

武某两户，九口，都乡渠一突一亩七畦，双树渠半突一亩一畦，宜秋西支渠七突四亩十六畦，计九突一亩；

令狐英彦，七口，麴家渠二突一亩七畦，阶和渠一突半二亩四畦，员佛图渠三突二亩十四畦，计七突；

辛兴国，九口，……，员佛图渠七突三十五畦，计九突；

① 王尧、陈践（译注）:《敦煌吐蕃文献选》，成都：四川民族出版社，1983年版，第45—46页。
② F.W.Thomas. Tibetan Literary Tests and Documents concerning Chinese Turkestan PartII. 1951：67—71.

白光进，五口，双树渠二突半三亩四畦，都乡二亩一畦，宜秋东支渠二突四畦，计五突；

白光胤，二口，双树渠一突四畦，员佛图渠一突四畦，计二突；

陈英奴，五口，双树渠一突三亩六畦，员佛图渠三突九畦，陌开一突三畦，计五突三亩；

张华奴，五口，双树渠三突半七畦，员佛图渠三亩，宜秋东支渠一突三畦，菜田渠二亩一畦，计五突；

宋大娘，五口，阴安渠四突十九畦，双树渠一突三畦，计五突；

吕兴奴，七口，大瑰渠三突八畦，宜秋西支渠四突八畦，计七突；

史皈汉，五口，宜秋东支渠一突半十五畦，涧渠三突半十畦，计五突；

周文卿，五口，河北渠半突二亩三畦，寺底渠二突二亩十一畦，员家渠半突四亩三畦，夏交渠一突四亩七畦，计五突二亩……[①]

从上述记载可以推测以下几点：

第一，授田对象与中原均田制有很大差别。均田制实行“计丁授田”，授田对象“以成丁、纳租调、服力役为先决条件”，“进丁”方能“受田”。[②]突田制改“计丁授田”为“计口授田”，授田对象不考虑年龄和性别，只考虑人口数量。

第二，授田面积约为每口一突，一家有几口人一般就分有几突地，出入不大。且一突相当于十亩，从元家十二口等记载可推测出来：

由5.5突1亩+1突3亩+2亩+3.5突+0.5突4亩+0.5突=12突

得11突10亩=12突

故：1突=10亩

同样，令狐家2突1亩+1.5突2亩+3突2亩=6.5突5亩=7突

蕃人很早就以二牛耦耕一日之面积为“突（dor）”，因此，吐蕃突田制与唐均田制的一个重要区别是土地面积单位，唐制为亩，蕃制为突。比起吐蕃本部“一突约等于唐制五亩”来说[③]，敦煌地区的农业生产率明显高于吐蕃

① 杨际平：“吐蕃时期敦煌计口授田考”，《社会科学》1983年第2期，第94—95页。

② 武建国：“论均田制土地授受方式”，《历史研究》1987年第5期，第56页。达到负担国家租调力役的年版龄（丁年）称“进丁”。

③ 见本书第四章第三节“二、农业生产技术的进步与农作物品种、农用工具的多样化”。

本部。不过每口十亩的授田面积则应该是承袭唐制。唐朝虽实行计丁授田，但平均下来，“每人占田数12.18亩，应当是唐代敦煌农户授田额较高的记录”[1]，也就是说，敦煌在唐治下的实际人口数量与土地数量之比，大体也是一人十亩。吐蕃占领敦煌后，虽以突代亩，作为土地面积单位；以口代丁，作为土地授受对象，但是每户受地面积大体一致。

第三，每户所受土地很分散，表明吐蕃的授田方式并非统一的官田授受，即并非全部都由吐蕃王朝将土地收归国有，然后按照每口一突的原则统一分授各户。上述两段文书不太像是授田依据，反而像户口和土地登记手册。P.T.1087号敦煌文书《悉董萨部落土地纠纷诉状》又体现出两种授田方式：

（1）以属民已经占有的土地为基础、国家以授权名义登记于簿籍的簿籍授受方式；

（2）将国家占有的土地直接授予属民的官田授受方式。

王安成与王贵公兄弟言：往昔，我归属唐廷时，在水渠垓华沟地方，后于鼠年，沙州人江甲尔需田（未得）……获开荒地后，一如过去所需，可继续耕种。但宁宗木地……在我等休耕之宽阔平底下方耕种，以此为借口，霸占侵渔……按照成议，由于彼等强夺我地，因此向上申诉，……务请交还我们。

窦廓庸言：王氏兄弟之菜地，往昔在唐廷时，地界相连，后与沙州人江甲尔之开荒地各有五突半，一起计入木简，田亩册下面写明共获田地十一突。王贵公兄弟所种的五突半，他们实际未曾领受。领受了八突，本人并无五突半田地属实。由都督所授田契，已核对，用丈量突之绳索量后，属我田地为三突半，多出七突半。王贵公之田多出三突。……判决，彼等不听，我等千户长谓：“我等沙州人开荒地未曾领受属实。”

税吏与押衙二人言：……后分清……是王氏祖辈永业田与轮休地……沙州人江甲尔需地那年，……授权与兄弟两人，可继续种这些菜地。但窦氏抢劫王氏……没有成功，献与论罗热诺布赞将近二十年……属实……[2]

可见，吐蕃的计口授田首先就是通过簿籍授受的方式将属民的世业之田

① 杨铭：《吐蕃统治敦煌西域研究》，北京：商务印书馆，2014年版，第27页。
② 王尧、陈践（译注）：《敦煌吐蕃文献选》，成都：四川民族出版社，1983年版，第45—46页。

纳入突田制。各户归属唐廷时的田地，包括其祖辈永业田和轮休地，都在吐蕃占领后被承认，由都督授田契，计入田亩册木简。由于敦煌归属唐廷时，实行均田制，规定了计丁授田的面积，然而，土地授受普遍不足额，有大量欠田人户。国家对于欠田人户的土地补授予，要么从官占田地授予；要么依照规定收回各户多占的田地，转授给欠田户，称“对共给授”，并以欠田、退田、给田文书登记。由于退田人户居住远近不等，退田数额多寡不均，经过长期的对共给授，造成论各户土地分散的情况。[①]户口、土地手册S.9156号和S.4491号敦煌文书所登记的各户土地分散、畸零情况，既是唐均田制中“对共给授”积累的结果，又反映出吐蕃的计丁授田的第一种方式：簿籍授受，即以各户已经占有的土地为基础，在户籍上依照田令款式进行登记、调整，国家并不实际授予土地。

P.T.1087诉状中“王氏兄弟与沙州人江甲尔之开荒地各有五突半”的记载则反映出吐蕃计口授田的第二种方式：官田授受，即将国家占有、掌握的荒闲土地授予无地少地的农民、官员、兵士等。这种官田授受方式早在吐谷浑的王田分配中就有体现。吐蕃藏文文书“米兰iv.93b”记载：“兔年夏，划小罗布王田为五块，按耕田人数之多寡加以分配，依据主权与田作惯例，唱名登记于册。”[②]位于吐谷浑境内的小罗布王田明显是由王室直接占有、掌握的土地，将其分配给各户，并登记于册。计口授田作为吐蕃本部土地制度和唐朝土地制度结合的产物，又反映出吐蕃劳动者从奴隶向农奴、小农转变的趋势。早期吐蕃在王室直辖地并不是计口授田，因为还带有很强的奴隶制残余，因此劳动者并未以家庭作为主要存在单位，计口授田也就谈不上。能够直接为王室或领主提供耕作劳役的奴隶或农奴数量是分配田地的主要依据，小罗布王田的分配就还是以耕田人数，即附属于王室的农奴人数多寡分配。占领敦煌后，授予王氏兄弟与沙州人江甲尔每户各五突半开荒则已经进展到以户为单位的计口授田。

突田制与均田制一样，“不是一种土地调配制度，更不是重新分配土地的制度，而是一种土地最高所有权属于国家，通过国家授受的形式而占有的土

① 武建国：“论均田制土地授受方式”，《历史研究》1987年第5期，第53—54页。
② 王忠：《新唐书吐蕃传笺证》，北京：科学出版社，1958年版，第37页。

地制度”[1]。官僚、地主、属民等臣民按照一定标准占有土地，其中，从庸部落升为桂部落的敦煌民户以每口一突为标准。并且，吐蕃并未将土地集中起来按照每户人数统一进行授田，对于接近标准的民户，采取的是承认并将唐朝时期各户占有土地登记造册，簿籍授受，因此，允许小范围的浮动，民户所受之田有缺额（和某某，五口，三突）和余额（武某，九口，九突一亩；陈英奴，五口，五突三亩；周文卿，五口，五突二亩）的情况都存在。国家将其占有、掌握的荒闲土地授予无地少地的农民、官员、兵士等官田授受的方式，虽然存在，但并不占主导地位。

领受突田人口的不仅有民户，也有官员、领主甚至农奴、奴隶，从而将官田与封邑纳入突田制范围之内。官田，可以看作所有权和占有权没有分离的那一部分土地，农民不仅要为自己的受地纳税，还要在官田上服劳役。可能由于吐蕃文书多记载政府及王室事宜，各领主封邑内的经济状况并不在记载之列，因此很少见到。不过，吐蕃木简中确有关于农奴受田的记载[2]，因此，众多领主的封邑其实也被纳入了突田制范围之中，附属于领主的属民、农奴甚至奴隶等均计入授田人数，因而领主和官吏较一般平民可以多占土地。

除此之外，由于“计口授田”不彻底，存在一部分不经国家授受的私田。窦氏申诉王氏兄弟所种的五突半地实际上未曾领受，可以看出，当时一定存在部分未被纳入国家授受、计入田册的土地。敦煌文书P.3774号《丑年十二月沙州僧龙藏牒》载，“卅年间，伯伯私种田卅亩，年别收斛斗卅驮，合计一千驮，尽是大哥收掌”，表明此户人家种植30亩私田30年，收获物全部归自己支配。[3]这部分土地虽被领主、农民占有或耕种，但未被清查和统计进簿籍，成为实际上所有权不归国家、不纳突课的私田。私田虽然存在，但并“不合法”，一旦被发现总要退换并被重新分授，因此数量不多。

无论簿籍授受，还是官田授受，都要登记造册，以显示土地所有权在国家。这种“土地所有权以皇帝（吐蕃的赞普）名义归国家，所有权派生的占有权由国家（赞普及其掌握的吐蕃政府）分给官吏、贵族、农民，形成国家

---

① 武建国：“论均田制土地授受方式”，《历史研究》1987年第5期，第55页。
② 陈庆英：“从账簿文书看吐蕃王朝的经济制度”，《中国藏学》1992年特刊，第105页。
③ 郝二旭：“唐五代敦煌农业专题研究”，兰州：兰州大学博士学位论文，2009年，第99页。

所有权与占有权之间的矛盾，国家对土地的所有权派生出占有权以后，并未消失，而是以政治专制加以维护，通过对土地占有权的恩赏和均配、强制性税收、根据不同情况将占有权收回等环节体现”的土地权利关系，构成了集权官僚农民制的根本生产关系。[①]由于“依照被征服者原来的社会经济组织，才能行使最方便的剥削”[②]，吐蕃在占领区无疑开始了从封建领主制向集权官僚制转变的过程，如果说拥有先进制度的力量对落后地区的征服使“征服者被限制于被征服者的社会机构”，那么，制度落后的政权对先进地区的征服则反过来推动了落后政权统治方式以至落后民族生产关系的进步。吐蕃占领唐地后如此，蒙古族占领中原后如此，满族占领中原后亦如是。

四、突税与差科

通过计口授田，被占领区土地均被纳入突田制，明确了土地所有权归赞普，占有权归获得了军户身份的汉民、汉官以及从吐蕃或早期被占领区迁徙来的官员、贵族、军户。掌握所有权的吐蕃王室和官府，对拥有占有权的受田人，征收赋税徭役，称“纳突”与“差科”。吐蕃残卷P.2162《左三将纳丑年（821）突田历》、文书P.3774《吐蕃丑年12约沙州僧龙藏牒》、P.3730《吐蕃酉年正月沙州乐人奉仙等牒》中均提到了“纳突”“突税”“突课”“突田输纳”“突税差科”等，表明吐蕃突税差科与突田制密切相关。敦煌税册残卷P.2162《左三将纳丑年（821）突田历》载：

张逸：常乐一驮半二斗，瓜州一驮，百尺青一驮，汜弁三驮亲，常乐一驮；

索荣：常乐一驮半二斗，汜弁下青一驮半，小三驮半，又小半驮，瓜州自送一驮；

王翰：常乐一驮半二斗，一千人苏面一驮，瓜州一驮，十二月廿九杜平纳一驮半，驮六斗，小五斗，寅八月纳青一驮二斗，小一驮半二斗；

① 刘永佶：“论中国农村土地制度的改革”，《中国特色社会主义研究》2014年第1期，第40—42页。
② 翦伯赞：《中国史纲（第一卷）史前史、殷周史》，北京：商务印书馆，2012年版，第154页。

宋晖：常乐一驮半二斗，瓜州一驮，百尺青三驮，汜弁下青一驮，小二驮四斗，又青半驮；

阴朝：常乐一驮半二斗，瓜州一驮，百尺青二驮，小二驮，索米老马头一驮，四百人麦三斗赵卿纳，一千人斋饭作麦一驮，寅八月阴金刚纳小七斗；

张进卿：常乐一驮半二斗，小卿纳，‘不合纳’；

张寺加：一千人斋一驮，‘不纳’……[1]

可见，虽建立在计口授田制之上，但（1）突税并非按人口或田亩数量缴纳，而是按户缴纳，每户无论人口及计口的田亩面积多寡，基本上每户的纳税额都在8驮（1驮=2石）左右，且每年纳税额会有一定的浮动[2]；（2）缴纳的物品有小麦、青麦、布、油等；（3）部落内部的将头统一登记和收纳突税，然后分别送至不同官府、蚕坊、寺院等，寺院收取的那部分属于官府的布施；有时也由纳税户按规定数额，直接将部分突税交给寺院，并将该数额在应缴纳税额中扣除；（4）凡经计口授田程序领受突田的民户均有纳突的义务，但在突田制下又可以区分纳与不纳（减免）两部分，减免户多为担任将头等职务的基层管理者，所谓的减免大多以服役代替，可见，在突税之外有差科义务。P.3774《丑年十二月沙州僧龙藏牒》载：

齐周身充将头，当户突税差科并无，官得手力一人，家中种田驱使，计功年别卅驮。从分部落午年至昨亥年，计卅年，计突科九百驮，尽在家中使用。

大兄初番和之日，齐周父脚下，附作奴。后至佥弁使上析出为户，便有差税身役，直至今日。自齐周勾当之时，突田大家输纳。其身役、知更、远使，并不曾科。[3]

可见，各民户除了要缴纳突税，还要负担官府的劳役，称“差科”，包括身役、知更（守夜）、远使（派往远处当差）等。充当将头之后，突税和差科全免，收获物全部自己留用，且能得到供其种田、驱使的手力一人，实际是将本人的生产物和手力的劳役，直接充当其俸禄。另有一种差科种类“内府王差”也不能逃避。P.T.1098《于田贡使岁赋事》载：

---

① [日]池田温：《中国古代籍账研究》，龚泽铣译，北京：中华书局，1984年版，第543页。

② 参见刘进宝：“关于吐蕃统治经营河西地区的若干问题”，《中国边疆史地研究》1994年第1期，第17页；杨际平：“吐蕃时期敦煌计口授田考”，《社会科学》1983年第2期，第97页。

③ 唐耕耦、陆宏基：《敦煌社会经济文献真迹辑录》（第二辑），北京：书目文献出版社，1986年版，第283—286页。

仲秋八月十七日，秋季岁赋贡使轮于田部落玉来当值，恰逢玉来不在家，从悉董萨部落雇请了恩子代替，雇金为青稞、麦子、绢。因要送岁赋，内府王差无暇完成；或因岁赋没有全部送完，上峰降下的任何惩罚，由恩子本人亲去申述。如恩子无暇完成内府王差，或未按时送达岁赋，或因不在家而产生纠葛，照前述契约……轮到恩子去支应内府王差，余下岁贡即交与尤达与西顺去送……[1]

可见，送贡赋作为一项差科，在各户轮流，可雇人代替，签订契约；内府王差是不容抗拒的差科。上述几点所反映的突田差科的特点大体适用于民户。

《丑年十二月沙州僧龙藏牒》中还体现出作为手力或附奴之人，不作为纳突差科的对象，“析出为户”后，才有突税差科的义务，因此，地位相当于农奴。为其领主或地主授田之时，虽计其口，但赋税劳役并不因此增加，这在一定程度上也反映出封邑的情形。领主的封邑虽纳入计口授田范畴，土地和属民、农奴人数等都登记造册，但由于纳税以户，而不以人数为单位，因此，依附贵族领主的农奴，只是将其收获物上交领主，并为领主服役，但不承担向政府纳税、服役的义务，如大兄附作齐周父之奴时，不“输纳突田”，不曾“科身役、知更、远使”。封邑作为吐蕃封建领主制的残留形式，使贵族领主的封邑既不同于寺属产业，又与官田有较大区别。

《左三将纳丑年（821）突田历》中提及突税的收缴和分配方式有两种，要么由将头统一登记和收纳各户突税，然后分别送至不同官府、蚕坊、寺院等，寺院收取的那部分属于官府的布施；要么由纳税户按规定数额，直接将部分突税交给寺院等地，并将该数额在应交纳税额中扣除，因此，寺院和僧人获得的实际是突税的一部分，是吐蕃王室供养寺院僧人的体现。“三户养僧制”和“七户养僧制”则进一步规定三户或七户之突税直接缴纳给寺院，除此之外，“不征赋税、不征徭役，不取租庸”[2]，而非将七户人口拨给一个僧人作为寺院农奴。因此，仍是政府依据突田的所有权，将占有权和使用权分配给寺属民户，寺属民户仍有向政府纳突服役的义务，只不过政府将这部分赋税直接用于供养寺庙僧侣。

---

① 王尧、陈践（译注）：《敦煌吐蕃文献选》，成都：四川民族出版社，1983年版，第59页。
② 王尧：《吐蕃金石录》，北京：文物出版社，1982年版，第180页。

以俸禄田为典型的官田，是在突田的所有权和占有权并未分离的情况下，“拨出一部分土地给担任官职之人，又指派固定的农民为其耕中，收获归官员，作为其担任官职的薪俸，耕种的农民则是完成对政府的劳役。”[①]那些被指派耕田的农民自己仍领受并占有和使用自己的突田，缴纳突税。这种官田—民田的耕作形式，有些类似西周井田制下的公田—私田的划分，私田上的劳动成果一部分上交领主，公田上无偿为领主服劳役，收获物全部归领主。然而，突田制下的官田—民田与井田制下的公田—私田又有区别，官田并不像公田一样，属于领主贵族，官田与民田都归国家所有，无论是农民的突税，还是在官田上的无偿劳役，承担的都是对国家的赋役，官员所得完全可以归入国家赋役的一部分，与寺院僧人一样，官员也是由吐蕃王室供养。当然，无论领主贵族，还是寺院、官员和供养他们的王室，归根结底都是依赖劳动者所提供的无偿劳动和所创造的剩余产品生活。

五、王室改革对领主贵族经济利益的冲击

占领区民众早期对吐蕃统治的反抗多出于对封建农奴制、奴隶制残余及沉重经济剥削的不满，而非源于民族对抗，因此，吐蕃王朝以计口授田等方式恢复汉人的小生产者地位后，这种反抗逐渐减少。但由赞普王室在封建领主制基础上进行的以计口授田为主要内容的土地制度变革，使吐蕃具有了向集权官僚制过渡的趋向，这种变革与对外扩张中王室权力的扩张一道，加强了作为部盟领主的王室的权力和利益，但触动了领主贵族的利益，使王室与领主矛盾加剧。

与土地所有权归国家所有的官田和突田不同，封建采邑的所有权，只是名义上归赞普所有，采邑内的属民、农奴、奴隶虽计入授田人数，但这人数只对授田面积有影响，土地的占有权并不因此分配到这些人口手中，而是全部掌握在领主手中，领主贵族转化为掌握大量土地占有权的官僚地主。由于纳突以户为单位，那些被计入授田人数的人口并不计入纳突范围，他们没有为吐蕃王室和政府纳突差科的义务，只有为其领主提供无偿劳役和剩余产品的义务。经过对占领区

① 陈庆英：“从账簿文书看吐蕃王朝的经济制度”，《中国藏学》1992年特刊，第105页。

的计口授田，吐蕃的封建领主贵族中，一部分仍是享有封邑属民的领主，一部分则转变为被授予大量突田的官僚地主，前者的经济利益仍在封邑内农牧奴直接的剩余劳动，后者的经济利益则转变为以土地占有权为依据的地租差役。

无论传统的领主贵族，还是新兴的官僚地主，都依托封邑领主的身份，无需因田亩面积和属民多寡，提供相应的突税和差科，只需承担向王室效忠和贡赋的义务；吐蕃王室的经济利益，则体现在为以户为依据的突税和差科中。

吐蕃王朝的实质是封建部族联盟，赞普王室作为名义上的国家对各领主采邑并没有完全统治的权力，王室的收益主要来自直辖领地的产出，各级领主的纳贡则是象征性的。由于青藏高原地形地貌特点，农耕区多呈点状分布，作为农业定居点和游牧集中点的封邑之间相隔遥远，各个封邑之间甚至有高山大河，王室直接控制全部土地牧场和农牧奴不可能实现，由此形成王室依赖领主、领主与其属民相互依存的局面，封邑领主成为必要的中介环节。作为吐蕃主要劳动者的各封邑属民与以赞普为代表的国家政权是脱节的，各封邑的属民直接附属于封建领主；赞普的主权除了体现于其直辖地属民，也直接体现于封建领主对其的效忠与纳贡。

然而，对外扩张过程中王权力量的加强与王室直属领地的扩大，为王室直接管辖属民的经济活动创造了条件，这种略过封建领主，王室与属民直接发生联系的集权官僚制特征在占领区逐渐成为主导。被占领地区多为农耕区，土地是最为主要的生产资料，计口授田成为经济上直接管理的根本体现。这种直接联系打破了原来的王室、领主、农奴之间的三重利益结构，建构起王室与农奴之间的直接联系，带来了王室收入来源的改变：从直属领地的领主收益和各封邑的贡赋收入，扩展为全国土地和民众的突税差科。这种改变必然触动了原来作为中介环节的封建领主贵族的利益。

领主贵族以多种方式反抗王室增加自身利益的行为，一是通过给王室施压，强化中介地位，巩固其封邑权，这在吐蕃本土的封建领主中表现明显；二是继续隔离最高统治者与农牧奴的联系，抗拒王室对土地和属民的直接统治，甚至将王室作为被排除在外的利益一方，领主贵族成为土地和属民的唯一实际支配者，由此形成割据状态，占领区贵族逐渐向此方向转变。两种反抗方式共同作用，带来了吐蕃王朝的内忧外患。

第四节 佛本之争的经济根源在于王室与领主的利益矛盾

本教作为原始氏族时期的图腾意识与部族奴隶制时期的诸神崇拜体系，处理的首先是人在自然面前的无力感和部族首领以其神圣性对本部族的凝聚，作为天神之子的赞普同样只是悉补野雅砻部族的神圣首领，并不独尊。随着吐蕃部族联盟的建立，赞普王权需要加强，但作为诸神谱系的本教并不适合。本教既不能适应吐蕃王朝初期的封建农奴制建构，更适应不了占领区从封建农奴制向集权官僚制的转变，这种不适应既体现于王权独尊地位得不到体现，而且体现于逐渐被纳入同一部盟的诸部族不再满足于自己的奴隶身份。占领区民众则因早就进入小农经济，具有生产生活实践的先进性，使他们很难接受本教对自然的崇拜和各部族对其他部族的排斥。吐蕃需要一种新的意识形态，以满足加强王权和调节奴隶、占领区民众的社会秩序的需要，在印度和唐朝已经得到充分发展的佛教成为吐蕃王朝的重要选择。从松赞干布开始引入，到赤德祖赞和赤松德赞时期，佛本之争日趋激烈。这种争论和争权正是吐蕃封建农奴制取代部族奴隶制过程中，社会经济矛盾在意识形态上的反映，王室与领主经济利益的冲突和调和构成了佛本之争的宕跌起伏，当这种冲突难以调和时，极端的灭本、灭佛也就出现了。

一、对外扩张中的王室、领主矛盾与赤德祖赞的倡佛

吐蕃王朝建立后，为加强王室独尊地位，松赞干布引入佛教，但这一阶段的佛教在吐蕃并未产生实质性影响，吐蕃人中既无出家僧人，也无直接信仰者，在社会生活中发挥作用及辅理国政的仍然是本教。虽然悉补野赞普

成为部族首领得益于本教贵族的支持，但从王朝建立后的告身等级来看，本教徒的地位并不高，在大小金、玉、颇罗弥、银、铜、铁等六种十二级告身中，“寺院之阿阇黎、持咒者赐以大银文字告身”，“本教徒等授以小银文字告身”[①]。因此，本教虽为部族奴隶制以及部盟封建制早期的意识形态，但本教并未作为一种独立的政治经济力量，只是处于从属和服务性地位。从天竺和唐朝传入的佛教作为取代本教以重构意识形态的尝试，同样不足以对吐蕃政治经济格局产生重大影响。

王朝体制确立后，采邑奴户有限性与领主贵族世袭制之间矛盾显现，对外扩张成为缓解这一矛盾，实现王室与领主共同利益的解决方式，因此，从松赞干布到赤德松赞期间，吐蕃进行了一系列军事扩张。不仅赞普要参与对外征战，领主贵族也是对外征战的重要力量。从军事扩张中获得采邑和属民，成为吐蕃部盟的共同经济利益，维系了吐蕃部族联盟的稳定。虽然扩张缓解了采邑奴户有限性的矛盾，但随着扩张的进展，尤其是贵族在征战过程中封邑和利益的扩大，出现了噶氏专权等领主贵族掌控赞普的局面。《旧唐书》载：“自论钦陵兄弟专统兵马，钦陵每居中用事，诸弟分据方面。”[②]这实际上是部盟盟主权力不稳固的体现，因此，领主贵族为了扩张封邑虽然力行军事扩张，但如若王室不主导扩张过程，王室与领主在扩张中的共同经济利益的分配，必然向领主贵族倾斜，扩张带来的结果只能是王权被削弱。无论军官还是将士，多由领主贵族构成，军事扩张必然带来领主贵族与王室利益的长消。因此，噶氏家族被铲除后，吐蕃王室首先亲掌兵权，分散相权，任用外戚；其次就是寻求与唐朝停战和结盟；再次就是积极弘扬佛教。三大举措都因领主贵族在扩张中的利益威胁到吐蕃王室利益所致。这也是为何吐蕃积极倡佛往往与唐朝结盟共处，反佛灭佛则伴随着唐蕃征战的原因所在。

由于能够在对外扩张中获得封邑、属民，掠夺战利品，领主贵族往往积极倡导和执行军事扩张，王室在与领主贵族的利益博弈之中，往往选择寻求吐蕃社会内部的稳定。于是，以佛教来调节吐蕃社会秩序，取代了以对外扩张谋求王室与领主共同经济利益的倾向。赤德祖赞派遣前往天竺和汉地迎请

① 巴卧·祖拉陈哇：“《贤者喜宴》摘译（二）”，黄颢译，《西藏民族大学学报》1981年第1期，第11页。
②［后晋］刘昫等：《旧唐书》卷196《列传》146《吐蕃上》。

高僧，引进佛经，建造佛殿；与金城公主和亲后，将文成公主带到吐蕃的释迦牟尼像移置大昭寺；从汉地、于阗、安西、疏勒等地的众僧请到吐蕃，加以礼遇和供养，因此聚集了众多外地僧人。[①]《青史》云："赤德祖赞修建了札玛正桑等数座佛殿，又从于阗迎请了出家僧侣，从汉地迎请来许多和尚。"[②]如果说从松赞干布时期，主要是佛教从天竺和汉地传入吐蕃，实际上，"松赞干布之后的贡松贡赞、芒松芒赞、都松芒保杰时期，佛教确实没有在吐蕃得到进一步传播，而且佛教与吐蕃王室之间业已存在的密切关系也有所松懈"[③]。那么，从赤德祖赞开始，吐蕃王室则大刀阔斧地开始了对佛教"主动和有意识的提倡"[④]。可见，赤德祖赞的倡佛行为，实际上是在对外扩张难以解决王室与领主经济利益矛盾时的主动选择，这种倡佛行为又在一定程度上导致了吐蕃部族联盟秩序的转型：从军事扩张的部族联盟秩序向佛教化等级秩序转化。

二、领主贵族的反佛与赤松德赞的兴佛灭本

由于赤德祖赞的倡佛行为旨在消除领主贵族在对外扩张中对王室利益和权威的威胁，并以佛教意识形态统领的策略取代对外军事扩张求同的策略，因此，领主贵族极力抵制赤德祖赞的倡佛行为，使赤德祖赞生前的倡佛行为未取得显著成效。正如《青史》所言："虽然对佛法十分敬奉，但当时吐蕃本族还没有出家为僧者。"[⑤]金城公主去世（739年）后，贵族领主大臣的反佛意向开始显露："吐蕃大臣认为，吐蕃地方流行瘟疫以及金城公主染疾而逝，都是外邦僧人所致，于是发起了一场驱逐于阗和汉地僧人的运动。"[⑥]赤德祖赞死后，领主贵族更是趁继位的赤松德赞年幼，开始全面禁佛，制定禁佛法令。《贤者喜宴》载：

赤松德赞即位时，尚未成年，舅相玛尚说道：赤德祖赞之寿短乃系

---

① 尕藏加：《藏传佛教与青藏高原》，南京：江苏教育出版社，2004年版，第154页。
②⑤ 廓诺·迅鲁伯：《青史》，郭和卿译，拉萨：西藏人民出版社，2003年版，第27页。
③ 尕藏加：《藏传佛教与青藏高原》，南京：江苏教育出版社，2004年版，第153页。
④ 石硕：《吐蕃政教关系史》，成都：四川人民出版社，2000年版，第345页。
⑥ 石硕：《吐蕃政教关系史》，成都：四川人民出版社，2000年版，第225页。

推行佛法之故，遂不吉祥。佛教所谓后世可获转世，乃是妄语。消除今生之灾，当行本教。谁再推行佛法，便将其孤身流放边地。并制定了禁佛小法，将崇佛大臣朗氏与贝氏定罪，发往吐蕃黑暗之地。……一位担任香灯师的汉地老和尚，也被驱回汉地。……卡札神殿被彻底推翻，札玛珍桑神殿被毁，将逻些毕哈尔护法神殿当作屠宰作坊……[①]

王室提倡佛教的用意在于强化王室利益，削弱领主贵族的利益，这与铲除噶氏家族后，加强王权的方向是一致的。与之对应，领主贵族的崇本抑佛行为，也不是单纯的信仰之争，而是佛教的等级秩序和非战教义与领主贵族自身的利益不协调：不仅不利于领主贵族继续在对外战争中牟利，而且会削弱领主贵族，尤其是大领主，原本因战功在吐蕃军事联盟中的地位和权益。赤德祖赞死后，贵族大臣全面禁佛，与之对应，这些领主贵族积极进行军事扩张，与唐朝的盟约被打破。军事战争虽然对领兵的领主贵族有力，然而由于领土扩张基本已经达于极限，吐蕃与唐朝的战争多是长期对峙，虽然在此期间，吐蕃甚至一度攻陷唐都长安，但也只是在唐境进行了奴隶制掠夺后就迅速撤军。如果说占领的土地和城池还归赞普支配，那么这种奴隶制掠夺所得的财物和人口则尽归领兵的军官士兵所有。

因此，吐蕃早期的对外扩张虽然突出了拥有军事权的领主贵族的利益和地位，但毕竟是吐蕃王室、大领主贵族、小领主贵族的共同经济利益，然而，“到中晚期，吐蕃不仅出现了一些势凌赞普的权臣豪族，他们仍想假借对唐战争扩张自己的实力，增加自己的权势”，而且这种对唐战争劳民伤财，损害吐蕃本土的经济生产，不再对“赞普王室和一些较小的领主贵族”有利，“战争对他们利少害多”。[②]在这种情况下，王室与小领主贵族联合起来，反对在军事扩张中牟利的大领主贵族，成为吐蕃本土的共识，赤松德赞亲政后的兴佛行为即是这种斗争的集中体现。

由于崇本大臣在其父亲死后的灭佛行为，以及自身即位后长期处于无权状态，赤松德赞对于佛本教义所维护的社会形态和利益主体有一定认识，再加上崇佛信佛的吐蕃贵族拔·塞囊和汉臣之子桑希向赤松德赞不断论证“佛

---

① 巴卧·祖拉陈哇：“《贤者喜宴》摘译（五）”，黄颢译，《西藏民族大学学报》1981年第4期，第57页。
② 王森：《西藏佛教发展史略》，北京：中国社会科学出版社，1987年版，第354页。

法乃属民安乐之法”[1]，赤松德赞充分认识到佛教对王室利益的维护作用与本教对领主贵族权益的维护作用。公元762年，赤松德赞趁掌权的大领主贵族奔赴唐蕃边境交战之际，在“尚·聂桑、桂·赤桑雅拉等无家族背景的新兴贵族势力”[2]的支持下，宣布废除禁佛法令，重新提倡佛法。

为缓和崇本大臣的戒心和抗拒，赤德祖赞仍在次年封赏了从长安凯旋的旧领主贵族，不过“赤松德赞对攻陷长安有功的权臣贵族只是给予了身份等级的褒奖，象征性权位”，同时，借犒赏权臣机会，将兴佛有功的“桂·赤桑任为大论”[3]，吐蕃权力逐渐向王室和新兴贵族手中转移。赤松德赞在新领主贵族的支持下，成功铲除反佛大臣“舅相玛尚”，废除禁佛法令，开始大力推行佛教。《贤者喜宴》载：

> 赤松德赞遂下令召开诸舅臣会议，随后众多王臣集会。赤松德赞言：“我先祖行佛，而玛尚毁之，此事甚恶。由于舅氏尼雅桑又言，遂乃复迎汉地佛像，我等仍宜奉行佛法。”赞普说罢，王臣均议妥推行佛法。[4]

赤松德赞不仅派遣塞囊和桑希等人，前往尼婆罗和唐朝迎请寂护、莲花生、良秀、文素、班智达等高僧译经讲法，而且倡导和主持了佛本辩论，辩论以佛教胜利、本教失败告终。本教由此遭到公开禁止，本教徒被流放到象雄地方。《拔协》记载：

> 佛本辩论之后，结果商定今后不再奉行本教。除了准许象雄的本教徒和御前本教经师为国王消灾，每年可定期举行杀生祭鬼神仪式之外，其他一律不准举行。把本教的书籍全部丢进河里，剩余的要压在黑塔底下。以后一律倡行佛法，修建寺庙。[5]

三、僧侣阶层的崛起：吐蕃王室与领主经济矛盾的必然结果

佛本辩论后，赤松德赞主持修建了吐蕃历史上第一座完整意义上的佛教

---

① 巴卧·祖拉陈哇：“《贤者喜宴》摘译（五）”，黄颢译，《西藏民族大学学报》1981年第4期，第59页。
② 石硕：《吐蕃政教关系史》，成都：四川人民出版社，2000年版，第255页。
③ 王尧、陈践（译注）：《敦煌本吐蕃历史文书》（增订本），北京：民族出版社，1992年版，第156页。
④ 巴卧·祖拉陈哇：“《贤者喜宴》摘译（五）”，黄颢译，《西藏民族大学学报》1981年第4期，第62页。
⑤ 拔·塞囊：《拔协》，佟锦华、黄布帆译注，成都：四川民族出版社，1990年版，第28页。

寺庙——桑耶寺。随后，塞囊等七位贵族子弟出家为僧，成为吐蕃第一批出家的僧侣，史称“七觉士”。之后，吐蕃本族出家僧侣迅速增加到三百余人。[①]赤松德赞的兴佛与吐蕃本土僧人的出现，不仅有效缓解了吐蕃王室与领主贵族、领主贵族世袭制与采邑属民有限性之间的矛盾，而且改变了吐蕃上层的阶级成分，僧侣贵族逐渐崛起，对于加强王室权益，削弱领主贵族权益，起了很大作用。

由于吐蕃王朝建立在部族联盟基础上，无论设官分封，还是后来的军事扩张，乃至内部理政，都需要依靠领主贵族负责实施。对外扩张过程中，负责带兵的领主贵族封邑增加，权力增大，甚至使赞普这一部盟首领丧失权威。赞普固然可以夺回兵权，亲自领兵出征，以增加王室直辖地，扩大赞普权力，但内政又要交给外戚打点，外戚贵族的权益仍然可能威胁赞普权益。虽然王室曾试图以佛教秩序代替军事秩序，但是领主贵族往往崇本抑佛，以本教对各个领主权益进行辩护，反对王室试图构建的等级秩序，这样，王室以佛教意识形态构建等级秩序的努力必然以失败告终。即使松赞干布尝试引入佛教，以构建王朝秩序，但当时的成果更多建立在松赞干布强大的军事实力基础之上。

要削弱贵族领主的利益，同时保证吐蕃的文治武功，吐蕃不仅需要意识形态的建构，更需要一个不同于旧领主贵族的新阶层。与倡佛一致，吐蕃出家僧人成为替代和牵制传统领主贵族的重要选择。吐蕃僧人阶层确乎成为吐蕃上层贵族的重要一支，参与到吐蕃的政治生活中。帮助赤松德赞推行佛教的益希旺波，“被授予大金字告身，地位在大尚论之上”。僧官高于俗官的状况开始出现，不仅如此，赤松德赞还授权益希旺波组建“佛法会议室”，“此会议室规格高于小御前会议”[②]。由僧人组成的议事机构开始凌驾于旧领主贵族组成的小御前会议。这些都意味着吐蕃王室以僧侣阶层牵制和削弱领主阶层的尝试，为后世的政教合一做了历史铺垫。

出家僧人不仅是对领主贵族的牵制力量，而且大部分由吐蕃显赫的贵族构成。赤松德赞强制命令和督促贵族子弟出家为僧，“让没有子嗣的王妃，贵

① 尕藏加：《藏传佛教与青藏高原》，南京：江苏教育出版社，2004年版，第161页。
② 巴卧·祖拉陈哇：“《贤者喜宴》摘译（十）”，黄颢译，《西藏民族大学学报》1983年第1期，第60页。

族大臣的子侄全部出家”。贵族子弟剃度出家不仅将领主贵族的利益与佛教捆绑，便于以佛代本的顺利推进；而且在一定程度上缓解了领主贵族世袭制对封邑属民有限性的矛盾。这些出家为僧的贵族丧失了继承本家族封邑属民的权利，与之对应，王室免除他们的赋税差役，并且生活由王室供给。《拔协》对此有载：

大臣们说：“若出家，生活没法解决！”赞普说：“生活由我赞普供给！”大臣们说：“如果不支兵差不纳税，岂不是要受到惩罚？”赞普说：“对他们，我赐予豁免的特权。”①

由于出家僧人由王室供养，经济上对王室的依赖，必然造成这一新兴阶层为王室所用并受赞普支配，成为削弱旧领主贵族的重要力量。

受到占领区影响，吐蕃逐渐推行了计口授田的突田制，由王室和政府直接供养寺庙僧侣的做法转向了“三户养僧制”和后来的“七户养僧制”，即“给予每户僧人以户属民作为顺缘”，此三户或七户的突税差科直接归僧人支配。益希旺波还提出“给每处三宝（道场）以二百户属民，并使上级机构不再统治寺院所属之属民及土地”，“赞普随即按照益希旺波所禀奏赐授”②。寺院和僧人从其属民和土地所得均为突税，因此属于吐蕃政府赋税的一部分，但与此同时，寺院和僧人也在一定程度上脱离了政府这一中介，对王室和政府的附属地位弱化。正因如此，以寺院为依托的僧侣阶层获得了独立的经济地位，成为拥有属民和土地的独立社会阶层，并逐渐崛起为与领主贵族集团抗衡的政治经济力量。

随着僧侣阶层经济和政治地位上升，僧团内部出现利益分配的矛盾，益希旺波甚至“迫于反对派的压力离职出走”③。此后，吐蕃僧团内部又出现了渐顿之争，即印度佛教与汉地禅教的争论，在吐蕃僧侣阶层内部产生了不小冲击，佛法会议室也因此未能真正推行。渐顿两派各有纰漏，佛教与婆罗门教相结合，并吸收民间巫术咒语而形成的密教，在吐蕃民间各地得到传播。虽然渐顿之争延缓了僧侣向政治领域全面渗透的进程，但僧侣阶层的出现和崛

---

① 拔·塞囊：《拔协》，佟锦华、黄布帆译注，成都：四川民族出版社，1990年版，第45—46页。
② 巴卧·祖拉陈哇：“《贤者喜宴》摘译（十）”，黄颢译，《西藏民族大学学报》1983年第1期，第61页。
③ 拔·塞囊：《拔协》，佟锦华、黄布帆译注，成都：四川民族出版社，1990年版，第48页。

起，对吐蕃社会的演化方向无疑产生了深远的影响。

四、僧侣阶层势力的扩张与领主贵族的反抗：朗达玛灭佛

继赤松德赞之后，牟尼赞普、赤德松赞与赤祖德赞继续从意识形态的建构和对僧侣阶层的扶持两个方面大兴佛教，一方面以佛教的等级秩序取代本教多神论，为吐蕃王室的经济利益赋税差科做辩护；另一方面以僧侣阶层对抗甚至取代领主贵族阶层，以突税制削弱封邑制。

牟尼赞普继续大宏佛教，并且建立了在大昭寺、昌珠寺、桑耶寺定期举行三藏（经、律、论）供养法会制度，扩大了佛教在吐蕃社会尤其是下层民众中的影响。由于寺院属民向寺院供奉的财物多寡不均，牟尼赞普甚至“委派事务官到四茹各地去平均贫富与财物”[①]。计口授田虽然实行，但贵族领主和官僚地主因有农奴、奴隶等，使计入的人口数量很大，普通民户则常常因不堪赋税与差科负担而破产或典卖土地，贫富差距日益扩大。牟尼赞普均贫富的做法，是在不影响甚至增加寺院僧侣“顺缘”利益的情况下，打击领主贵族或官僚地主的地租差役，因此引起贵族大臣的公然反抗，牟尼赞普被害，贵族大臣与僧侣阶层围绕赞普继承人展开较量。

最终，因僧侣和王室利益的一致性，倡佛的赤德松赞即位。赤德松赞再次提高佛教地位，推动佛经翻译和佛教传播，兴建噶琼多吉英寺，召集王室成员、封建领主与文武百官举行兴佛盟誓，规定赞普子孙必须学习佛法，保证佛教的统治地位；正式规定将佛、法、僧移入赞普宫中，实行宫中供养僧人的制度；延续“三户养僧制”。另外就是开始启用僧人担任宰相，以班第勃阑伽云丹和娘·定埃增为“钵阐布同平章事”，参与吐蕃对唐和战等军国大事的谋划决策，颁布封赏盟誓诏书，地位在传统领主贵族担任的“宰相同平章事”之上。“娘·定埃增以佛教出家人的身份受命为吐蕃众相，开启了吐蕃僧相体制。”[②]不过当时的僧相制并未废除其他宰相，以大论为首的众相仍然存

① 拔·塞囊：《拔协》，佟锦华、黄布帆译注，成都：四川民族出版社，1990年版，第57页。
② 林冠群：《唐代吐蕃宰相制度之研究》，台北：联经出版事业股份有限公司，2015年版，第374页。

在，僧相的设置并未对贵族大臣的权力构成直接冲击，只是增加了一个僧人身份的宰相而已。再加上娘·定埃增颇能协调与兼顾各方利益，僧相与传统贵族的利益冲突并不明显。[①]赤德松赞去世后，赤祖德赞幼年即位，贵族大臣与僧侣阶层再次围绕辅政权展开较量，仍然因僧侣和王室利益的一致性，僧相云丹辅政。

由僧相辅政的赤祖德赞更是极度崇佛和倡佛，不仅扩大译场、统一译例，对此前所译经论统一校改，而且“下令修建一座好像拉萨城堡、桑耶村镇、呷琼寺那样小星坠落大地般的真正的寺庙”[②]。此外，还在经济上将“三户养僧制”扩大为“七户养僧制”，在政治上则“将吐蕃政制中由赞普和众尚论组成的小御前会议献给出家僧人”，吐蕃进入了僧人全面主政的局面。世俗贵族的权力得到极大打击，世俗贵族与僧人之间的矛盾激化，并频频向赞普表达不满。赤祖德赞非但没有收缩僧人权力，反而采取断其指、割嘴唇等极端措施压抑世俗贵族对僧人的不满，使王室、僧人、世俗贵族三方矛盾激化，赤祖德赞被杀，其兄朗达玛被世俗贵族大臣拥立为赞普。

由于吐蕃王朝以王室和各领主贵族的联盟为基础，僧侣阶层虽然出现，并在经济上以“七户养僧制”代替“三户养僧制”而增加了经济实力，政治上以僧相制的实施逐渐成为与世俗贵族抗衡的力量，但是与传统领主贵族相比，僧人显然无法完全取代世俗贵族的经济政治地位。赤祖德赞将政治权力全部移交给僧人，这与其经济基础不符，在经济上拥有大量封邑的领主贵族或拥有大面积突田的官僚地主，必然不会放弃政治上的权力，对赤祖德赞和僧相的排斥和反抗是必然的。

朗达玛由世俗贵族拥立即位，即位后便与世俗贵族联合打击佛教势力。在前几次的较量与对赞普继承人的争夺中，王室与僧人联合倡佛总是最终结果。此次的斗争显然是以世俗贵族与王室联合抑佛为结果，这里不仅有世俗贵族力量的斗争，更有王室的倾向问题。

王室一般以佛教作为加强自身权威的意识形态，然而由于赤祖德赞极度

---

① 石硕：《吐蕃政教关系史》，成都：四川人民出版社，2000年版，第312—313页。

② 拔·塞囊：《拔协》，佟锦华、黄布帆译注，成都：四川民族出版社，1990年版，第60页。由于工程过于浩大，最终未能建成。见石硕：《吐蕃政教关系史》，成都：四川人民出版社，2000年版，第320页。

崇佛，并将三户养僧制扩展为七户养僧制，造成僧人人数、寺属民户、养僧属民大大增加，僧人及其所属民户又都不纳税不支差，造成吐蕃税源和劳役锐减。再，吐蕃发生严重的地震和自然灾害，“国中地震，水泉涌，岷山崩；洮水逆流三日，鼠食稼，人饥疫”①，吐蕃财政收入锐减。又，世俗贵族和官僚地主主导的军事战争，劳民伤财，经济负担沉重。另，唐安史之乱后，丝路中断，吐蕃依托丝路获利的渠道丧失。吐蕃僧权不仅损害了世俗贵族的利益，而且因七户养僧制和寺属户籍制有损吐蕃王室的经济利益。

因此，朗达玛即位后，不得不削减寺院属户，征收寺院土地，并最终于842年实行灭佛，恢复本教地位，强令佛僧还俗，对于不愿还俗者则强迫其打猎杀生，封闭寺院，封存佛经，捕杀和流放僧侣。一些佛僧逃至多康、阿里等偏远地区，佛教开始“由卫藏向周边地区，由上层向民间传播”②。

朗达玛灭佛不仅直接导致僧侣阶层的反抗，而且使王室和王朝的统治丧失了理论基础。本教重新成为统治阶级的意识形态，意味着吐蕃王室承认了各领主的独立地位。同时，绝不仅仅是朗达玛灭佛导致吐蕃大乱，相反，本教的抬头及朗达玛灭佛正是吐蕃大乱的前奏和征兆，是王室、僧侣阶层、世俗贵族三者利益难以调和的结果。

王室与领主贵族的矛盾斗争虽然可以解释佛本之争的过程，但解释不了佛本之争的走向。佛教最终取代本教，本教最终融入佛教的趋势，与吐蕃从奴隶制社会向封建农奴制社会的转变是一致的，是吐蕃劳动者生产能力和认识能力，从而对自身社会地位和社会权利争取的结果。吐蕃王朝解体后，藏传佛教形成，并与地方性割据势力结合，藏族先民进入了长期的封建农奴制社会。

五、吐蕃部族联盟的解体及农奴制庄园的出现

崇佛抑本所带来的世俗领主贵族权力的削弱、僧侣贵族阶层的崛起、王

---

① [北宋] 欧阳修等：《新唐书》卷216《列传141·吐蕃下》。

② 朱丽霞、周松：《佛教与西藏古代社会》，兰州：甘肃教育出版社，2006年版，第39页。

室权力的加强，有效遏制了吐蕃因对外扩张带来的领主贵族权力的急剧膨胀，避免了吐蕃政权的过早分裂，延长了吐蕃王朝的寿命。然而，除了在占领区实行了带有一定集权官僚制因素的变革，对佛教的提倡和对僧侣阶层的扶持，仍然没有改变吐蕃封建部族联盟的性质，王室与领主的矛盾并未得到解决，一当王室势力削弱，另外两方都有可能成为分裂吐蕃的割据势力。朗达玛被杀后，王室集团、世俗贵族、僧侣集团以及被占领区民众，四股势力纷纷脱离或分裂吐蕃王朝，吐蕃从统一走向割据，吐蕃部族联盟最终走向解体。

首先是王室集团内部的分裂。朗达玛被杀后，琛氏、属卢氏拥立王妃琛氏之子云丹为赞普，控制了吐蕃官僚机构，成为正统的吐蕃王朝。王妃蔡邦氏之子欧松，则退往吐蕃发源地雅砻地区，在蔡邦氏、韦氏等老氏族的支持下另立吐蕃王廷，吐蕃王朝一分为二，“云丹据中翼，欧松据左翼”[①]。两者相互征战不已，虽保留了吐蕃王朝的旗号，但实际统治权仅限于中翼和左翼，吐蕃王朝名存实亡。吐蕃王朝分裂后，唐蕃官方交往中断，汉文史料不再对吐蕃本土状况有明确记载。

其次是领主贵族的反叛与独立。其中又包含两类，一是作为王室与属民中介之吐蕃本土领主贵族，放弃效忠王室的义务，加强对本封邑属民的控制。由于“中左之战”不断，无论是云丹的中翼，欧松的左翼，还是多康、工域哲那，吐蕃臣属领主纷纷反叛，脱离控制，将封邑属民牢牢掌握在自己手中，放弃对王室效忠纳贡的义务，逐渐成为地方性割据势力，云丹、欧松也成为诸多地方割据势力之一。吐蕃王朝灭亡，各领主分据各地，不再拥有一个统一政权，直到13世纪萨迦政权成立。二是吐蕃占领区边将，继续隔离王室与农奴的联系，抗拒王室对土地和属民的直接统治，甚至将王室作为被排除在外的利益一方，领主贵族成为土地和属民的唯一实际支配者，由此形成割据状态。

再次是占领区农奴和吐蕃奴隶的起义。未被征服前就早已进入集权官僚制和小农经济的占领区汉人，极不能忍受吐蕃落后的奴隶制和封建农奴制统治，因此，多次进行反抗。王室适应这种需求，在占领区实行了计口授田和

---

① 巴卧·祖拉陈哇：“《贤者喜宴》摘译（十）”，黄颢译，《西藏民族大学学报》1983年第1期，第30页。

封建农奴制改革，并利用当地的佛教意识，为其获得赋税差科提供意识形态的辩护。朗达玛的灭佛实际并未延伸到这些地区，但是沉重的突税和差科，以及领主贵族时常反抗王室，对汉地进行奴隶制掠夺和剥削，使占领区民众不堪重负。一有机会，就像脱离地狱一样脱离吐蕃，河陇、沙州等地汉人纷纷起义，沙州民众首领张议潮甚至连下十州，最终归唐。被吐蕃军士带往边地的奴隶，也纷纷起义归唐。吐蕃对占领区完全失掉了控制。

最后是新兴僧侣阶层的独立化。虽然朗达玛灭佛，但并不彻底，大量寺庙和僧侣将“三户养僧制”“七户养僧制”“两百户养寺制”等寺属制度控制下的民户和土地据为己有，就像世俗贵族一样，不再承认这些土地的王室所有权，而将其视为寺院和僧侣的私有财产，属民逐渐从供养寺庙僧人的小农，转变为依附寺庙领主的农奴，形成了佛寺经济的雏形。

吐蕃王朝虽然解体，但吐蕃文明的残余大多渗入割据时代与元明清时代的藏族历史之中。虽然吐蕃王朝一去不返，但是藏文、封建制、佛教等因素都保留下来，成为藏族历史的重要组成部分。吐蕃经济史上留下的封建农奴制经济制度、农牧业结合的生产方式、具有独特民族性的佛寺经济与世俗经济的二元化、政教合一的政治传统、与中原王朝和周边族群的经济交往，都对后来的藏族经济史产生了深远影响。

总结

本书的研究主题是象雄至吐蕃经济史，运用的方法论是系统抽象法，研究范围是生活于青藏高原的藏族先民从原始社会到吐蕃王朝解体前的经济史。

第一，本书以作为中华民族支民族的现代藏族为主体，因此，在界定藏族经济史的外延和开端时，放弃了民族溯源研究法所秉持的寻找吐蕃族源的传统，突破了将悉补野氏族的经济演变等同于藏族先民经济演变的片面性，以青藏高原这一地域范围界定藏族经济史的外延。正因此，以小邦林立为特点的象雄时期，成为藏族经济史研究的特定对象，从而为藏族先民存在奴隶制以及奴隶制的存在阶段提供了依据。

第二，既然将象雄王朝作为吐蕃王朝建立之前的历史阶段，那么吐蕃取代象雄的经济基础就成为必然要解答的问题。为此，本书在大量考古学材料的支撑下，提出了奴隶制象雄王朝的强大是基于从定居农业发展而来的游牧生产方式的发达；吐蕃代象雄、建立封建部盟制吐蕃王朝的经济根源在于其农业变革和定居农业生产方式的先进性。

第三，本书将吐蕃王朝的社会性质规定为“形官实封制”，即吐蕃王朝在建构过程中虽然在一定程度上带有集权官僚制的形式，但在内容上却是封建领主制。这一结论是运用系统抽象法分析得到的结果。每个族群都有其本身运动的规律，运动轨迹由其内在矛盾决定。吐蕃王朝建立时，面临的一个重大背景是，中原王朝已经确立和巩固了集权官僚制，吐蕃王朝在建构过程中会无可避免地借鉴唐朝官僚系统，使之带上了官僚制形式；然而，吐蕃王朝毕竟是在奴隶制基础上进展而来，并且在部族征伐战争中，部族分立的状态逐渐被封建部盟制状态取代，使奴隶制、封建制、官僚制都作为重要因素参与着吐蕃王朝的历史运动。吐蕃王朝建构的目的在于巩固部族联盟，因此，虽有官僚制形式，但仍须借助旧部族首领加强统治，奴隶制因素也只是作为残余存在于吐蕃社会。

第四，在佛本之争的分析中，本书不仅将佛本之争看作封建部盟制与部族制残余斗争在意识形态中的反映，而且运用矛盾分析法，将佛教势力作为吐蕃王室扶持起来对抗领主贵族的一股政治经济力量。

第五，本书作为民族经济学研究成果，不仅重在分析藏族先民生产方式、经济制度与社会性质的演变历程，而且勾勒出藏族先民从小共同体向大共同体演进的合类性发展过程，即社会存在形式的演进过程：氏族——氏族联合体——部族——部族联盟。

藏族经济史研究是一门交叉性学科，涉及经济学、民族学、历史学、藏学、经济史，甚至考古学的材料与方法，如何根据研究目的选取适当又不片面的方法是很困难的，材料取舍，也很困难。尤其在以往的研究中，对同一问题总是有千差万别的说法和论述，对古藏文的翻译也千秋各异，这在总体上都会为本研究制造障碍。再加上语言不通，日语、法语、藏语材料的收集都会显示出一定的片面性，影响进一步的分析和论证。藏族经济史的研究非一朝一夕之事，而是长期工程，本书研究还很初级，尚待进一步完善。

藏族历史上曾经辉煌强大的吐蕃王朝经济还为今天藏族经济的发展提供了历史的启示。吐蕃崛起于唐朝繁荣昌盛并与西域地区经济交往频繁的时代，利用丝绸之路的便利性大力发展交通和商业是吐蕃经济繁荣的重要因素。“一带一路”倡议的提出，为重启丝绸之路提供了可能，丝路沿线地区和国家都在积极利用这一契机，恢复内陆地区的发展动力。唐代吐蕃曾在古丝绸之路上寻找到自身发展的有利因素，历史的经验值得借鉴，今天，重塑藏族在丝绸之路的重要作用，明确青藏高原在“一带一路”中的角色和定位，无疑是推动藏族经济现代化的重要机遇。

参考文献

中文史料

[1]［西汉］戴圣:《礼记·王制》,《儒藏（精华编四九）》，北京大学《儒藏》编纂与研究中心，北京：北京大学出版社，2016年版。

[2]［西汉］司马迁:《史记》卷129《货殖列传》。

[3]［东汉］许慎:《说文解字注·第四篇·上·羊部》，南京：凤凰出版社（原江苏古籍出版社），2007年版。

[4]［西汉］司马迁:《史记》卷116《西南夷列传》。

[5]［西汉］司马迁:《史纪·十二本级·秦本纪》。

[6]［后晋］刘昫等:《旧唐书》卷196《列传·吐蕃上》。

[7]［后晋］刘昫等:《旧唐书》卷196《列传·吐蕃下》。

[8]［南朝宋］范晔:《后汉书》卷87《列传·西羌传》。

[9]［唐］杜佑:《通典》卷190《边防六·西戎二·大羊同国》。

[10]［唐］杜佑:《通典》卷190《边防六·西戎二·吐蕃》。

[11]［唐］王建:《凉州行》。

[12]［唐］白居易:《代忠亮答吐蕃东道节度使论结都离等书》,《钦定全唐文》卷674《白居易十九》。

[13]［唐］张九龄、李林甫:《唐六典》卷22《少府军器监·诸互市监》。

[14]［北宋］欧阳修等:《新唐书》卷40《志第三十·地理四》。

[15]［北宋］欧阳修:《新唐书》卷216《列传·吐蕃上》。

[16]［北宋］欧阳修:《新唐书》卷216《列传·吐蕃下》。

[17]［北宋］司马光:《资治通鉴》卷193《唐纪九》。

[18]［北宋］司马光:《资治通鉴》卷199《唐纪十五》。

[19]［北宋］司马光:《资治通鉴》卷215《唐纪三十一》。

[20]［北宋］司马光:《资治通鉴》卷223《唐纪三十九·广德元年（763）》。

[21]［北宋］司马光:《资治通鉴》卷229《唐纪四十五·兴元元年(784)》。

[22]［北宋］司马光:《资治通鉴》卷231《唐纪四十七·兴元元年(784)》。

[23]［北宋］司马光:《资治通鉴》卷232《唐纪四十八·贞元元年(785)》。

[24]［北宋］司马光:《资治通鉴》卷233《唐纪四十九·贞元三年(787)》。

[25]［北宋］司马光:《资治通鉴》卷234《唐纪五十·贞元八年(792)》。

[26]［北宋］司马光:《资治通鉴》卷239《唐纪五十五》。

[27]［北宋］王钦若等:《册府元龟》卷453《外臣部·将帅部》。

[28]［北宋］王钦若等:《册府元龟》卷981《外臣部·和亲》。

[29]［北宋］王钦若等:《册府元龟》卷968《外臣部·朝贡》。

[30]［北宋］王钦若等:《册府元龟》卷977《外臣部·附降》。

[31]［北宋］王钦若等:《册府元龟》卷980《外臣部·通好》。

[32]［北宋］王溥:《唐会要》卷72《府兵》。

[33]［北宋］王溥:《唐会要》卷99《大羊同国》。

[34]［明］宋濂:《元史·卷二九·本纪·泰定帝·二年春正月》。

[35]［清］张廷玉:《明史·列传·西域三》。

[36]［清］董诰等编:《全唐文》卷172《鸿胪寺中土蕃使人素知物情慕此处绫锦及弓箭等物请市未知可否》。

[37]《清实录》康熙二年［癸卯］八月丙申（1663年9月2日）记录。

[38]《清实录》康熙六十年［乙丑］九月丁巳（1721年1月18日）记录。

[39]《清实录》康熙三十八年［乙卯］闰七月庚子（1699年8月28日）日录。

[40]《清实录》康熙五十八年［乙亥］二月癸酉（1719年4月19日）日录。

[41]《清实录》康熙五十八年［乙亥］十二月丙辰（1720年1月27日）日录。

[42]《清实录》宣统三年［辛亥］（1911年）实录。

[43]《清实录·圣祖仁皇帝实录》（第6册）卷289，北京：中华书局，1985年版。

中文文献

[44] 马克思：《〈政治经济学批判〉序言》，载《马克思恩格斯选集》（第2卷），北京：人民出版社，1972年版。

[45] 马克思：《德意志意识形态》，载《马克思恩格斯选集》（第1卷），北京：人民出版社，1975年版。

[46] 马克思：《关于费尔巴哈的提纲》，载《马克思恩格斯选集》（第1卷），北京：人民出版社，1972年版。

[47] 马克思：《资本论》（第1卷），北京：人民出版社，2004年版。

[48] 恩格斯：《自然辩证法》，载《马克思恩格斯选集》（第3卷），北京：人民出版社，1972年版。

[49] 恩格斯：《反杜林论》，载《马克思恩格斯选集》（第3卷），北京：人民出版社，1975年版。

[50] 恩格斯：《家庭、私有制和国家的起源》，北京：人民出版社，1972年版。

[51] 斯大林：《马克思主义与民族问题》，载《马克思恩格斯列宁斯大林民族问题著作选》（增订本），北京：中央民族学院民族研究所，1985年版。

[52] 阿贵：《吐蕃小邦时代历史研究》，拉萨：西藏人民出版社，2014年版。

[53] 安应民：《吐蕃史》，银川：宁夏人民出版社，1989年版。

[54] 拔·塞囊：《拔协》，佟锦华、黄布帆译注，成都：四川民族出版社，1990年版。

[55] 巴卧·祖拉陈哇："《贤者喜宴》摘译"，黄颢译，《西藏民族大学学报（哲学社会科学版）》1980年第4期。

[56] 巴卧·祖拉陈哇："《贤者喜宴》摘译（二）"，黄颢译，《西藏民族大学学报》1981年第1期。

[57] 巴卧·祖拉陈哇："《贤者喜宴》摘译（三）"，黄颢译，《西藏民族大学学报》1981年第2期。

[58] 巴卧·祖拉陈哇："《贤者喜宴》摘译（五）"，黄颢译，《西藏民族

大学学报》1981年第4期。

［59］巴卧·祖拉陈哇：“《贤者喜宴》摘译（十）”，黄颢译，《西藏民族大学学报》1983年第1期。

［60］才让：《吐蕃史稿》，北京：人民出版社，2010年版。

［61］才让加：“吐蕃时期贸易经济概论”，《西藏研究》1989年第2期。

［62］才让太：“古老象雄文明”，《西藏研究》1985年第2期。

［63］蔡巴·贡嘎多吉：《红史》，陈庆英、周润年译，拉萨：西藏人民出版社，1988年版。

［64］岑仲勉：《隋唐史》，保定：河北教育出版社，2000年版。

［65］陈国灿：“试论吐蕃占领敦煌后期的鼠年变革”，《敦煌研究》2017年第3期。

［66］陈崇凯：《西藏地方经济史》，兰州：甘肃人民出版社，2008年版。

［67］陈庆英：“从敦煌出土账簿文书看吐蕃王朝的经济制度”，载《藏学研究论丛（三）》，拉萨：西藏人民出版社，1991年版。

［68］陈庆英：“从帐簿文书看吐蕃王朝的经济制度”，《中国藏学》1992年增刊。

［69］陈庆英：“元朝在藏族地区设置的军政机构”，载《陈庆英藏学论文集（上）》，北京：中国藏学出版社，2008年版。

［70］陈庆英：《中国藏族部落》，北京：中国藏学出版社，2003年版。

［71］陈庆英、高淑芬：《西藏通史》，郑州：中州古籍出版社，2003年版。

［72］陈玮：“解放前青海地区藏族部落生产资料占有形式浅析”，《青海社会科学》1992年第6期。

［73］陈星灿：“‘史前’概念的由来及其在中国的传播”，《史学月刊》1994年第1期。

［74］陈寅恪：《唐代政治史述论稿》，上海：上海古籍出版社，1997年版。

［75］次旺：“试探西藏史前时期的历史古迹文化资源及研究价值”，《西藏研究》2013年第6期。

［76］次旺多布杰等：《西藏农牧业科技发展史》，北京：中国农业出版社，2015年版。

［77］达仓宗巴·班觉桑布：《汉藏史集》，陈庆英译，拉萨：西藏人民出版社，1986年版。

［78］大司徒·绛求坚赞：《朗氏家族史》，赞拉·阿旺、佘万治译，拉萨：西藏人民出版社，1989年版。

［79］得荣·泽仁邓珠：《藏族通史——吉祥宝瓶》，拉萨：西藏人民出版社，2001年版。

［80］第吴贤者：《第吴宗教源流》（藏文），拉萨：西藏人民出版社，1987年版。

［81］多杰才旦："吐蕃研究二三题"，《中国藏学》，2016年增刊。

［82］法尊："西藏民族政教史"，载西藏社会科学院西藏学汉文文献编辑室编：《西藏文献丛书别辑》（第15函），北京：中国藏学出版社，1995年版。

［83］范香立："唐代和亲研究"，合肥：安徽大学博士学位论文，2015年。

［84］尕藏加：《藏传佛教与青藏高原》，南京：江苏教育出版社，2004年版。

［85］高德步：《中国经济简史》，北京：首都经济贸易大学出版社，2013年版。

［86］高玉蓓："吐蕃经济研究"，北京：中央民族大学硕士学位论文，2012年。

［87］格勒：《藏族早期历史与文化》，北京：商务印书馆，2006年版。

［88］格桑达吉："试析吐蕃封建王朝时期的商品货币经济"，《中央民族大学学报》1995年第2期。

［89］格藏才让："吐蕃经济研究——吐蕃的财政制度、财政来源与属民收入"，拉萨：西藏大学硕士学位论文，2015年。

［90］格藏才让："简论吐蕃财政制度的形成、内容及实施方法"，《西藏研究》2016年第2期。

［91］葛肖虹等："青藏高原隆升对中国构造——地貌形成、气候环境变迁与古人类迁徙的影响"，《中国地质》2014年第3期。

［92］根敦琼培：《白史》，法尊大师译，北京：中国藏学出版社，2012年版。

［93］廓诺·迅鲁伯：《青史》，郭和卿译，拉萨：西藏人民出版社，2003年版。

［94］郝二旭："唐五代敦煌农业专题研究"，兰州：兰州大学博士学位论文，2009年。

［95］洪涤尘：《西藏史地大纲》，南京：正中书局，1936年版（民国二十五年）。

［96］黄博："试论古代西藏阿里地域概念的形成与演变"，《中国边疆史地研究》2011年第1期。

［97］黄布凡、马德：《敦煌藏文吐蕃史文献译注》，兰州：甘肃教育出版社，2000年版。

［98］黄奋生：《藏族史略》，北京：民族出版社，1985年版。

［99］黄明信：《吐蕃佛教》，北京：中国藏学出版社，2009年版。

［100］黄颢："论吐番奴隶及其演变"，《西北民族研究》1988年第1期。

［101］霍巍："昌都卡若：西藏史前社会研究的新起——昌都卡若遗址科学考古发掘30周年"，《中国藏学》2010年第3期。

［102］霍巍："曲贡遗址之性质及相关问题讨论"，《中国藏学》2014年第1期。

［103］霍巍："试论西藏发现的早期金属器和早期金属时代"，《考古学报》2014年第3期。

［104］霍巍、李永宪："揭开古老象雄文明的神秘面纱——象泉河流域的考古调查"，《中国西藏》2005年第1期。

［105］霍巍："论古代象雄与象雄文明"，《西藏研究》1997年第3期。

［106］冀朝鼎：《中国历史上的基本经济区与水利事业的发展》，朱诗鳌译，北京：中国社会科学出版社，1998年版。

［107］翦伯赞：《翦伯赞历史论文选集》，北京：人民出版社，1980年版。

［108］翦伯赞：《中国史纲（第一卷）史前史、殷周史》，北京：商务印书馆，2012年版。

［109］李大龙："'中国'与'天下'的重合：古代中国疆域形成的历史轨迹"，《中国边疆史地研究》2007年第3期。

［110］李方桂、柯蔚南：《古代西藏碑文研究》，王启龙译，北京：清华大学出版社，2007年版。

［111］李剑农：《中国古代经济史稿（上·先秦两汉）》，武汉：武汉大学出版社，2011年版。

［112］李廷栋：《青藏高原隆升的地质记录及机制》，广州：广东科技出版社，2013年版。

［113］李宪堂：“‘天下观’的逻辑起点与历史生成”，《学术月刊》2012年第10期。

［114］李叶宏、惠建利：“唐代‘互市’法律制度探析”，《海南大学学报》2010年第1期。

［115］李映福：“四川炉霍县呷拉宗吐蕃时期炼铁炉研究”，《四川大学学报（哲学社会科学版）》2014年第1期。

［116］李中和：“吐蕃王朝与周边民族关系研究”，兰州：兰州大学博士学位论文，2009年。

［117］梁启超：“政治学大家伯伦知理之学说”，载《饮冰室合集》（第2册）（文集之十三），北京：中华书局，1988年版。

［118］梁启超：《历史上中国民族之观察》，载《饮冰室合集》（第5册）（专集之四十一），北京：中华书局，1988年版。

［119］林冠群：《吐蕃赞普墀松德赞研究》，台北：台湾商务印书馆，1989年版。

［120］林冠群：《唐代吐蕃史论集》，北京：中国藏学出版社，2006年版。

［121］林冠群：《唐代吐蕃历史与文化集》，北京：中国藏学出版社，2007年版。

［122］林冠群：“唐代吐蕃军事占领区建制之研究”，《中国藏学》2007年第4期。

［123］林冠群：“吐蕃王朝的分裂与灭亡”，《西北民大学学报（哲社版）》2010年第4期。

［124］林冠群：《李唐、回纥、吐蕃三边关系之探讨：以肃、代、德宗时期为中心》，新北：花木兰文化出版社，2012年版。

［125］林冠群：《唐代吐蕃史研究》，台北：联经出版事业股份有限公司，2015年版。

［126］林冠群：《唐代吐蕃宰相制度之研究》，台北：联经出版事业股份有限公司，2015年版。

[127] 刘进宝："关于吐蕃统治经营河西地区的若干问题"，《中国边疆史地研究》1994年第1期。

[128] 刘义棠：《突回研究》，台北：经世书局，1990年版。

[129] 刘永佶：《民族经济学》，北京：中国经济出版社，2007年版。

[130] 刘永佶：《劳动主义》（上卷），北京：中国经济出版社，2011年版。

[131] 刘永佶："论中国农村土地制度的改革"，《中国特色社会主义研究》2014年第1期。

[132] 刘永佶：《黑格尔哲学》，北京：中国社会科学出版社，2017年版。

[133] 刘忠：《试析西藏奴隶制庄园的残存形态》，载中国民族学研究会：《民族学研究（第五辑）》，北京：民族出版社，1983年版。

[134] 陆离：《吐蕃统治河陇西域时期制度研究》，北京：中华书局，2011年版。

[135] 陆离、陆庆夫："再论吐蕃制度与突厥的关系"，《藏学学刊（第5辑）》2009年。

[136] 罗莉：《西藏自治区经济史》，太原：山西经济出版社，2016年版。

[137] 罗布次仁："浅析吐蕃王朝时期的经济基础"，西藏大学硕士学位论文，2011年。

[138] 吕红亮："更新世晚期至全新世中期青藏高原的狩猎采集者"，《藏学学刊（第11辑）》2014年。

[139] 吕思勉：《白话本国史》，北京：中国友谊出版社，2009年版。

[140] 吕思勉：《中国通史》，北京：群言出版社，2015年版。

[141] 欧潮泉：《藏族历史大纲》，北京：民族出版社，2011年版。

[142] 潘玉君等：《中国民族地理》，北京：科学出版社，2014年版。

[143] 恰白·次旦平措等：《西藏通史——松石宝串》，陈庆英等译，拉萨：西藏古籍出版社，1996年版。

[144] 乔政："吐蕃奴隶制社会经济初探"，《中国藏学》，1994年第1期。

[145] 乔政："西藏远古社会经济初探"，《西藏研究》1993年第4期。

[146] 任乃强：《康藏史地大纲》，四川雅安：雅安建康日报社，1942（民国三十一年）。

[147] 乳毕坚瑾:《米拉日巴传及其道歌》(第2版), 西宁: 青海民族出版社, 1981年版。

[148] 桑杰坚赞:《米拉日巴传》, 刘立千译, 北京: 民族出版社, 2000年版。

[149] 沈长云: "关于奴隶制几个基本理论问题的商讨",《历史研究》1989年第1期。

[150] 沈长云: "夏代是杜撰的吗?",《河北师范大学学报(哲学社会科学版)》2005年第3期。

[151] 沈卫荣:《寻找香格里拉》, 北京: 中国人民大学出版社, 2010年版。

[152] 石硕: "关于唐以前西藏文明若干问题的探讨",《西藏艺术研究》1992年第4期。

[153] 石硕: "一个隐含藏族起源真相的文本——对藏族始祖传说中'猕猴'与'罗刹女'含义的释读",《中国社会科学》2000年第4期。

[154] 石硕:《吐蕃政教关系史》, 成都: 四川人民出版社, 2000年版。

[155] 石硕: "吐蕃王朝以前雅砻吐蕃部落的经济变迁及其与政权发展的关系",《西藏民族学院学报》2001年第3期。

[156] 石硕: "从旧石器晚期文化遗存看黄河流域人群向川西高原的迁徙",《西藏研究》2004年第2期。

[157] 石硕: "从人类起源的新观点看西藏的旧石器时代文化遗存",《中国藏学》2008年第1期。

[158] 石硕: "藏族的地域特点及相关问题——兼论康区之特点",《藏学研究》2015年第1期。

[159] 石硕: "从藏文史籍中的四个称谓看吐蕃对唐太宗的认知——兼论吐蕃的中原观",《中国藏学》, 2015年第3期。

[160] 石硕: "川西北嘉绒藏人与象雄琼氏渊源关系探讨",《民族研究》2017年第3期。

[161] 石越: "论唐蕃经济交往",《西北民族大学学报(哲学社会科学版)》2016年第6期。

[162] 史苇湘: "吐蕃王朝管辖沙州前后——敦煌遗书S1438背〈书仪〉残卷的研究",《敦煌研究》1983年创刊号。

［163］苏发祥：《中国藏族》，银川：宁夏人民出版社，2011年版。

［164］索代：《藏族文化史纲》，兰州：甘肃文化出版社，1999年版。

［165］索南坚赞：《西藏王统记》，刘立千译，北京：民族出版社，2000年版。

［166］孙立广等：《地球环境科学导论》，合肥：中国科学技术大学出版社，2009年版。

［167］谭其骧：《中国历史地图册》（第五册：隋、唐、五代十国时期），北京：中国地图出版社，1996年版。

［168］汤惠生："略论青藏高原的旧石器和细石器"，《考古》1999年第5期。

［169］汤惠生："青藏高原旧石器时代晚期至新石器时代初期的考古学文化及经济形态"，《考古学报》2011年第4期。

［170］汤惠生："青藏高原旧石器若干问题的讨论"，《青海民族大学学报（哲学社会科学版）》2010年第1期。

［171］唐耕耦、陆宏基：《敦煌社会经济文献真迹辑录》（第二辑），北京：书目文献出版社，1986年版。

［172］童恩正："西藏考古综述"，《文物》1985年第9期。

［173］童恩正、冷健："西藏昌都卡若新石器时代遗址的发掘及其相关问题"，《民族研究》1983年第1期。

［174］童恩正、曾文琼："四川巴塘、雅江的石板墓"，《考古》1981年第3期。

［175］同美："象雄王朝在青藏高原西北部的终结与在东南部的延续"，《民族学刊》2015年第5期。

［176］同美："论远古象雄十八王国及其覆灭"，《民族学刊》2015年第1期。

［177］田晓岫："藏族族称考"，《民族研究》1993年第3期。

［178］屠舜耕："吐蕃王朝前后的西藏建筑"，《文物》1994年第5期。

［179］王辅仁、索文清：《藏族史要》，成都：四川民族出版社，1981年版。

［180］王耕今、高山："中国历史上的基本经济区和水利"，《读书》1982年第8期。

［181］王恒杰："迪庆藏区的历史传统与自然因素"，《中国藏学》1992年第1期。

［182］王明珂：《华夏边缘：历史记忆与族群认同》，杭州：浙江人民出版社，2013年版。

［183］王仁湘："拉萨河谷的新石器时代居民——曲贡遗址发掘记"，《西藏研究》1990年第4期。

［184］王森：《西藏佛教发展史略》，北京：中国社会科学出版社，1987年版。

［185］王桐岭：《中国民族史》，长春：吉林出版集团有限责任公司，2010年版。

［186］王尧："唐蕃会盟碑疏释"，《历史研究》1980年第4期。

［187］王尧、陈践（译注）：《敦煌吐蕃文献选》，成都：四川民族出版社，1983年版。

［188］王尧、陈践：《吐蕃简牍综录》，北京：文物出版社，1986年版。

［189］王尧、陈践（译注）：《敦煌吐蕃文书论文集》，成都：四川民族出版社，1988年版。

［190］王尧、陈践：《敦煌吐蕃历史文书》（增订本），北京：民族出版社，1992年版。

［191］王尧：《吐蕃金石录》，北京：中国藏学出版社，2011年版。

［192］王忠：《新唐书·吐蕃传笺证》，北京：科学出版社，1958年版。

［193］吴燕绍：《西藏史大纲》，载西藏社会科学院西藏学汉文文献编辑室编：《西藏学汉文文献汇刻》（第三辑），北京：全国图书馆文献缩微复印中心，1993年版。

［194］武建国："论均田制土地授受方式"，《历史研究》1987年第5期。

［195］五世达赖喇嘛：《西藏王臣记》，刘立千译注，北京：民族出版社，2000年版。

［196］西藏自治区文物管理委员会："西藏考古工作的回顾——为西藏自治区成立二十周年而作"，《文物》1985年第9期。

［197］夏格旺堆、普智："西藏考古工作40年"，《中国藏学》2005年第3期。

［198］肖怀远："西藏地方货币的发行与流通"，《西藏研究》1983年第2期。

［199］谢热："论古代藏族的图腾信仰"，《青海社会科学》1998年第1期。

［200］许新国：“青海考古的回顾与展望”，《考古》2002年第12期。

［201］杨际平：“吐蕃时期敦煌计口授田考”，《社会科学》1983年第2期。

［202］杨铭：《唐代吐蕃与西域诸族关系研究》，哈尔滨：黑龙江教育出版社，2005年版。

［203］杨铭：《吐蕃统治敦煌西域研究》，北京：商务印书馆，2014年版。

［204］杨思远：《中国少数民族生产方式研究》，北京：新华出版社，2013年版。

［205］杨思远：“中国少数民族经济史研究的几个理论问题”，《学习论坛》2013年第8期。

［206］杨思远：“民族经济学理论体系的发展”，《中国民族》2011年第12期。

［207］姚婧媛：“吐蕃赋税徭役制度管窥”，《青藏高原论坛》2017年第1期。

［208］叶拉太：“古代藏族地域概念的形成与演变”，《中国藏学》2013年第2期。

［209］仪明洁：“青海省旧石器的发现与研究”，载董为：《第十三届中国古脊椎动物学学术会议论文集》，北京：海洋出版社，2012年版。

［210］尹元超：“试论封建制度三大类型的形成”，《武汉大学学报（社会科学版）》1990年第1期。

［211］岳永芳：“青海远古文化是中原仰韶文化的延伸和发展”，《青海社会科学》2006年第3期。

［212］云南省博物馆文物工作队：“云南德钦永芝发现的古墓葬”，《考古》1975年第4期。

［213］《藏族简史》修订本编写组：《藏族简史》（修订本），北京：民族出版社，2009年版。

［214］扎嘎：“西藏传统手工业五金工匠的历史、行会组织及其社会地位”，《中国藏学》1992年特刊。

［215］翟松天：“试论青海省解放前的社会性质（续）”，《青海社会科学》1988年第2期。

［216］张广志：“吐蕃与奴隶制——从少数民族史看初始阶级社会的非奴

隶制性质专题研究之五”，《青海师范学院学报（哲学社会科学版）》，1983年第4期。

［217］张凤阳等：“民族主义之前的‘民族’：一项基于西方情境的概念史考察”，《中国社会科学》2017年第7期。

［218］张文木：“青藏高原与中国整体安全——兼谈青藏高原对‘一带一路’关键线路的安全保障作用”，《太平洋学报》2017年第6期。

［219］张亚莎：“古象雄的‘鸟图腾’与西藏的‘鸟藏’”，《中国藏学》2007年第3期。

［220］张云、石硕：《西藏通史——早期卷》，北京：中国藏学出版社，2015年版。

［221］张云：“象雄王国都城琼隆银城今地考——兼论象雄文明兴衰的根本原因”，《中国藏学》2012年第2期。

［222］张达志：“安史乱后唐蕃边境的进退”，《武汉大学学报（人文科学版）》2015年第4期。

［223］朱丽霞、周松：《佛教与西藏古代社会》，兰州：甘肃教育出版社，2006年版。

［224］中国社会科学院边疆考古研究中心：《前吐蕃与吐蕃时代》，北京：文物出版社，2013年版。

［225］中国人民政治协商回忆全国委员会文史资料研究委员会：《辛亥革命回忆录》（第一集），北京：文史资料出版社，1981年版。

［226］中国第二历史档案馆：《中华民国史档案资料汇编》（第一、二辑），南京：凤凰出版社（原江苏古籍出版社），1991年版。

［227］中国公路交通史编审委员会：《中国丝绸之路交通史》，北京：人民交通出版社，2000年版。

［228］国务院人口普查办公室、国家统计局人口和就业统计司：《中国2010年人口普查资料·第2卷民族》，http：//www.stats.gov.cn/tjsj/pcsj/rkpc/6rp/indexch.ht。

［229］智观巴·贡却乎丹巴绕吉：《安多政教史》，吴均译，兰州：甘肃民族出版社，1989年版。

［230］朱凤瀚："商周时期的天神崇拜"，《中国社会科学》1993年第4期。

中文译著

［231］［德］黑格尔：《世界史哲学讲演录：1822—1823》，刘立群等译，北京：商务印书馆，2015年版。

［232］［奥］卢卡奇：《关于社会存在的本体论》（上），白锡堃等译，重庆：重庆出版社，1993年版。

［233］［奥］卢卡奇：《关于社会存在的本体论》（下），白锡堃等译，重庆：重庆出版社，1993年版。

［234］［法］谢和耐：《中国5—10世纪的寺院经济》，耿昇译，上海：上海古籍出版社，2004年版。

［235］［美］拉铁摩尔：《中国的亚洲内陆边疆》，唐晓峰译，南京：江苏人民出版社，2005年版。

［236］［美］贝克威斯："西藏与欧亚早期中世纪繁荣——吐蕃王朝经济史初探"，关学君译，《西藏民族学院学报》1983年第4期。

［237］［日］池田温：《中国古代籍账研究》，龚泽铣译，北京：中华书局，1984年版。

［238］［日］江上波夫：《骑马民族国家》，张承志译，北京：光明日报出版社，1988年版。

［239］［以色列］尤瓦尔・赫拉利：《人类简史：从动物到上帝》，林俊宏译，北京：中信出版社，2014年版。

［240］［英］亚当・斯密：《国民财富的性质和原因的研究》（上），北京：商务印书馆，2012年版。

［241］［英］G.A.科恩：《卡尔・马克思的历史理论：一种辩护》，段忠桥译，北京：高等教育出版社，2008年版。

外文文献

［242］Beckwith，The Tibetan Empire in Central Asia，Princeton，1987.

［243］Bell，Charles，Tibet，past & present.Oxford，London，1924.

［244］Chritopher I.Beckwith，The Tibetan Empire in Central Asia，Princeton，New Jersey，1987.

[245] Documents de Touen-houang Relatifs a l histoire du Tibet, Paris, 1940.

[246] F.W.Thomas, Tibetan Literary Texts and Documents Concerning Chinese Turkestan, Part II.London, 1951.

[247] F.W.Thomas, Tibetan Literary Texts and Documents Concerning Chinese Turkestan, Part III.London, 1955.

[248] G.Gnoli rt L.Lanciotti, Orientalia losephi Tucci Memoriae Dicata, Roma, 1988.

[249] G.Tucci, The Secret Characters of the kings of Ancient Tibet East and West, VI.Roma, 1955.

[250] Geza Uray, A note on the Historical Geography of Ancient Tibet, G.Gnoli rt L.Lanciotti, Orientalia losephi Tucci Memoriae Dicata, Roma, 1988.

[251] Geza Uray, The Title DBANG-PO in Early Tibetan Records. Indo-Sino-Tibetica.Studi in onore di Luciano Petech.Roma, 1990.

[252] L.Petech. "A Study on the CHronicles of Ladakh", Calcutta, 1939.

[253] Richardson, Tibet and Its History, Oxford, London, 1962.

[254] Richardon H.E. "A New Inscriptionof Khri srong lde btsan", Journal of the Royal Asiatic Society, 1964.

[255] Snellgrove, A Culture History of Tibet, Boston, 1986.

[256] Stein, Tibetan Civilization, California, 1972.

[257] Tsuguhito Takeuchi, Old Tibetan Contracts from Asia, Central Asiatic Journal, 1998.

附　录

附表1　吐蕃王朝时期的赞普位序表

序列	赞普	在位时间
1	松赞干布/墀松赞/弃宗弄赞/弃苏农	公元581—650年
2	贡松贡赞	
3	芒松芒赞/乞黎跋布	公元650—676年
4	赤都松/乞梨弩悉笼/器弩悉弄/都松芒保杰	公元676—704年
5	赤德祖赞/弃隶缩赞/野祖如	公元704—754年
6	赤松德赞/乞梨悉笼纳赞/乞黎苏笼列赞/娑悉笼腊赞/岂立赞	公元755—796年
7	牟尼赞普/足之煎	公元797—798年
8	赤德松赞	公元798—815年
9	赤祖德赞/可黎可足/彝泰赞普	公元815—836年
10	朗达磨/达磨/朗达玛	公元836—842年

附表2　吐蕃王朝建立前的悉补野王统世系

序列	赞普名号	所在年代
	天墀七王	
1	聂墀赞普	公元前229年前后
2	木墀赞普	
3	丁墀赞普	
4	索墀赞普	
5	美墀赞普	
6	达墀赞普	
7	塞墀赞普/墀白赞普	
	中丁二王/上丁二王	
8	止贡赞普	
9	布代贡杰	

续表

序列	赞普名号	所在年代
	地列六王/中列六王	
10	埃肖列/托列赞普	
11	代肖列/肖列赞普	
12	提肖列/高茹列赞普	
13	古汝列/仲西列赞普	
14	仲协列/梯肖列赞普	
15	伊肖列/俄肖列/义肖列赞普	
	八德王/地代八王	
16	萨朗森德/萨南木森帝	
17	德楚朗雄赞/岱处保南木雄赞	
18	塞雷朗德/岱管	
19	塞雷布德/色诺保代	
20	德雷朗/代诺南木/南木岱诺南木	
21	德雷布/代诺保/色诺保	
22	德杰布/代甲保/岱甲吾	
23	德振赞/代珍囊/甲森赞	
	五赞	
24	多日隆赞/甲多日龙赞	
25	墀南木囊/墀赞南木	
26	赤扎邦赞/墀扎邦赞	
27	赤德托赞/墀脱赞/瘕悉董摩	公元？—431年
28	拉托托日年赞/佗土度	公元380—500年
	松赞干布直前五代	
29	墀年松赞/墀聂松赞/揭利失若	公元471—？年
30	仲年代如/卓年岱如/勃弄若	
31	达日宁塞/木龙衮巴扎/达布聂西/讵素若	公元483—522年
32	囊日伦赞/朗日松赞/伦赞龙南木/墀伦赞/论赞索	公元？—581年
33	松赞干布/墀松赞/弃宗弄赞/弃苏农	公元569—650年

后记

本书是在我的博士论文的基础上加工形成的，现在想来，博士学位论文的写作确是个难忘的过程。读博之前以及初读博士，理论兴趣点一直在抽象理论层面，跟导师杨思远教授商量好的研究方向也是“民族经济利益与阶级经济利益的关系研究——兼论民族经济学与政治经济学的关系”。计划赶不上变化，博士研究生一年级期间，学校和学院组织申请“少数民族经济史”作为二级学科，杨老师多年来一直在“少数民族经济史”领域耕耘，积累了一定的成果，于是承担起了“少数民族经济史工作坊”的工作。那时，杨老师指导的论文已经完成了蒙古族经济史、维吾尔族经济史、满族经济史和一些少数民族的经济史的研究，杨老师也萌生出重做“藏族经济史”的设想。我和莲花作为杨老师的博士生，自然也要参与这一课题的研究，自此，我们两人就与藏族经济史结缘了。工作坊期间，在杨老师的启发下，我试图以卢卡奇的合类性思想理解民族间经济关系，并在杨老师的指导下写作了一篇《论唐蕃经济交往》。杨老师一直希望以少数民族经济史和少数民族经济思想史的系统研究作为构建民族经济学理论体系的基础，但又很具包容性，不会将自己的想法强加在我们头上。所以，杨老师虽想在有限的生命里完成少数民族经济史这一系统的工程，但也没强迫我们必须以此为选题。工作坊期间，我和莲花培养起对藏族经济史的浓厚兴趣，毕业论文的方向也就自然而然转向了藏族经济史，算是自己的学术兴趣和导师的系统计划走到了一起，杨老师为此非常开心。同时，这意味着杨老师要为我们的论文付出更多的精力。

论文写作和求学期间，杨老师不仅对我的学习和研究做出了方向性和系统性的指导，而且对我表现出极大的宽容和爱护。博士录取结果一出来，杨老师就为我和莲花指定了“杨门六圣典”(《资本论》《1844年经济学哲学手稿》《国富论》《通论》《逻辑学》《关于社会存在的本体论》)，并提出了不读完六本原著、不写完100万字读书笔记，不允许毕业的要求。由于藏族经济史是一个系统工程，需要我、莲花和下届博士戴婧妮共同完成，我因《论唐蕃经济交往》而选择了藏族经济史的开篇《象雄至吐蕃经济史研究》。资料少，跨度长，杨老师所要求的基础理论认真研读和博士期间方法论等课程的学习，为我论文的顺利写作打下了坚实的基础。都说杨老师过于严格，都说杨老师“怪”，但我所感受的杨老师更多是负责任和包容。我自己都记不清在办公室跟杨老师争论了多少次了，要么是因为学术观点不同，要么是因为调研任务重而向杨老师表达不满。现在想想，我的这些行为是多么“目无尊长”，放在任何老师那里或许都要被“逐出师门”了，但杨老师从未与我计较，反而表现出极大的包容。

刘永佶教授是我的硕士生导师，也是我踏入学术研究的领路人。本科时的一门课，使我初步接触到刘老师的思想，自此，刘老师便像“神”一样存在我的脑海里。读研后，刘老师成为我的导师，我才明白什么叫“大道至简”。“道、法、术、技”四层次，当越来越多的人将眼前实用的术、计作为人生之追求时，刘老师却在道的层次中遨游探索。自此，刘老师不再仅仅是神一样的存在，而是一个有血有肉、有社会责任心，将解决中国现实矛盾作为自己毕生追求的大道之人。读博期间，刘老师仍然在方法论和哲学素养方面对我产生着潜移默化的影响，对我的博士论文整体框架也提出了画龙点睛般的建设性意见。

中国社会科学院经济研究所的胡乐明教授，中国人民大学经济学院的谢富胜教授，中国社会科学院民族研究所的王剑锋研究员，中央民族大学张丽君教授、黄健英教授、罗莉教授也对我的论文提出了修改意见，在此，只有感谢。

回首十年的中央民族大学求学路，或许自己从来不够优秀，不成熟甚至尚显幼稚，没获得过什么璀璨的奖项，也没做出过什么值得铭记的事迹。但一路走来，恰好找到了一条自己喜欢并想终生坚持的路：像杨老师和刘老师一样，踏实看书、独立思考，不做名利的奴隶，也不为权贵折腰；为自己，也为与自己同样的劳动者思索获得自由的途径。我在杨老师和刘老师的敦促和指导下，不浮不躁地研读原著和方法论，听课、讲课、讨论，在批判与自我批判中逐渐树立起了“我”这个主体，从而培养起和始终保持着一种独立思考的精神，不致人云亦云。或许，这就是中央民族大学经济学院的魅力和价值所在。

在毛泽东主席诞辰124周年（2017年12月26日）时，我曾在微信公众号写了一篇随笔，其中多少表达了自己的价值观和志向："宇宙茫茫，人类漫长，人生在世短短几十年，真的是沧海一粟，临终回首，不知道自己一生在为何奔波。百年之后，又有几人还记得自己存在过。只有将个体生命与人类历史结合起来，意义才得以凸显。"马克思在《青年在选择就业时的考虑》中说："如果一个人只为自己劳动，他也许能够成为著名的学者、大哲人、卓越诗人，然而他永远不能成为伟大人物。……如果我们选择了最能为人类福利而劳动的职业，那么，重担就不能把我们压倒，因为这是为大家而献身；那时我们所感到的就不是可怜的、有限的、自私的乐趣，我们的幸福将属于千百万人，我们的事业将默默地、但是永恒发挥作用地存在下去，面对我们的骨灰，高尚的人们将洒下热泪。"我们自己也许做不到，但我们对这些做到的人仍会充满敬意。我们自己也许不是高尚的人，但也不妨碍我们为这些做到之人的骨灰洒下热泪。

现在自己最为熟悉的求学生涯已经结束，踏入工作岗位已经一年有余。由于藏族经济史的研究非一朝一夕之事，而是长期的工程，虽然本书对藏族经济史的研究还很初级，有很多不完善的地方，但是由于自己现在的工作单位是河北工程大学，不再是民族院校，也不处于民族地区，对藏族经济史的研究好像停止了，希望以后还有机会能够继续。"路漫漫其修远兮"，唯愿以踏入工作岗位为新的起点，期待开启新征程。

石越

2020年8月31日

于河北工程大学社科研究院